Sheldon B. Kopp

Kopfunter hängend
sehe ich
alles anders

*Psychotherapie und die Kräfte
des Dunkels*

Übersetzt von Jochen Eggert

Eugen Diederichs Verlag

Titel der amerikanischen Originalausgabe: The Hanged Man
Erschienen im Verlag Science and Behavior Books, Palo Alto, Kalifornien
Mit 11 Abbildungen im Text

CIP-Kurztitelaufnahme der Deutschen Bibliothek

Kopp, Sheldon B.:
Kopfunter hängend sehe ich alles anders : Psychotherapie u. d. Kräfte d. Dunkels /
Sheldon B. Kopp. Übers. von Jochen Eggert. – 1. Aufl. – Düsseldorf ; Köln :
Diederichs, 1982.
    Einheitssacht.: The hanged man <dt.>
ISBN 3-424-00728-5

Erste Auflage 1982
Alle Rechte der deutschen Ausgabe beim Eugen Diederichs Verlag,
Düsseldorf · Köln
© 1974 by Science and Behavior Books, Palo Alto
Umschlaggestaltung: Eberhart May, Bergisch Gladbach
Gesamtherstellung: Georg Wagner, Nördlingen
ISBN 3-424-00728-5

Inhalt

DER GEHÄNGTE

I

Mythen sind unsere Geschichte

Manchmal fühle ich mich vierhundert Jahre alt, bleiern vor Weisheit, bedrückt von zuviel Wissen. Ich vermisse das Staunen und die Sehnsucht, die ich als Junge kannte – jetzt weiß ich kaum noch, wie es sich damals anfühlte. Ich habe zuviel Widersinniges gesehen, zuviel Qual, gegen die ich machtlos war.

Was ist das für eine Welt? Viel macht sie nicht her. Ein aberwitziges Leben voller Leiden und ohne Sinn. Doch es gibt nun mal nur diese Welt. Wir haben nur die Wahl zwischen Leben und Tod, und da ich das Leben gewählt habe, muß ich es leben, wie es ist. Nicht klaglos, denn das Klagen ist ein Teil des Lebens; aber man muß klagen, ohne die Hoffnung zu haben, daß sich dadurch etwas ändert. Niemand hört uns, der wirklich etwas ändern könnte. Niemand hört mich außer all den anderen Klagenden, die genau wie ich in diesem Hohlraum gefangen sind, in diesem Leben, zu dem es keine Alternative gibt.

Also sage ich mir: Ich kann nur der werden, der ich bin. Und ich kann nur dieses ganz bestimmte Leben leben, das ich bekommen habe. Für mich gibt es hier nur einen Sinn: weitermachen, alles empfinden, soviel entdecken, wie ich aufnehmen kann, keine Verbesserung, ja nicht einmal Veränderung suchen, sondern nur den Mut, alles zu sehen, auch die geringste Einzelheit, und ohne die Hoffnung, daß etwas sich ändert.

Wozu dann über all das schreiben? Es wird ja doch nicht besser. Mir fällt hierzu die alte jüdische Legende von den sechsunddreißig Gerechten ein, deren Mission es war, die Welt zu durchwandern und das Leiden der Menschen mitzuleiden in dem Wissen, daß sie es nicht lindern konnten. Man sagt, solange ihr tiefes Mitgefühl andauert, wird Gott die Welt der gewöhnlichen Menschen bestehen lassen.

Nun bin ich aber kein Gerechter, kein heimlicher Heiliger. Ich sorge mich mehr um meinen eigenen Platz in dieser Welt als um das Los der Menschheit. Ich kann mich am besten mit dem Gerechten identifizieren, der nach Sodom ging, um sein Volk vor Sünde und Strafe zu bewahren. Er rief sie an, predigte auf der Straße, drängte sie, ihr Leben zu ändern. Niemand hörte zu, und niemand antwortete, doch er rief ihnen weiter seine Warnung und sein Erlösungsversprechen zu. Eines Tages fragte ihn ein Kind, weshalb er denn immer weiter rufe, wenn niemand zuhörte. Der Gerechte erwiderte: »Anfangs rief ich meine Botschaft und dachte, ich könnte diese Menschen ändern. Jetzt weiß ich, daß es nicht in meiner Macht steht. Ich rufe jetzt weiter, weil ich damit verhindern will, daß sie mich ändern.« So geht es mir auch. Ich übe die Psychotherapie nicht aus, um andere von ihrem Wahnsinn zu befreien, sondern um mir die Reste meines eigenen Verstandes zu bewahren. Ich will nicht andere kurieren, sondern mich selbst heilen.

Ich sagte, mein Problem bestehe darin, daß ich zu alt und mit zuviel Erfahrung beladen bin. Aber das ist eine Lüge. In Wahrheit habe ich meine Not damit, daß ich zu jung bin, immer ein staunendes Kind, ein Wilder, der nicht versteht, blind und hilflos, immer eben erst auf die Welt gekommen. Ich betrachte diese Welt mit großen verständnislosen Augen und versuche weder, ihre Inhalte intellektuell zu ordnen noch eine technische Meisterschaft zu erringen, die auf irgendwelche praktischen Zwecke zielt. Ich empfinde Sympathie für alles, was ist, ohne jedoch meinen eigenen Platz in Raum und Zeit zu verstehen. Ich habe das Grauen des Wilden vor unsichtbaren Widersachern, und wie ein Primitiver, der zum erstenmal vor einem Mammutbaum oder am Meer steht, erfüllen mich die Erfahrungen in dieser Welt, die mein Bewußtsein nicht erfassen kann, immer wieder mit Ehrfurcht.

Selbst die Erfahrung meiner eigenen Hand verblüfft mich. Sie ist außerhalb dessen, was ich als »Ich« erlebe (das irgendwo in meinem Kopf und meiner Brust sitzt) und doch ein Teil von mir. Sie folgt meinem unbewußten Kommando (meistens) und scheint doch ein gewisses Eigenleben zu führen. Und verlöre ich sie, dann wäre ich immer noch ich. Oder doch nicht?

Mich erstaunt immer wieder, daß andere Menschen ein eigenes Selbst haben, ein anderes als ich. Ich kann kaum glauben, daß sie ganz anders sind, daß sie *nicht* ich sind. Schlimm genug (und Gott sei Dank), daß ich von jedem Baum, dem ich ja nicht begegnen, den ich nicht verstehen, mit dem ich mich nicht auseinandersetzen *muß*, geschieden bin; aber das verfluchte/gepriesene Vorhandensein anderer Menschen, was fange ich damit an? Manchmal denke ich, wenn wir die Welt nur für einen Augenblick mit den Augen eines anderen sehen, aus *seinem* Schädel herausschauen könnten, um seine Erfahrung unserer eigenen gegenüberzustellen, würden wir bestimmt verrückt werden.

Und als wäre diese Auseinandersetzung mit dem anderen, der nicht ich ist, nicht schon mehr als genug, kommt noch die bezaubernde, irre, erschreckende und unlösbare Fremdheit der Frau dazu. Ihre Gegenwart fordert, entzückt, entwaffnet und ergänzt meine Männlichkeit; ich halte sie immer nur für kurze Zeit aus.

Manchmal ist das bloße Lebendigsein so, als hätte ich keine Haut, nur bloßgelegtes Fleisch – verletzlich, empfänglich, empfindlich, ständig in Gefahr. In solchen Zeiten brauche ich das Gefühl für meinen Platz unter anderen Menschen am dringendsten, muß ich ihre Geschichte hören, um wieder zu erfahren, daß es auch meine ist. Ich brauche die Sicherheit, daß irgendwer mich hören kann, ich brauche seinen Antwortruf und möchte selbst auf ihn eingehen.

Dann kommen mir meine Träume auch verläßlicher vor als meine Wach-Erfahrung. Schon lange vertraue ich meinen Träumen als prophetischen Visionen. Ich meine damit nicht, daß sie die Zukunft weissagen, sondern sie erhellen die Gegenwart, wenn meine Augen so weit geschlossen sind, daß ich klar sehen kann. Unbehindert vom Verstand, weit entfernt von allem Alltagswissen, frei von den Schutzritualen, die alle soziale Interaktion verzerren, erlebe ich in meinen Träumen sehr lebhaft, wer und wo ich bin.

Deshalb vertraue ich so oft lieber meinem nächtlichen Urteil und treffe meine Entscheidungen auf der Basis dessen, woran ich mich am Morgen erinnere. Mir scheint, daß Jung recht hat, wenn er sagt: *»Der Traum ist nichts anderes als ein Einfall jener allverbindenden, dunklen Seele.«* [1] Öffne ich mich meinen Träumen, so erschließe ich mir die ältesten, zutiefst menschlichen Aspekte meiner Identität und finde leichter meinen Platz in der Gemeinschaft der Menschen.

Sind *Träume* die innere Stimme der fundamentalen Kämpfe, Freuden und Zweifel des Menschseins, so haben wir in den *Mythen* ihren greifbaren Ausdruck. Die wiederkehrenden Motive der Legenden und Märchen sind konzentrierte Abbilder ewiger menschlicher Belange, anschaulich gemachte Strukturen universeller Verhaltensweisen des Menschen. So tragen mich diese alten Geschichten wie meine Träume über die Grenzen meiner persönlichen Biographie hinaus und zurück in den transpersonalen Strom des Ganzen. Selbst jetzt, wo wir zu aufgeklärt sind, um noch an diese Geschichten zu glauben, haben sie ihren Zauber und ihre Aussagekraft behalten. Solange wir nicht zu intellektuell, zu zivilisiert, zu wissenschaftlich für ihre Botschaft werden, können wir immer noch aus ihnen lernen. In dem Maß, wie wir Zugang zu unserem Unbewußten haben, bewegen uns auch die Mythen und Legenden früherer Völker, die nicht anders konnten, als an die Herrschaft dunkler Mächte über die Welt zu glauben. In diesen alten Überlieferungen finden wir die Strukturen wieder, die unser gemeinsames Menschsein sichtbar machen.

Zum Beispiel in der Geschichte von Pandora, jener Erzählung aus der griechischen Mythologie, die von der ersten sterblichen Frau auf Erden berichtet. Zornig auf die Menschen, weil Prometheus das olympische Feuer gestohlen hatte, erschuf Zeus Pandora als ein Instrument der Rache, ein böses Wesen, das alle Männer begehren würden. Pandora bedeutet wörtlich »Die Allbegabte«. Athene gab ihr das Wissen von den Künsten, Aphrodite die Schönheit. Mit der List und den Schmeichelkünsten des Hermes bewaffnet und von den Grazien geschmückt, war sie in der Tat unwiderstehlich. Epimetheus (Bruder des Prometheus) war hingerissen von ihr und hieß sie bewundernd in der Welt der Sterblichen willkommen.

Zeus hatte ihr eine Büchse mitgegeben, die sie auf keinen Fall öffnen sollte, auch nicht, um nur ganz kurz ein Auge zu riskieren. Schließlich hielt sie ihre Neugier aber nicht länger aus und öffnete die Büchse einen Spaltbreit, um einen Blick auf ihren Inhalt zu erhaschen. Der Augenblick genügte, um alles Elend der Menschen in die Welt entweichen zu lassen, Gier, Eitelkeit, üble Nachrede, Neid und alle anderen Todsünden. Entsetzt schlug sie die Büchse wieder zu und bewahrte dem Menschen damit seine größte Stärke: die Hoffnung.

Hätte Pandora nicht das Elend auf die Menschheit losgelassen, so wäre die Hoffnung gewiß für immer unter ihm begraben geblieben. Zwar lernten die Menschen jetzt das Böse kennen, doch ebenso ihre mutige Bereitschaft, mit ihrer Unvollkommenheit zu leben. Leiden macht uns weder gut noch schlecht. Es kommt nur darauf an, daß wir uns bei dem Wunsch, das Böse und den Schmerz zu vermeiden, nicht von dem sich weitenden Horizont abwenden, zu dem unsere Neugier uns hinzieht.

Wie sollen wir diesen Strudel primitiver Unterweisung verstehen? Wieso tritt dieses uralte Wissen uns ausgerechnet in der Form »ungereimter« nächtlicher Visionen und überlieferter Volksmärchen entgegen? Und wie kommt es, daß wir gerade in Träumen, die uns so oft irrational erscheinen, und in den Fragmenten von Legenden und frühen Dramen, denen der moderne Mensch sich »entwachsen« glauben möchte, die spezifisch menschlichen Erfahrungen intuitiv erfassen?

C. G. Jungs Begriff des Archetypus stellt die Verbindung zwischen den wiederkehrenden Themen der Weltliteratur und Mythologie und den Träumen und Phantasien des heutigen Menschen her. Allerdings gibt es Faktoren, die die zeitlose und universale Bedeutung archetypischer Themen verdunkeln. Ihre urwüchsige Kraft wird abgewandelt von dem kulturellen Kontext, in dem sie jeweils stehen, unterliegt den historischen Konventionen der Zeit und erfährt bestimmte Verkürzungen, wo sie mit der konkreten Lebenserfahrung eines Einzelnen in Zusammenhang steht.

Um diese Verzerrungen zu umgehen, hat man versucht, die Archetypen des inneren Wandels in der Form von visuellen Bildern darzustellen. So kann man direkt auf ihre primitive Botschaft reagieren, ohne daß sich die Sprache oder der historische Kontext dazwischendrängt. Die persönliche Reaktion bleibt unbelastet und schöpft ganz aus der Intuition, wenn sie von bildlichen Darstellungen ausgelöst wird, die, in den Worten von Ralph Metzner, »die einzelnen Schritte und die vielen Phasen des inneren Werks zeigen« und damit »eine Universalität verbürgen, die alle kulturellen Konventionen und Sprachregelungen hinter sich läßt. Das ist *Tarot*.« Die ersten Tarotkarten sind aus dem Jahr 1390 n. Chr. bekannt, doch die Bilder der Großen Arkana (die in diesem Buch als Illustrationen erscheinen) sollen aus heiligen Schriften des alten Ägypten abgeleitet sein. Manche Gelehrte vertreten die Ansicht, sie seien chinesischer Herkunft, andere behaupten, sie seien von Zigeunern aus Indien mitgebracht worden. Ob nun eine dieser Hypothesen richtig ist oder die Karten sogar direkte Verbindung zu kabbalistischen Quellen haben (wie manche glauben), sicher ist jedenfalls, daß sie sehr alt und voller mystischer Symbole sind und nichts von ihrem Zauber verloren haben.

Ein Satz Tarotkarten hat 78 Karten. Die Kleine Arkana besteht aus 56 Karten, die mit ihrer Numerierung und der Unterteilung in vier Farben als Vorläufer der heutigen Spielkarten anzusehen sind. Zusammen mit den 22 Karten der Großen Arkana (mit denen wir uns hier befassen wollen) bilden sie ein Instrument der Weissagung, aus dem manche Leute angeblich Vergangenheit, Gegenwart und Zukunft lesen können.

Ich selbst glaube nicht an die Wahrsagekraft des Tarot. Wie das I Ging, die Bibel, Gurus und Therapeuten (in Vergangenheit und Gegenwart) ist Tarot ein dürftiges Orakel. Doch alle können eine Quelle univer$s$eller Weisheit sein, denn sie führen eine Versenkung herbei in zeitlose menschliche Züge, in eine symbolhaltige Bilderwelt, jene *»traumhafte Atmosphäre des I Ging, in der man ohne Gewißheiten auf das eigene, so fehlbare, subjektive Urteil angewiesen ist«.*[2]

So kann jeder Zugang zu einem zeitlosen Wissen gewinnen, von dem man normalerweise annimmt, daß es einigen wenigen Erleuchteten vorbehalten ist. Die Tarot-Symbole können als Führer zu archetypischen Offenbarungen aus dem transpersonalen oder kollektiven Unbewußten dienen. Diese Bilder erzeugen tiefe psychische Resonanzen, stellen die Verbindung zu vergessenem Wissen und unerprobten persönlichen Kräften her.

Das Lesen der Tarotkarten wird zusammen mit Alchemie, Astrologie, Numerologie und Hexerei üblicherweise den schwarzen Künsten zugerechnet. Und »die Triebkraft der schwarzen Magie ist die Gier nach Macht«, schreibt Richard Cavendish in einem Buch über die schwarzen Künste. Die Macht indes, die ich suche, hat nichts mit Zaubersprüchen und abgründigem Gefasel zu tun. Statt dessen möchte ich mich selbst und meine Patienten auf jene unbewußten, dunklen Tiefen unserer selbst lenken, die unter Wissenschaft, Zivilisation und Alltagswissen fast ganz verschwunden sind.

Die Schlange im Garten Eden sagte Adam und Eva, sie könnten ruhig vom Baum der Erkenntnis essen. »Ihr werdet mitnichten des Todes sterben, sondern Gott weiß, daß welches Tags ihr davon esset, so werden eure Augen aufgetan und werdet sein wie Gott und wissen, was gut und böse ist.« Wie Gott sein, das heißt für mich: die zutiefst menschlichen Eigenschaften in sich selbst entdecken. Diese ältesten Züge des Menschen sind in den Symbolen der Großen Arkana auf faszinierende Weise dargestellt.

Zuerst *Der Narr*. Auf dieser Karte ist ein naiver Kerl abgebildet, dessen Blick in die Ferne schweift, so daß er den Abgrund vor seinen Füßen gar nicht bemerkt. Der Abgrund schreckt ihn nicht. Er durchschreitet eben die Pforten der Erfahrung zum großen Abenteuer der Suche nach kosmischer Weisheit. Die weiße Rose in seiner Hand, der Hund zu seinen Füßen, das Päckchen unbenutzten Wissens, das er trägt, sind voller symbolischer Bedeutung. Aufrecht, spricht diese Karte von den schöpferischen spirituellen Entscheidungen im Leben, Entscheidungen, die mit größter Umsicht gefällt werden müssen. Auf den Kopf gestellt, warnt der Narr uns vor möglichen Fehlern und Fehlschlägen, deutet er an, wie das Leben uns alle manchmal zum Narren hält. Doch für den mystischen Narren kann Torheit ein Weg zur Weisheit sein. Ein schlichtes Gemüt, das fragen kann: »Wer bin ich?«, ist der erste Schritt zur Weisheit.

Eine andere Gestalt der Großen Arkana ist *Der Magier*. In ihm erfüllt sich alles, was der Narr nur verspricht. Mit der einen Hand hält er seinen Stab hoch, während er mit der anderen zur Erde weist. Von oben bezieht er seine spirituelle Macht, doch er manifestiert sie in der unmittelbaren Erfahrung seines täglichen Lebens. Die liegende Acht über seinem Kopf und die sich selbst verschlingende Schlange als Gürtel seiner Toga sind Symbole der Ewigkeit. Vor ihm auf dem Tisch und zu seiner Verfügung liegen die vier Elemente des Lebens – Luft, Feuer, Wasser und Erde –, vertreten durch die Farbensymbole der Kleinen Arkana. Wir sehen das Schwert des Haders und des Unglücks, die Keule der Unternehmungslust und des Ruhms, den Kelch der Liebe und des Glücks und die Münze als Symbol des Eigennutzes. Aufrecht, bedeutet diese Karte die Verwirklichung des Höheren Selbst, die Vereinigung des persönlichen Willens mit dem göttlichen Sinn, sie bezeichnet Meisterschaft und Macht. Umgedreht, warnt sie vor dem destruktiven Gebrauch der Macht oder vor ihrer Lähmung durch Schwäche und Entschlußlosigkeit.

Ich will hier nur noch eine weitere Karte beschreiben, um die Tarot-Triade zu vervollständigen, die mich am meisten auf mein verborgenes Selbst lenkt. Als ich die Tarotkarten zum erstenmal vor mir ausbreitete und noch nichts über all die mit den Symbolen assoziierten Bedeutungen wußte, zogen drei Karten mich besonders an, *Der Narr, Der Magier* und *Der Gehängte.*

Die letzte dieser Gestalten hängt, mit einem Fuß angebunden, kopfunter an einem Kreuz aus lebendem Holz. Die Arme hinter dem Rücken verschränkt, mit dem freien Bein ein Kreuz bildend, hängt er mit dem Kopf in einer strahlenden Wolke der Verzükkung. Er befindet sich in einer Position der geistigen Umkehr und begleicht alte Schulden, indem er sich der erlösenden Versenkung in spirituelle und okkulte Dinge hingibt. Aufrecht spielt diese Karte auf die Lebensumkehr eines Menschen an. In dieser prophetischen Pause läßt der Gehängte alle Entscheidungen in der Schwebe, um den Schritt zur vollkommenen Hingabe an das persönliche Bewußtsein tun zu können. Umgedreht steht die Karte für falsche Prophetie, Überheblichkeit und Widerstand gegen spirituelle Einflüsse.

Als ich die drei Karten aufnahm, wußte ich nicht, wie ich den Gehängten halten sollte. Ich grübelte über den Sinn dieser drei

Bilder, die mich so fesselten, und bemerkte dabei, daß ich an einem Scheideweg stehe. Als erwachsener Mann, Lehrer und Therapeut habe ich viel von der Meisterschaft, dem Können und der Macht des Magiers erlangt, doch indem ich ein Guru wurde, verlor ich zugleich zum großen Teil die Unschuld, den Idealismus und die Neugier des Narren. Mit dem Wissen kam ein zynischer Überdruß, der mich abstumpfen ließ und an rituelle Konventionen auslieferte.

Durch den gewaltigen Schlag eines Hirntumors machte das Leben einen Narren aus mir. Als das ohne Warnung und Begründung über mich hereinbrach, schienen meine magischen Kräfte keinen Sinn mehr zu haben, und ich hatte zuwenig jugendliche Spontaneität übrig, um noch einmal meinen Weg zu finden. So bin ich also wieder als Patient in der Therapie, begleiche alte Schulden, suche Erlösung, halte an, um mich zurechtzufinden. Die tiefe Auseinandersetzung mit okkulten, unbewußten Dingen hat mich dazu gebracht, dieses Buch zu schreiben – ich möchte die Strukturen und Mächte verstehen, die unser Leben formen. Auf die Gefahr hin, daß mein Gehängter falsch herum erscheint, will ich den Kampf mit der Versuchung der falschen Prophetie aufnehmen, denn nur so werde ich herausbekommen, ob ich auf dem Weg zur Erlösung bin oder einfach »hänge«.

In der Frühgeschichte des Menschen, und in den primitiven Kulturen noch heute, gelten Träume und Mythen als religiöse Realitäten. Der »Fortschritt« bringt eine Verwässerung der Bedeutung dieser Geschichten und Erfahrungen durch Wissenschaft und Vernunft mit sich. Aber die Wissenschaft ist kein Ersatz, und so bekommen die Menschen in neuerer Zeit das Gefühl, daß ihnen etwas verlorengegangen ist. Erklärungen befriedigen nicht. Seitdem bestimmte Dinge für uns *nichts weiter* als Mythen und Träume sind, fühlen wir uns orientierungs- und wurzellos, zutiefst entfremdet, leer und ohne Sinn. So ist die Technologie, einst Verheißung des Glücks, heute zu einer Bedrohung unseres Lebens geworden. Dichter, Denker und Sozialwissenschaftler wenden sich wieder der tieferen Bedeutung von Mythen und Träumen zu; sie entdecken neue Hoffnung in der Möglichkeit, die Weisheit der Kindheit, die Macht der Unschuld und die »Intelligenz« des

Primitiven zurückzugewinnen. Diese neue Einstellung zu Mythen und Träumen erweist sich als ein Zugang zu verlorengegangenen existentiellen Wahrheiten. Symbole und Intuition schaffen einmal mehr die Möglichkeit, zur überpersönlichen Substanz des Menschseins vorzudringen. Wenn wir Mythen und Träume zu simplen erklärbaren Dingen machen und uns deshalb einbilden, wir verstünden mehr, bluten wir die Kulturen aus, die einst auf solchen Mythen und Träumen beruhten. Vielleicht beginnen wir jetzt zu verstehen, was der Dichter Archibald MacLeish schrieb: »Eine Welt endet, wenn ihre Metapher gestorben ist.«

Es ist aufschlußreich, sich zu vergegenwärtigen, wie diese machtvollen Metaphern durch über-rationale Versuche, sie wegzuerklären, entleert worden sind. Die einfach als gegeben hingenommenen Geschichten, aus denen die Primitiven ihre Kraft schöpften und den Sinn ihres Lebens ableiteten, waren für die Wissenschaftler *nichts weiter als* Geschichten über Gott, kaum verschieden von anderen Sagen, in denen Menschen die Hauptrollen spielen. Anthropologen, deren Blickfeld durch die Aufklärung und die Selbstgerechtigkeit des christlich-abendländischen Standpunkts eingeengt war, hatten schnell heraus, daß primitive Mythen etwas geringeres als Religion waren. Sie stellten nicht nur die Überreste mythischer Bilder aus frühen Kulturen in ein möglichst schlechtes Licht, sondern fanden auch, daß selbst heutige (z. B. afrikanische) Gruppen nicht viel mehr zu ihrer Orientierung hatten als alten Stammeshokuspokus. Diese Primitiven wußten ja nicht einmal, daß es nur einen Gott gibt, und ihre symbolisch kannibalistischen Riten ließen sich nicht im entferntesten mit jenen Praktiken heutiger Amerikaner (Anthropologen eingeschlossen) vergleichen, die allwöchentlich Fleisch und Blut eines toten Gottes zu sich nehmen.

Wenn Mythen aus dem sanktionierten spirituellen Leben unserer Zeit ausgeschlossen sind, wenn sie als irgendwie minderwertige Religiosität oder als prä-religiös angesehen werden, können sie nur noch der naive Versuch des Primitiven sein, ein Naturgeschehen zu erklären, von dem er einfach zu wenig versteht. Die mythischen Erklärungsversuche für die Entstehung des Universums, die Schöpfungsmythen, die es in jeder Kultur gibt, gehören dann der gleichen Kategorie an wie die kindlichen Fragen nach der Herkunft der Dinge – geboren aus Unwissenheit und Neugier. Wir verstehen sie nicht mehr als Ausdruck des Gefühls ewiger Verlorenheit des Menschen in einem Universum, das von Kräften erfüllt ist und Ursprünge hat, die wir niemals endgültig bestimmen können.

Erst in den letzten Jahrzehnten geht uns allmählich auf, daß die Wissenschaft uns *eben nicht* retten wird, daß die Vernunft eine Hure ist, die uns in die Irre führt, daß Ernüchterung der Grundton unseres Lebens geworden ist. Und wieder fangen wir an, unsere Mythen und Träume ernstzunehmen als Ausdruck des menschlichen Strebens nach einem umfassenden Weltbild, nach einem Verständnis dessen, was dem Leben Sinn gibt – als ernsthaften Versuch, Erfahrung und Realität in Einklang zu bringen.

Der Existentialismus kam in Europa auf, als die Träume und Hoffnungen der Menschen von einem weiteren Weltkrieg zerschlagen worden waren, dessen völkermordenden Aberwitz man wohl nie endgültig begreifen wird. Kierkegaard wurde wiederentdeckt, und wir stellten fest, daß Platon und Augustinus mehr zum Verständnis unseres Lebens leisten als Aristoteles und Thomas von Aquin. Sartre, Heidegger, Jaspers und all die anderen meldeten sich zu Wort und stellten den Grund des Seins in Frage, erschütterten die philosophische Welt, erklärten die traditionellen metaphysischen Kategorien für abgewirtschaftet und setzten die Welt der rationalen wissenschaftlichen Forschung auf ihren pompösen Hintern. Jetzt konnten auch die Mythologen unserer Zeit sich Gehör verschaffen. Alan Watts, der wandernde Poet des Zen und der Mystik, beschrieb den Mythos in einer schlichten und kraftvollen Definition als »eine Bilderwelt, mit deren Hilfe wir den Sinn unseres Lebens ergründen«. Jetzt konnte auch Freuds reduktionistischer Mythenbegriff, mit dem er die Tiefe und Kraft menschlicher Erfahrung nur wegerklärte, der Ansicht Jungs weichen, daß Träume *eher Visionen oder Sinnbilder als Symptome* sind, daß sie einen Zauberspiegel bilden, in dem wir unsere Erfahrung als gemeinsam und entwicklungsfähig erkennen.

Joseph Campbell ist vielleicht der hervorragendste Mythologe unserer Zeit. Er hat die alten Märchen gesammelt, den ursprünglichen Reichtum ihrer Bildkraft bewahrt und den Mythen ihren alten Status zurückgegeben, den eines spirituellen Abenteuers auf Leben und Tod. In seinem Versuch, den Mythos zu verstehen, untersucht Campbell vier Funktionen der Mythologie.[3] Die erste Dimension nennt er *mystisch* oder *metaphysisch* – der Mensch bemüht sich um eine »Aussöhnung des Bewußtseins mit einer Voraussetzung seiner eigenen Existenz . . . der Monstrosität dieses entsetzlichen Spiels namens Leben.« Wie soll ein Mensch die Pilgerschaft des Lebens meistern und mit seinen Schuldgefühlen, seiner Bestürzung und seiner Machtlosigkeit fertigwerden, wenn er nicht Mythen hat als Gegengewicht für das tragische Gefühl, hilflos und verloren zu sein?

Die zweite Funktion der Mythologie, die *kosmologische,* bezeichnet das Bedürfnis des Menschen, sich ein Bild vom Universum zu machen, um zu verstehen, wo er lebt. Der Mythos zeichnet solch ein Bild, das mit der Wissenschaft und Kultur der Zeit übereinstimmt; er schafft ein Gefühl der Geschlossenheit, das uns erlaubt, alles was uns begegnet, als Teil »eines einzigen, großen, heiligen« Bildes zu betrachten.

Die dritte Funktion des Mythos, *die soziologische,* definiert Campbell als eine Möglichkeit, »eine bestimmte Gesellschaftsordnung zu bestätigen und zu erhalten«. Hier sind die Gefahren der Korruption offenkundig, denn Priester und Könige können die tiefe Erfahrung der Träume und Mythen beschwören, um die Leute zum Stillhalten zu bringen, während sie den Autoritäten gestatten, ihre Macht immer weiter auszubauen. So läßt James Joyce seinen Ulysses sich nachdenklich an die Stirn tippen und verkünden: »Hier drinnen muß ich den König und den Priester töten.«

Campbells vierte Funktion der Mythologie ist die *psychologische.* Hier sieht er den Mythos als Führer und Helfer, der den Menschen durch die schwierigen Übergänge des Lebens von der Geburt bis zum Tod begleitet. Das ist für Campbell vielleicht die wichtigste Funktion, denn er betrachtet die soziologische und kosmologische Ordnung als veränderlich und die entsprechenden Funktionen der Mythologie als zeitabhängig. Dagegen nimmt er einen biologischen Kernbestand für die ganze Spezies an, so daß alle Menschen notwendig den gleichen inhärenten psychischen Problemen gegenüberstehen. Er betont die beim Menschen auffällig lange Zeit der

Unreife und Abhängigkeit und die daraus entstehenden Schwierigkeiten beim Überschreiten der Schwelle zur Eigenverantwortlich-
keit des Erwachsenen, bei der zweiten, der sozialen Geburt des
Menschen. »Die vierte Funktion soll die Initiation des Individuums in seine eigene Psyche sein und ihn zu spiritueller Selbstverwirklichung führen.«

Für mich ist C. G. Jungs Begriff des *Archetypus*[4] eines der besten
Hilfsmittel, um mir solche Dinge zu vergegenwärtigen. Jung versteht unter Archetypen biologische Verhaltensmuster, Wahrneh-
mungs- und Erfahrungsweisen, die schon immer das Gefühl des
Menschen für seinen Ort in der Welt bestimmen. Es sind unbewußte Versuche, das Leben zu begreifen, die für uns nur in ihren
Auswirkungen sichtbar werden – charakteristische und überall
anzutreffende Konfigurationen von Situationen und Gestalten, die
bestimmen, auf welche Weise wir uns selbst, andere und die Welt
erfahren.

Zu den bekannten Motiven, die in Träumen und Mythen immer
wieder vorkommen, gehören die Erschaffung der Welt, die Große
Mutter als fruchtbarer Schoß und allesverschlingendes Wesen, der
Große Vater als Herr des Himmels, ein weiser alter Mann und ein
zorniger Richter, und das Kind als Bindeglied zur Vergangenheit.
Das unlösbare Rätsel der Beziehung zwischen männlich und weib-
lich, Dunkel und Licht, Himmel und Erde findet immer wieder
bildhaften Ausdruck. Ebenso der Mythos vom sterbenden und
auferstehenden Helden, eine Bildfolge, die der Erfahrung natürli-
cher Rhythmen wie dem täglichen Auf- und Untergang der Sonne
nachgebildet ist.

Solche Bilder leben schon immer im geheimnisvollen Schatten des
kollektiven Unbewußten und bestimmen unmerklich das Gefühl
des Menschen für sich selbst, seine Welt, die Natur überhaupt.
Diese Archetypen sind keine ererbten Ideen, sondern vielmehr
ererbte psychische Funktionsweisen, biologische Erfahrungsmu-
ster. Jeder Mensch ist natürlich von bestimmten Erfahrungen
geprägt, die seine persönliche Biographie ausmachen. Jeder
Mensch steht aber auch zu jeder Zeit und an jedem Ort in
Beziehung zu allen anderen Menschen, die von überpersönlichen
Größen geprägt sind. Die Archetypen, die Brücken von Mensch zu

Mensch schlagen, *sind eben wie Flußbetten, die das Wasser verlassen hat, die es aber nach unbestimmt langer Zeit wieder auffinden kann. Ein Archetypus ist etwas wie ein alter Stromlauf, in welchem die Wasser des Lebens lange flossen und sich tief eingegraben haben. Und je länger sie diese Richtung behielten, desto wahrscheinlicher ist es, daß sie früher oder später wieder dorthin zurückkehren.*[5]

Man kann Träume natürlich auch als Begleitphänomene physiologischer Vorgänge oder als merkwürdig unzusammenhängende und poetisch verdichtete Überreste der Tageserfahrung interpretieren, hinter denen unbewußte und nicht geäußerte Kindheitswünsche des Einzelnen stehen. Ähnlich läßt sich eine Naturgeschichte der Götter und Heroen konstruieren, in der, wie Martin Buber einmal sagte, »ein Mythos nichts weiter ist als der Bericht eines überschwenglichen Geistes von dem, was über ihn gekommen ist«. Für mich verwässern solche reduktionistischen Objektivierungen nur den überpersönlichen Reichtum menschlicher Erfahrung, den die Metaphern der Mythen und Träume so farbig widerspiegeln.

Ich weiß nicht, was es damit *wirklich* auf sich hat. Es ist lange her, daß ich an Realität geglaubt habe. Ich ziehe die schöne/schreckliche Welt meiner subjektiven Erfahrung jenen kalten wissenschaftlichen Erklärungen vor, die auf die Dauer doch keineswegs realer, dafür aber entschieden weniger unterhaltsam sind als meine eigenen Phantasien und Träume. Die Jung'schen Archetypen verhelfen mir zu einem dramatischen und farbenprächtigen Trip. Kann man von einem Abenteuer, das das Leben lebendiger macht, mehr erwarten? Vielleicht geben mir die Archetypen nicht mehr Aufschluß über das Leben, als ich jetzt schon habe, doch mir genügte es, daß sie es mich tiefer und voller erfahren lassen, daß sie mir die Sinne öffnen für meinen Weg durch dieses einzige Leben, das ich habe.

DER TURM

II

Ich will dir mit einer Geschichte die Zeit verkürzen

Black Elk (Schwarzer Hirsch), der Krieger und Medizinmann der Oglala Sioux, sagt, daß »Menschen sich im Dunkel ihrer Augen verlieren«. Nach innen zu schauen, ist wunderbar und gefährlich. Das Unbewußte, das allen Menschen gemeinsam ist – manche nennen es »Abgrund der Seele« –, ist jener dunkle Bereich, aus dem die Visionen heraufsteigen. Urgewalten entspringen hier, deren furchteinflößender Kraft der Mensch bisweilen nicht standhalten kann.

Deshalb halten sich die meisten Menschen lieber so wenig wie möglich in dieser »dunklen Welt voller Fabelwesen« auf. Sie spielen die Mythen, die *ihre* Geschichte erzählen, zu bloßen Phantasieprodukten herunter, zu Kindermärchen. Den nächtlichen Visionen von diesen dunklen Orten wollen sie keine Bedeutung zugestehen, denn »Träume sind Schäume«.

Es braucht einen Lichtblitz der Bewußtheit, um das Dunkel des Unbewußten zu durchdringen. Auf der Tarotkarte *Der Turm* wird das Gefängnis des falschen Bewußtseins durch einen Blitz zum Einsturz gebracht. Aufrecht, verspricht diese Karte ein Ereignis von erleuchtender Durchschlagskraft. Auf den Kopf gestellt, warnt sie vor anhaltender spiritueller Einkerkerung.

Wir brauchen nur offene Augen und Ohren für alles, was uns begegnen mag, um zu erkennen, daß die unaufdringlich dargebotenen Gaben aus der Tiefe des Überpersönlichen jederzeit in greifbarer Nähe sind. So zeigt es sich in den Erzählungen vom »König mit dem Leichnam«, die vom Kampf eines Hindu-Königs der Vergangenheit mit dem großen Dunkel berichten:

Jeden Tag kam ein heiliger Bettler an den Hof und schenkte dem König schweigend eine Frucht. Der König nahm diese Gaben an, ohne ihnen viel Aufmerksamkeit zu schenken, und übergab sie unbesehen seinem Schatzmeister. Jeden Tag ging der Bettler, wie er gekommen war, ohne etwas für sich zu erbitten.

Jahrelang spielte sich diese rätselhafte Pantomime immer auf die gleiche Weise ab. Doch eines Tages gab der König das Geschenk, einer plötzlichen Laune folgend, seinem Affen. Als das Tier in die Frucht biß, kam ein herrlicher Edelstein zum Vorschein. Als der König das sah, fragte er den Schatzmeister, was aus all den früheren Geschenken geworden war. Sie waren alle in die Schatzkammer geworfen worden, deren Boden jetzt mit faulendem Obst und kostbaren Juwelen übersät war.

Der König freute sich und wurde neugierig. Am nächsten Tag sprach er den Bettelmönch an, und dieser erbat sich zum erstenmal eine Gegengabe. Der König sollte der furchtlose Held sein, den er für einen Exorzismus brauchte. Mutig ließ sich der König auf ein Treffen ein, das für die nächste Neumondnacht auf dem großen Friedhof, dem Ort der Feuerbestattungen, verabredet wurde, wo auch die Verbrecher gehenkt wurden.

In der Dunkelheit der vereinbarten Nacht, verkleidet und mit dem Schwert bewaffnet, ging der König unerschrocken zu seinem grausigen Stelldichein. Verkohlte Schädel und Skelettreste lagen verstreut auf dem Gelände, während Dämonen in der Luft darüber einen schauerlichen Lärm vollführten. Als der König nähertrat, um zu erfahren, was er tun sollte, zog der alte Zauberer gerade einen Bannkreis. Er hieß den König zu einem Baum am anderen Ende der Verbrennungsstätte gehen, an dem ein Mann aufgehängt war. Er sollte die Leiche losschneiden und in den Bannkreis tragen.

Zitternd, aber entschlossen ging der König auf den Galgenbaum zu, um seine seltsame Frucht zu pflücken. Er stieg auf den Baum und durchschnitt das Seil. Als der Tote herabfiel, war ein Stöhnen zu hören. Als er nachsah, ob noch Leben in der starren Gestalt war, brach ein gespenstisches Lachen aus ihrer Kehle. Er sprach den Geist an, aber sofort flog die Leiche wieder hoch an ihren Ast. Als der König in den Baum kletterte, um wieder das Seil zu durchtrennen, gab er acht, daß kein Laut über seine Lippen kam. Er wuchtete den Körper auf die Schulter und machte sich auf den Rückweg. Aber er war noch nicht weit gekommen, als das Gespenst zu ihm sprach: »Große und ungewohnte Plage hast du dir aufgeladen, Verehrter, da will ich dir mit einer Geschichte die Zeit verkürzen.« Der König schwieg und das Gespenst erzählte:

Es waren einmal drei junge Brahmanen bei einem Lehrer, die liebten alle drei seine wunderschöne Tochter. Der Vater mochte sie keinem geben, aus Angst, den beiden anderen bräche es das Herz. Da starb das Mädchen plötzlich, von einer Krankheit weggerafft. Verzweifelt verbrannten die drei seine Leiche; dann zog der Eine als bettelnder Asket in die Welt, der andere nahm das Gebein der Geliebten und pilgerte damit zu den lebenspendenden Fluten der heiligen Ganga. Der dritte aber baute sich eine Asketenhütte über ihrer letzten Stätte und schlief auf ihrer Asche. Der durch die Welt zog ward einmal Zeuge eines wunderbaren Vorgangs, er erlebte, wie jemand mit einem Zauberspruch aus einem Buche ein verbranntes Kind aus seiner Asche leibhaft wieder ins Leben rief. Da stahl er das Buch und eilte heim zur Asche der Geliebten; eben kehrte auch der Andere zurück, der das Gebein des Mädchens in den lebenspendenden Wassern des göttlichen Flusses genetzt hatte. Über Asche und Knochen ward der Zauber vollzogen: da stand die Geliebte wieder da, herrlicher noch als einst. Und ein Streit erhob sich unter den dreien: der eine hatte ihre Asche gehütet, der andere ihr Gebein im Wasser des Lebens genetzt, der dritte den Zauber gesprochen, – wem gehörte sie? – »Ja: wem gehört sie?« fragt das Gespenst im Leichnam den König, – »der Kopf soll dir zerspringen, wenn du es weißt und nicht sagst!«[1]

Der König glaubte die Antwort zu wissen und wagte nicht sie zu verschweigen. Der Brahmane, der das Mädchen mit dem Zauberspruch wieder zum Leben erwecken konnte, so sagte er, habe wie ein Vater gehandelt. Der andere, der den frommen Dienst auf sich genommen hatte, ihre Gebeine an den Heiligen Fluß zu bringen, hatte wie ein Sohn an ihr gehandelt. Der letzte aber, der seine Geliebte nie verließ und sogar auf ihrer Asche schlief, konnte allein ihr Mann sein.

Als er das letzte Wort gesprochen hatte, stöhnte die Leiche gequält auf und flog von seiner Schulter weg zum Baum zurück. Wohl oder übel mußte der König zurück, sich die Leiche wieder aufladen und den beschwerlichen Weg von vorn antreten.

Doch so oft er auch losmarschierte, wiederholte sich die traurige Szene. Jedesmal peinigte ihn das Gespenst mit einem neuen Rätsel und drohte, sein Kopf werde zerspringen, wenn er die Antwort wisse und verschweige. Und jedesmal fand der König sein Bewußtsein erweitert, fand er neues Wissen in sich, von dem er vorher nichts gewußt hatte. Doch alle seine weisen Urteile brachten ihm nur immer wieder den Gang zurück zum Galgenbaum ein – es war zum Verzweifeln.

Es waren vierundzwanzig Geschichten, aber nur dreiundzwanzigmal mußte der König zum Baum zurücktrotten, denn auf das vierundzwanzigste Rätsel fand er keine Antwort. Keines Menschen Weisheit kann das große Dunkel bis in seine letzten Tiefen ausloten. Schweigend dachte er darüber nach, daß er unter einem Bettlergewand Weisheit gefunden und von einem Affen Demut gelernt hatte, daß die spöttischen Rätsel eines scheinbar bedrohlichen Fremden seine Weisheit vergrößert hatten. Da er auf die letzte Frage keine Antwort wußte, erreichte er nun endlich sein Ziel und konnte den Leichnam in den magischen Kreis bringen. War er vielleicht in seinem stummen Grübeln weiser als bei all seinen klugen Antworten?

Der Geist schien endlich mit dem König zufrieden und verließ den Körper, der jetzt reglos auf den Schultern seines Trägers lag. Doch bevor das Gespenst verschwand, warnte es den König noch vor den Gefahren, die ihn im magischen Kreis erwarteten:

Höre, was ich dir zu deinem Heile sage, und tu es! Der Bettelasket ist ein gefährlicher Schwindler; mit seiner Beschwörung wird er mich zwingen, wieder in den Leichnam einzugehen, dann wird er mich anbeten und versuchen, dich mir als Opfer darzubringen.

Dazu wird er dich heißen, vor mir niederfallen, und wenn du mit Haupt und Händen flach am Boden liegst, wird er dir mit deinem Schwert den Kopf abschlagen wollen. Da sag ihm, »mach mir das vor, wie man sich niederwirft«, und wenn er vor dir liegt, schlag ihm den Kopf ab. Dann wird die Herrschaft über die Geister, nach der ihn mit seinem Zauber gelüstet, dir zufallen – sie sei dein![2]

Als der König in den Bannkreis eintrat, lief tatsächlich alles so ab, wie das Gespenst vorhergesagt hatte. Der Zauberer forderte ihn auf, sich niederzuwerfen, fiel aber auf die List des Königs herein und verlor seinen Kopf. Die Geister des Friedhofs brachen in Freudengeheul aus, denn jetzt waren sie aus der Slaverei der Verzauberung durch den üblen Schwarzkünstler befreit.

Das Gespenst gratulierte dem Helden-König zum Sieg über den Zauberer, der sich die übernatürlichen Kräfte hatte unterwerfen wollen. Zum Dank hatte der König einen Wunsch frei. In weiser Zurückhaltung bat er nur darum, daß die Geschichte dieser Nacht überall auf der Welt und durch alle Zeitalter von den Menschen erzählt werden sollte.

Und so lebt die Geschichte in Ost und West, in allen Sprachen, gestern, heute und morgen. Ich habe das meinige getan, indem ich Ihnen diese Geschichte erzählte. Tun Sie das Ihrige und erzählen Sie sie weiter!

Neulich unternahm ich mit einer Patientin eine moderne Reise ins große Dunkel. Wie einst jener Hindu-König, erlebten wir unser mythisches Abenteuer als zugleich erschreckend und erregend. Zusammen wagten wir uns ins Dunkel, neues Licht suchend.

An diesem Tag klagte sie über vage, aber hartnäckige Angstgefühle und einen schmerzhaften Knoten unerklärlicher Spannung. Sonst kam sie den Wurzeln ihres Unbehagens meist irgendwie auf die Spur, aber an diesem Tag konnte sie weder einen Sinn darin entdecken noch eine Ursache finden, nichts, was ihr aus der Klemme half, in der sie sich so elend fühlte. Sie versuchte Verbindungen zu Problemen in ihrem Leben herzustellen, fand aber keinen Zusammenhang. Auch Assoziationen wollten sich nicht einstellen, und schließlich gab sie alle Hoffnung auf, dieser beziehungslosen Misere entkommen zu können.

Ich wußte ebensowenig wie sie, was los war, versuchte jedoch intuitiv, ihr vages Unbehagen zu konkretisieren, und fragte sie, ob sie diese Gefühle in ihrem Körper lokalisieren könnte. Die Angst, so stellte sich heraus, saß mitten in ihrer Brust, während der Spannungsknoten sich wie Bauchweh anfühlte. Ich erinnerte mich, kürzlich einen Artikel von Eugene D. Alexander gelesen zu haben, in dem er über »Reisen in den Körper« schrieb. Die Idee, eine Patientin eine Phantasiereise in das große Dunkel des eigenen Körpers unternehmen zu lassen, war eine Herausforderung, aber bis jetzt hatte ich den Versuch gescheut, weil ich mich selbst zu sehr vor dem großen Unbekannten fürchtete.

Sie und ich hatten schon andere spirituelle Abenteuer bestanden, und mit ihr glaubte ich es wagen zu können. Ich fragte sie, ob ich ihr auf eine Weise helfen sollte, die ihr vielleicht sehr viel Vertrauen abverlangen würde. Sichtlich zögernd willigte sie ein. Wenn sie sich in ihrer Vorstellung weit genug verkleinerte, erläuterte ich, könnte sie einen Phantasietrip in ihren Körper machen und so vielleicht ihrer festsitzenden Misere beikommen.

Als ich sie fragte, wie sie in ihren Körper kommen wolle, wählte sie den Mund als Eingang. Wie ein Vater, der seinem Kind die Atmosphäre einer neuen Geschichte plastisch ausmalt, beschrieb ich ihr, wie riesenhaft ein normaler menschlicher Körper jemandem erscheinen würde, der so winzig war, wie sie werden sollte. Erwartung und Staunen verdrängten ihre Scheu ein wenig, als sie mit geschlossenen Augen aus der Froschperspektive zu sehen begann.

Bald fühlte sie sich klein genug und stand wacklig auf ihrer eigenen Unterlippe. Sie wollte in den offenen Mund eintreten, sah sich aber sofort durch die viel zu hohe Mauer ihrer Zähne daran gehindert. Sie schaffte es einfach nicht, an ihnen hochzuklettern, und war schon bereit, an diesem ersten Hindernis aufzugeben.

Ich hielt ihre Hand und bot ihr an zu helfen, wenn sie mich nur lassen würde. Ich schlug ihr vor, sich neben ihr auf der Lippe einen Mini-Therapeuten vorzustellen. Mit einem verläßlichen Helfer zur Seite konnte sie sich vorstellen, daß ich sie an den Zähnen hinaufschob. Drüben wartete sie, bis ich auch über die Barriere geklettert war. Ich bat sie, mit der Beschreibung unserer Umgebung fortzufahren, und sie ließ uns hopsend das »Wasserbett« ihrer Zunge überqueren. Ich steuerte uns an dem sexuellen Beiklang dieser Assoziation vorbei und drängte sie weiter in die Richtung, wo ihre Probleme lagen.

Bald standen wir am Rand des schwarzen Abgrunds ihrer Kehle. Sie war vor Schreck wie gelähmt, als sie in die undurchdringlich dunkle Leere hinunterspähte. Kein noch so gutes Zureden konnte sie dazu bringen, auch nur einen weiteren Schritt zu tun. Ich sagte, sie brauche sich nur aus dem Bann dieses Abgrunds zu befreien und mich anzuschauen, dann würde sie den großen Rucksack auf meinem Rücken sehen. Erleichtert wandte sie sich von dem düsteren Bild ab, erkannte sogleich den Rucksack und wunderte sich, daß sie ihn bisher übersehen hatte. Sie kramte darin herum, bis sie die Taschenlampe fand, die ich natürlich bei mir hatte.

Sie nahm die Lampe heraus, stellte fest, daß sie einen starken Lichtstrahl warf, und freute sich, daß man den finsteren Schlund jetzt ganz ausleuchten konnte. Jetzt war es nicht mehr schwer, den steilen Abstieg in die sich weitende Passage durch ihren Brustraum zu finden.

Furcht und Mutlosigkeit gewannen jedoch bald wieder die Oberhand, als sie vor uns eine große Masse »Angst« ausmachte, die den Weg versperrte. Jetzt saßen wir ganz bestimmt fest, meinte sie. Da würde man nicht durchkommen. Ich drängte sie, näher heranzugehen und das Hindernis mit der Lampe zu untersuchen. Sie beschrieb ihre »Angst« als massigen, gestaltlosen braunen Klumpen. Ihr angewiderter Tonfall ließ mich vermuten, daß da ein großer Haufen Scheiße vor uns lag, aber ich behielt diese Interpretation lieber für mich, damit sie uns nicht aus ihrem Körper hinauskatapultierte und in ihr nutzloses Hirnzermartern zurückversetzte.

Ich ließ sie noch näher herangehen und genau untersuchen, ob es nicht doch eine Möglichkeit gab hindurchzukommen. Mit anscheinend echter Überraschung stellte sie fest, daß der Klumpen doch nicht so massiv war, wie er zuerst gewirkt hatte. Sie meinte, wir würden wohl durchkommen, wenn sie ihn nur mit den Füßen irgendwie aus dem Weg stoßen könnte. Das, sagte ich, sei überhaupt kein Problem, denn ich hätte für jeden von uns ein Paar

»Treter« in meinem Rucksack. Wieder war sie froh und dankbar, daß ich genau die richtigen Sachen bei mir hatte. Im Nu hatten wir unsere Stiefel an und stapften weiter.

Hinter dem Angsthaufen wurde der Weg wieder enger, doch übermütig, wie wir waren, kamen wir ohne Schwierigkeiten weiter voran und passierten den Durchgang durch ihr Zwerchfell. Dann aber gab es doch wieder Probleme. Jäh weitete sich der enge Schlauch zu der riesenhaften Grotte ihres Magens. Angesichts der kalten, weißen Leere, in der es keine Orientierungspunkte gab, blieb sie entsetzt und wie angewurzelt stehen.

Ich deutete ihre Beunruhigung falsch und nahm an, sie fürchtete, sich zu verlaufen. Deshalb lenkte ich ihre Aufmerksamkeit auf einen großen Brocken, der rechts vor uns lag, und schlug ihr vor, einen Blick dahinter zu werfen. Sie ging nachsehen, während ich ihr die eisenbeschlagene Truhe beschrieb, die hinter dem Felsen stand. »Klingt nach Seekiste«, sagte sie. Ich stimmte zu.

Ich sagte, sie solle die Kiste aufmachen und sich die Karten ansehen, die darin lagen. Sie fand sie, studierte sie und fand, daß sie überhaupt nicht weiterhalfen. Mit onkelhafter Ungeduld erklärte ich, sie seien doch so leicht zu lesen, Bildlandkarten, die sie sich genau ansehen müßte, wenn wir hier je wieder rauskommen wollten.

Geduldig erwiderte sie, wir hätten uns nicht verirrt, sondern stünden vielmehr vor einem Hindernis. Die leere weiße Fläche vor uns war keine Schneewüste, die wir durchqueren mußten, sondern ein unüberwindlicher Gletscher. Ebenso beklommen wie begeistert versicherte ich ihr, daß ich noch allerlei Ausrüstungsgegenstände bei mir hatte, von denen sicher eins uns weiterhelfen würde. Sie fand nichts Geeignetes und bat mich um Hilfe.

Zuerst bot ich etwas an, was mir, allein vor einer undurchdringlichen Eiswand, nahegelegen hätte. Ich sagte, in meinem Rucksack sei eine Wundermaschine, die Wärme erzeugen, unsere Höhle mit einem sanften, goldenen Schimmer erfüllen und die abweisende Kälte wegschmelzen könnte. »Haben Sie sonst noch was?« war ihr ganzer Kommentar. So eine Magensonne mochte für mich das Richtige sein – ihr schwebte etwas anderes vor.

Offenbar mußte etwas Aggressiveres her. »Wie wär's mit einem

Laser? Damit könnten wir uns durch das Eis schneiden.« Sie lächelte und sagte: »Nicht schlecht. Sonst noch was?«

Jetzt wußte ich, daß ich auf der richtigen Fährte war. »Kramen Sie doch noch mal. Irgendwo muß da ein Fläschchen T.N.T. sein.« »Ja, ich hab es!« rief sie begeistert. Ich fragte, ob ich die Flasche für sie werfen sollte. Heftiges Kopfschütteln.

Bis dahin hatte sie bewegungslos gelegen und unseren abenteuerlichen Weg nur sprechend zurückgelegt. Jetzt holte sie plötzlich aus, schleuderte mit aller Gewalt ihre Bombe und explodierte in ein lautstarkes »WUMM!« Die Druckwelle riß mich vom Stuhl.

Der Staub legte sich, und in der wohltuenden Stille begann ich mich zu fragen, wo das wohl alles enden sollte. »Wie finden wir jetzt hier raus?« fragte ich in der plötzlichen Angst, sie könnte sich zu einem »rebirthing« entschließen und den Weg durch ihre Scheide wählen.

»Na, sehen Sie denn nicht?« fragte sie erstaunt. »Da vorne, wo wir das Eis gesprengt haben, sieht man doch schon den blauen Himmel durch, Bäume, Gras. Was für ein herrlicher Tag! Kommen Sie, gehen wir picknicken.« Sie sagte es so überzeugend, daß ich gar nicht verstand, wie ich all das hatte übersehen können.

Nach der Reise durch das Dunkel begann sich diese erstarrte und bekümmerte junge Frau in ein warmes, fröhliches und quicklebendiges Wesen zu verwandeln. Sie erzählte von einer noch nie erlebten, ungeheuren Erleichterung, sie staunte wie ein Kind über diese seelenlösende Reise, die wir gemacht hatten. Sie wollte Erklärungen von mir, um sich klarzumachen, was geschehen war. Ich unterdrückte die Versuchung, ihr mit geschwellter Brust auseinanderzulegen, wie wir mit ihrer unbewußten Feindseligkeit gearbeitet hatten, und sagte nur, sie verstünde schon alles, was es zu verstehen gebe. Sie wirkte erleichtert, befriedigt, freute sich, daß sie einfach noch bei der Stimmung unseres Abenteuers verweilen konnte.

Sie war sicher, daß sie es nicht allein geschafft hätte, und ich sagte, ich hätte es auch nicht allein geschafft. Auf keine Weise konnte ich sie jedoch davon überzeugen, daß ich so unerfahren war wie sie, unterwegs ebensoviel Angst gehabt und nicht gewußt hatte, wohin das alles führen würde.

Als sie zur nächsten Sitzung kam, fühlte sie sich immer noch so wohl und war voller Abenteuerlust. In der Zwischenzeit hatte sie allein einen Trip unternommen und war glücklich und hoffnungsvoll; stolz erzählte sie von ihrer ersten »unrealistischen Phantasie«. Ihr ganzes Leben lang waren ihre Tagträume ein prosaisches Pläneschmieden gewesen – Gedanken mußten geordnet, stressige Situationen durchgespielt, zukünftige Strategien im Probelauf getestet werden. Wie hatte sie ihre verspielt-träumerische kleine Schwester immer beneidet, die sich Erdbeerwelten vorstellen konnte und für die das Leben immer so viel lustiger war. Ich bat sie alles aufzuschreiben, und dies gab sie mir:

Neulich Abend lag ich im Bett und dachte staunend und froh an die gemeinsame Phantasie mit Shelly, in der wir eine Reise in meinen Körper unternommen hatten. So weit ich mich erinnere, war das meine allererste Phantasie. Was ich früher für Phantasien gehalten hatte, nannte Shelly »Pläne«, und nach diesem Trip wußte ich auch, warum. Ich lag da und hoffte, wir könnten das irgendwann nochmal machen. Eigentlich wußte ich, daß Shelly es wieder machen würde, und hoffte nur, daß ich es wieder schaffen würde.

Dann war ich urplötzlich mit Shelly auf einem weiten Gänseblümchenfeld. Wir waren sehr klein, winzig im Vergleich zu den Blumen, und die ganze Welt schien ein einziges Gänseblümchenfeld zu sein. Ohne daß ich es geplant hätte, stürzten wir von einer herrlichen Kapriole in die andere. Wir machten kleine Gänge ins Gras, legten uns auf den Rücken und sahen hoch über uns die Rückseiten der Blüten und das durchschimmernde Sonnenlicht. Wir kletterten an den Stielen hoch, krabbelten über die Blütenblätter, legten uns in die gelbe Mitte und saugten uns mit Sonne voll. Und dann das Lustigste: Abwechselnd bog einer ein Gänseblümchen herunter, während der andere auf der Blüte saß, ließ den Stiel dann losschnellen, so daß der andere endlos weit über das Blütenmeer katapultiert wurde. Ich kann mich nicht erinnern, daß wir dieses Spiel abgebrochen hätten, und wer an einem bestimmten Augenblick gerade schleuderte oder geschleudert wurde; und das Schönste ist, es spielt überhaupt keine Rolle – nicht mehr.

Mir gefiel am besten die Stelle, wo sie den Blumenstengel mit aller Gewalt zurückbog und dann plötzlich losließ, so daß ich trudelnd himmelwärts schnellte, um dann auf Libellenflügeln wieder herunterzugleiten. Jetzt war sie am Zug.

Und sie würde ihn gewiß nicht noch einmal verpassen, soviel war sicher. Sie hatte schon alles für einen Sonderurlaub arrangiert, der sie für eine Zeit von der schweren Verantwortung für ein anspruchsvolles Regierungsprogramm befreien würde. Sie wollte sich mit ihrer Schwester in Barcelona treffen. Von da an sollte es ungeplanter Spaß sein, mit dem Rucksack querfeldein, auf der Suche nach Sonne, nach sich selbst, nach Dingen, die sie noch nicht wußte.

DAS GLÜCKSRAD

III

Die Nüchternheit
der Psychotherapie

»Wer bist du?« sagte die Raupe.
Das war keine ermutigende Einleitung zu einem Gespräch. Ziemlich schüchtern erwiderte Alice: »Ich . . . ich weiß es im Augenblick selbst kaum, mein Herr . . . ich wußte zwar noch, wer ich war, als ich heute morgen aufstand, aber inzwischen muß ich mehrmals verwandelt worden sein.«
»Was meinst du damit?« sagte die Raupe unwirsch. »Drück dich klarer aus!«
»Ich kann mich leider nicht ausdrücken, mein Herr«, sagte Alice. »Ich bin nämlich gar nicht ich, verstehen Sie?«
»Ich verstehe nicht«, sagte die Raupe.
»Es tut mir leid, aber ich kann es nicht klarer ausdrücken«, sagte Alice sehr höflich. »Ich verstehe es ja selbst nicht; und an einem Tag so oft die Gestalt zu wechseln, ist sehr verwirrend.«
»Ist es nicht«, sagte die Raupe.
»Nun, vielleicht haben Sie das noch nicht selbst erfahren«, sagte Alice, »aber wenn Sie sich in eine Puppe verwandeln müssen – das werden Sie nämlich eines Tages – und danach in einen Schmetterling, dann werden Sie sich wohl auch ein bißchen komisch vorkommen, oder nicht?«
»Nicht im mindesten«, sagte die Raupe.
»Nun ja, vielleicht empfinden Sie das anders«, sagte Alice. »Ich

weiß nur, daß ich mir dabei sehr komisch vorkommen würde.«
»Du!« sagte die Raupe verächtlich. »Wer bist denn du?«
Womit sie wieder am Beginn ihres Gesprächs waren.[1]

Unzufriedenheit mit ihrem Los und rastlose Neugier ließen Alice in den Kaninchenbau stürzen. Der Sturz in die scheinbar verrückte Welt von Wunderland, die Gespräche mit seinen schrulligen Bewohnern, verhelfen ihr zu so entwaffnenden Erfahrungen, daß ihre Höflichkeit, ihre Vernünftigkeit, ja ihre ganze Identität als zuverlässig sozialisierte Person abzubröckeln beginnen.

Die Gegenwart anderer Menschen ist eine ständige Gefahr für das Gesicht, das wir der Welt gern präsentieren möchten. Wir alle haben gelernt, unseren primitiven Gelüsten ein gewisses Maß an Zurückhaltung aufzuerlegen und wenigstens den Anschein von Gesellschaftsfähigkeit und Selbstkontrolle zu erwecken. Die Züge des guten Charakters (mögen sie auch von Gruppe zu Gruppe verschieden sein) sollen stets sichtbar bleiben. Man erwartet von uns ein gewisses Maß an Rücksichtnahme, Kooperation, Objektivität und Mäßigung. Auch ein Minimum an zivilisiertem Benehmen wird beim Maskentanz der sozialen Anpassung von uns verlangt.

Wir sollen uns so verhalten, als wären wir nicht von heftigen biologischen Impulsen getrieben, nicht von dunklen, primitiven Vorstellungen verfolgt, als sei unsere soziale Identität das, was wir wirklich sind. Zeremonien, Konventionen und rituelle Dialoge, mit denen die soziale Interaktion durchsetzt ist, verhindern, daß der Lack von unserer Zivilisation abblättert. Verstöße und Abweichungen, die unsere primitive Natur gewollt oder ungewollt bloßlegen, werden mißbilligt und schnellstens ausgebügelt. So bleiben die machtvollen mythischen Ur-Bilder, die das menschliche Verhalten leiten, hinter einer Fassade aus Manierlichkeit und Vernünftigkeit verborgen.

Oft genug wird deutlich, daß die glänzende Oberfläche unserer Zivilisation, mag sie auch wohlartikuliert und mit einem philosophischen und religiösen Überbau bewehrt sein, nur ein dünner und provisorischer Anstrich ist. Der moderne Mensch, dieses Produkt der Aufklärung, redet sich gern ein, daß seine Natur von psychologischen und kulturellen Kräften bestimmt ist, aber neuere Untersuchungen über die menschliche Spezies machen deutlich, daß große Teile unseres Verhaltens ebenso biologisch bedingt sind wie die des übrigen Tierreiches. Viele Schriften von Anthropologen, Soziologen und Verhaltensforschern stützen die These, daß der Mensch ein »Herrentier« *(imperial animal)* ist, gelenkt von verborgenen Kräften, bestimmt durch die Evolution, die in einem genetischen Code niedergelegt sind und instinktive Verhaltensraster für Paarung, Kampf, Spiel und Überlebensstrategien festlegen. Wir tun zwar gerne so, als beruhte unsere soziale Interaktion auf höheren Gemütskräften, auf Ideologie und moralischen Prinzipien, doch oft genug läßt sich unser Verhalten besser als Produkt von Territorialinstinkten, unbewußten biologischen Schablonen und aggressiven animalischen Zwängen beschreiben. Spezifisch menschlich ist bei vielen Dingen nur die Art, wie wir unsere niederen Instinkte weginterpretieren.

Der Erfolg, den William Goldings Roman *Der Herr der Fliegen* hatte, zeugt von einem schwachen Bewußtsein für das »sogenannte Böse« in jedem von uns – und von seiner Faszination. Diese köstliche, groteske Geschichte erzählt von netten, wohlerzogenen Schuljungen, die auf einer einsamen Insel stranden. Innerhalb weniger Tage werden sie zu kriegerischen Wilden, die uns erschrecken, weil sie all die heftigen, heimlichen Bedürfnisse einfach ausleben, denen wir sonst nur in unseren Alpträumen begegnen. Man wird vielleicht sagen, das sei nur ein Roman, nur Dichtung. Keineswegs! Während des Bombenangriffs auf London im Zweiten Weltkrieg (unser »guter Krieg«) wurden viele ganz »normale« Kinder aus der Stadt evakuiert. Diese *»Kinder ohne Familie«* [2], wie Anna Freud und Dorothy Burlingham sie nannten, kamen in anständige, wohlgeführte Pflegeheime. Für die meisten Kinder war eine nur vorübergehende Unterbringung geplant; sobald die Umstände es erlaubten, sollten sie wieder ihren Familien in der Stadt übergeben werden.

Diese gesunden Vorschüler wurden bestens ernährt, gekleidet und untergebracht und standen unter der wohlwollenden Aufsicht von Erwachsenen – doch leider mußte man ihnen die Erfahrung eines Lebens ohne Familie zumuten. Sehr schnell entwickelten diese

Kinder einen ungewöhnlichen Hang zu Lüge, Diebstahl, Streit und Erpressung. Manche wurden als Bedrohung empfunden, gegen die man drastische Abwehrmaßnahmen ergreifen mußte. Abgelöst von der bergenden Atmosphäre der Familie, legten diese Kinder ein Verhalten an den Tag, das man bei Tieren beobachten kann, wenn sie verzweifelt um ihr Überleben kämpfen.

Dieses Streß-Verhalten ist jedoch keineswegs auf Kinder beschränkt. Ich führe dieses Beispiel nur zuerst an, weil es im Kontrast zu unseren sentimentalen Vorstellungen über Kinder noch schockierender wird. Erwachsene, selbst ganze Kulturen, zeigen gelegentlich die gleichen Verfallserscheinungen. Ein besonders dramatisches und wohlrecherchiertes Beispiel findet man in dem Buch *The Mountain People* von Colin M. Turnbull.[3] Er beschreibt dort seine Erlebnisse bei den Ik, einem Volk von Sammlern und Jägern in Uganda. Vor gar nicht langer Zeit war dieser Stamm noch eine stabile Gesellschaft von freundlichen und großzügigen Menschen. Dann wurden sie durch die politischen Umstände gezwungen, ihre vertraute und an Nahrungsmitteln reiche Umgebung gegen ein kahles, wasser- und wildloses Bergterritorium einzutauschen, auf dem die Regierung sie zu Bauern umerziehen wollte.

Weniger als drei Generationen in dieser fremden, unwirtlichen Landschaft haben ihre Kultur zugrundegerichtet und ihre »Menschlichkeit« praktisch ausgelöscht. »Die Bergdörfer waren alles andere als wohnlich; Nahrungsmittel gab es nicht; die Menschen wurden so unfreundlich, egoistisch und niederträchtig wie Menschen nur sein können.« Mitleid, Liebe, Gemeinschaftsgefühl und Familiensinn verschwanden. Kinder überließ man mit drei Jahren sich selbst; sie mußten sich dann allein durchkämpfen, so gut es ging. Die das überlebten, wurden hinterhältige, unehrliche, tückische Erwachsene, die über die Qual anderer Stammesangehöriger nur sadistisch lachen konnten. Die »Alten« (kaum einer wurde älter als fünfundzwanzig) ließ man krepieren, doch zuvor raubten ihnen die Jüngeren und Kräftigeren (manchmal die eigenen Kinder) noch ihre mageren Besitztümer, selbst halb gekaute Nahrung wurde hinter verzweifelt zusammengepreßten Zähnen gewaltsam hervorgeholt. Wir leben zwar in einer anderen Situation, doch Turnbull fragt sich, wohin unser Streß, unsere Anonymität, unsere kalte Selbstsucht wohl letztlich führen werden.

Eine 1973 abgeschlossene Forschungsarbeit über *Die Psychopathologie der Haft*[4] mag als schaurige Prognose für den Bestand unseres aufgeklärten, zivilisierten Lebensstils dienen. An der Stanford University baute ein Professor für Psychologie im Keller des Labor- und Unterrichtsgebäudes seiner Abteilung ein »Studien-Gefängnis« auf. Normale junge Männer wurden als bezahlte Versuchsobjekte angeworben und erhielten willkürlich die Rollen von Gefangenen und Wärtern zugewiesen. Das auf zwei Wochen geplante Experiment wurde am sechsten Tag wegen seiner erschreckenden Ergebnisse abgebrochen: Die Versuchspersonen konnten in diesem Simulator bereits nach kurzer Zeit nicht mehr zwischen sich selbst und ihrer Rolle unterscheiden. Viele der »Wärter« neigten bald zu Sadismus in ihrer willkürlichen Machtausübung, und selbst die »guten Wärter« mischten sich in das Treiben der »bösen Wärter« nicht ein. Die Reaktion der »Häftlinge« reichte von Panik und Depression bis hin zu kaltschnäuzigem In-die-Pfanne-Hauen jedes anderen, sofern es dem eigenen Vorteil diente. In beiden Gruppen verfielen Gesinnung und ehtisches Bewußtsein rasch und unwiderruflich. Die zivilisierte Außenhaut der menschlichen Natur hält dieser Zerreißprobe nicht stand.

Unsere »Natur«, unsere Normen, unsere Gewohnheiten haben so viele tröstliche Züge, die wir einfach als gegeben annehmen und die jeden Morgen, wenn wir aufwachen, zur Stelle sein müssen. Mir kommt das alles gar nicht so sicher vor. Mir geht ein Jahre zurückliegendes Erlebnis in einer Klinik nach, in der ich mich einer größeren Operation unterziehen mußte. Ich wurde als vollwertiger Erwachsener, der etwas auf sich hält, eingeliefert, als Ehemann-Vater-Freund-Psychotherapeut-Schriftsteller, als rundherum brauchbares Mitglied der Gesellschaft. Kurz darauf war ich nicht nur Patient, sondern ein entsetztes, hilfloses Kind und obendrein ein jämmerliches Wrack. Als ich das Aufnahmeformular unterschrieb, fest entschlossen, auch für diesen Abschnitt meines Lebens selbst geradezustehen, konnte ich noch nicht wissen, daß kurz darauf die Bemerkung irgendeiner Schwester über meinen »guten Stuhlgang«

mich in Tränen ausbrechen lassen würde. Hier spielt sich etwas ab, das, wie ich vermute, auch mit der Entwicklung von Neurosen zu tun hat, wenn Eltern ihren Kindern sehr wenig geben. Wenn Kinder nicht bekommen, was sie zum Überleben brauchen, dann werden die emotionalen Prioritäten umgeschichtet und alles Fragen nach »höheren Dingen«, ein Luxus, der nur möglich ist, wenn alle Grundvoraussetzungen gegeben sind, verschwindet. Dafür müssen die Kinder jetzt ums nackte Überleben kämpfen und alles, was sie bekommen können, aus der Perspektive der reduzierten Wertvorstellungen sehen, die ihnen aufgezwungen wurden.

Was uns an den biologischen Grundstrukturen so verdorben, böse, brutal und grotesk erscheint, ist tatsächlich nur die Kehrseite unserer romantischen Vorurteile über das »Menschsein«. Bei Naturkatastrophen oder politischen Tragödien, in Situationen äußerster Gefährdung des Lebens also, kommen manchmal auch sehr positive biologische Muster zum Vorschein, etwa Kraft, Mut, Loyalität und tiefes Engagement. Ich zögere nur, diese Dinge zuerst anzuführen, weil alle Welt (und der Leser wohl auch) sich immer begierig an solche tröstlichen Beispiele klammert, um sich an den unangenehmeren und bedrohlichen Einsichten vorbeizumogeln.

In einer Therapiesitzung berichtete ein Mann einmal von einem Fernsehbericht über Nacht-Raubtiere, der ihn bewegt hatte. Es ging um ein Rudel Hyänen, das ein hornloses Rhinozerosbaby von seiner Mutter zu trennen versuchte, um es reißen zu können. Doch das kleine Rhinozeros entkam. Die Gruppe war erleichtert über dieses *happy end* à la Disney, doch der Erzähler fuhr fort, das Rhinozerosbaby sei nur für diesen Abend entkommen. In der Abenddämmerung des nächsten Tages würden die Hyänen wieder da sein und einen neuen Versuch unternehmen. Ein mitleidiges Raunen ging durch die Gruppe. Ich fragte, wieso keiner außer mir auf der Seite der Hyänen stand. Schließlich war das doch alles »Gottes Ratschluß«.

Ein paar Patienten wollten mir helfen, meine Selbstschutzhaltung zu überwinden, meine »harte Schale« zu knacken. Tatsächlich spielte ich aber nur (auf meine zynische Weise). Ich fühle mich dem Räuber nicht mehr verbunden als seiner Beute, außer wenn ich mal gerade diesen oder jenen Aspekt meines eigenen Lebens austobe. Die Welt, so scheint mir, ist weder gut noch böse, sondern nur so, wie sie nun mal ist, eine willkürliche, ziellose Un-Struktur, der jeder seinen eigenen Sinn gibt. Manchmal lasse ich mich sehr gern aufs Theaterspielen ein und tu so, als gäbe es Helden und Schurken, doch nur um das Erlebnis meiner Reise über diese Bühne, die zwar voller erregender Möglichkeiten ist, aber weder Publikum noch Text, noch eine Regie hat, zu vertiefen. Wie Alice gehe ich meinen Weg durch dieses verwirrende Leben so gut und so töricht ich kann.

Wie andere Wunderländer, kann auch die Psychotherapie alte Verhaltensmuster wirksam unterbrechen, doch gehört hier zu den Voraussetzungen, daß der Therapeut sich bei dieser Arbeit nicht persönlich engagiert. Er macht sich zwar selbst transparent, läßt sich aber so wenig wie möglich auf interpersonelle Schutzrituale ein. Wo diese Zurückhaltung nicht gewahrt wird, versinken Therapeut und Patient in primitiver persönlicher Intimität und werden von den emotionalen Wogen transpersonaler mythischer Strukturen mitgerissen.

Die Tarotkarte *Das Glücksrad* ist ein Symbol für unerwartete Wendungen der Dinge. Wie das Schicksal den Menschen durch ungeahnte Überraschungen entwaffnet und so enthüllt, wer er ist, so auch der Therapeut mit seinem unvorhersehbaren Verhalten. Die Bedeutung dieser Karte liegt nahe: aufrecht, verspricht sie überraschendes Glück, auf den Kopf gestellt, kündigt sie eine mögliche Wendung zum Schlechteren an.

Von unserer ersten Begegnung an sieht sich der Patient mit unerwarteten Aspekten unserer Beziehung konfrontiert, die sich nicht in die altbekannten sozialen Kategorien einordnen lassen. Ich halte solche Begegnungen frei von allen zeremoniellen Schmiermitteln, die bei den meisten Interaktionen für glatten Verlauf sorgen. Wo immer möglich, vermeide ich alle Höflichkeitsrituale, um nicht den Eindruck entstehen zu lassen, es handele sich um zivilisierte Kontakte einer Art, bei der es auf persönliche Begegnung mit offenem Visier nicht ankommt. Die entschiedene Weigerung des Therapeuten, sich auf irgendwelche beruhigenden Äußerlichkeiten einzulassen, verunsichert und verängstigt den Patienten natürlich noch mehr, als er ohnehin schon ist. Möglich, daß er sich dann zum Gehen entschließt; doch wenn er bleibt, weiß er dann wenigstens, daß er sich sehr tief auf diese Sache einlassen und transparent sein muß.

Das beginnt mit dem ersten Kontaktversuch des künftigen Patienten. Wenn mich jemand in meiner Praxis anruft, dann bleibt mein Telefon still, nur ein Licht blinkt auf (das nur ich sehen kann) und sagt mir, daß ich später in der Telefonzentrale eine Nachricht abfragen kann. Die Telefonistin hat Anweisung, nur dann durchzustellen, wenn ein dringender Anruf meiner Frau oder meiner Kinder vorliegt. Sonst gibt es in meinem Beruf nichts Dringendes.

Wenn ich meine Anrufe dann bei der Zentrale abfrage, kann ich mir aussuchen, welche ich beantworten will. Ich öffne nicht alle meine Briefe und sehe auch nicht ein, weshalb ich mich zum Sklaven des Telefons machen soll. Ein typischer Anruf hat diesen Inhalt: »Mrs. Mary Smith bittet um einen Therapietermin«, und dann die Telefonnummer.

Sobald es mir paßt, rufe ich zurück und sage: »Mary Smith, hier ist Sheldon Kopp.« Dadurch kommt beim ersten Kontakt das übliche Arzt-Patient-Verhältnis gar nicht erst auf; wir stehen auf gleicher Stufe, lassen die Beziehung undefiniert, und der Patient ist gezwungen, bewußt eine Begrüßungsformel zu wählen. Wenn ich Zeit habe, komme ich dem Wunsch des Patienten nach einer ersten Verabredung entgegen, schlage vor, daß wir uns zusammensetzen und reden, um festzustellen, ob wir uns gut genug »riechen« können, um miteinander zu arbeiten. Ich biete *einen* bestimmten Termin an und mache keinerlei Zugeständnisse. Mault der Patient, daß er ihm nicht paßt (was die meisten tun), dann stehe ich nicht an, einen anderen Therapeuten zu empfehlen. Die meisten Patienten schaffen es schließlich irgendwie, den Termin freizubekommen, und so überwinden wir die erste Hürde: seine Forderung nach zeremoniellen Zugeständnissen meinerseits.

Ich nehme dieses gegenseitige »Beschnuppern« sehr ernst. In dieser ersten Stunde müssen wir einander ein wenig kennenlernen, und ich gehe *nicht* von vornherein davon aus, daß der Patient schließlich mit mir arbeiten will. Ich frage ihn, wie er mich empfindet, und bitte ihn, erst dann wiederzukommen, wenn er ein wirklich gutes Gefühl zu unseren Zusammenkünften hat. Andererseits würde ich selbst nie mit einem Patienten zusammenarbeiten, bei dem ich nicht das Gefühl habe, daß er persönlich wichtig für mich werden könnte. Gegen Ende der ersten Stunde sage ich einem Patienten, daß ich nicht mit ihm arbeiten möchte, daß ich bereit bin, mit ihm zu arbeiten, oder daß ich sehr gern mit ihm arbeiten würde, und nenne meine Gründe. Um mir selbst jede Freiheit zu lassen, sage ich im voraus, daß ich für diese erste Beratung kein Honorar verlange, es sei denn, wir kommen überein, miteinander zu arbeiten.

Bei unentschlossenen Patienten, die nicht recht wissen, wie weit sie sich auf die psychotherapeutische Arbeit einlassen sollen, besteht meine Strategie einfach darin, den Einsatz zu erhöhen. Wenn ich zum Beispiel Interesse an der Zusammenarbeit mit einem Patienten habe, dessen erste Abwehrmasche darin besteht, daß er allen Vereinbarungen, die ich für erforderlich halte, Widerstand leistet oder sich zumindest lange windet, dann schraube ich einfach meine Forderungen hoch. Sagt er etwa, er wisse noch nicht, ob er jede Woche kommen solle, dann erwidere ich, wenn er mit mir arbeiten wolle, müsse er schon zweimal die Woche kommen. Wenn er meint, er möchte die Sache vielleicht mal zwei Wochen lang ausprobieren, um zu sehen, wie sie läuft, dann bestehe ich darauf, daß er sich für drei Monate fest verpflichtet. Wenn er dann geht, stelle ich ihm nichts in den Weg, mache ihm sogar das Wiederkommen schwerer, weil ja meine erste Beratung kostenlos ist, wenn es dabei bleibt.

Ein Problem liegt bei solchen Patienten in möglichen stillen Vorbehalten. Vielleicht bringe ich ihn dazu, einer dreimonatigen Probezeit mit zwei Sitzungen pro Woche zuzustimmen, während er womöglich insgeheim denkt, daß er ja trotzdem gehen kann, wann er will, ohne daß ich etwas dagegen machen kann. Manchmal beende ich diesen Machtkampf dadurch, daß ich auf einer Vorauszahlung bestehe. Der Patient wird natürlich argwöhnisch und denkt, daß ich ihn anschließend vielleicht vergraulen will, um das Geld einfach einzusacken. Deshalb baue ich ein *double bind* ein: die hinterlegte Summe wird er im Falle eines Vertragsbruchs zwar verlieren, aber nicht an *mich.* So habe ich es einmal bei einem jüdischen Mann gemacht, der mit einer katholischen Frau verheiratet war und oft passiv mit ihr rang. Er wollte sich auf nichts einlassen; ich bestand auf einer Kaution von zweihundert Dollar in Form eines Schecks, der auf die Caritas ausgestellt wurde und fällig wurde, sobald er den Vertrag brach.

Natürlich sind Patient und Therapeut – worin auch immer die unzeremonielle Natur der Psychotherapie im übrigen bestehen mag – wirkliche Menschen, die sich in einem gesellschaftlich sanktionierten Kontext begegnen und einen ökonomischen Vertrag erfüllen. Zu ihrer *therapeutischen Allianz* gehört die Vereinbarung, zu bestimmten Zeiten an einem bestimmten Ort miteinander zu arbeiten, und ihr gemeinsames Ziel ist es, den Patienten glücklicher zu machen. Der Therapeut ist ein Fachmann, der für Geld seine Expertendienste anbietet, der Patient ein Klient, der für die gebotene Hilfe bezahlt.

Doch nicht die therapeutische Allianz ermöglicht das Spiel der mythischen Kräfte in der Beziehung, sondern die *therapeutische Barriere.* Diese Schranke, die eine radikale Verschiebung der Perspektive bedeutet, besteht in dem Vorrecht des Therapeuten, jederzeit so zu handeln, als *sei* die Situation nicht real. Wir kommen zunächst als zwei ganz normale Interessenträger zusammen und beginnen einen *Gedankenaustausch* über seine Probleme. Dann aber kann ich das Augenmerk jederzeit auf die *Art* richten, in der er über die Sache spricht. Zum Beispiel: »Sie reagieren, als sei ich Ihr Vater (Ihre Mutter, Ihr Bruder etc.).«

Zunächst einmal stellt dieser Standortwechsel (der das Gespräch unterbricht) eine Interpretation der Übertragung dar; die Aufmerksamkeit der Patienten wird auf Fixierungen gelenkt, die sein Verhalten beeinflussen und sich in diesem Fall an die Person des Therapeuten geheftet haben. Wichtiger ist aber, daß der Therapeut mit der Aufrichtung der Schranke die äußere soziale Wirklichkeit unterminiert und den Patienten so mit den dunklen Kräften konfrontiert, die unter der Oberfläche schwelen – jetzt wird überraschend große persönliche Nähe möglich.

Am Beginn jeder Therapiesitzung schweige ich. Der Patient weiß am besten, wo zu beginnen ist, wenn er das selbst vielleicht auch nicht glaubt. Wenn er lieber abwartet, bis ich die Initiative ergreife, wird er vermutlich (nach fünfzig Minuten) als erstes zu hören bekommen, daß unsere Zeit zu Ende geht.

Sollte er mit kleinen Nettigkeiten anfangen, etwa »Wie geht es Ihnen?« dann könnte es sein, daß er gar keine Antwort bekommt. Wenn ihn das noch nicht abschreckt, muß er sich unter Umständen die Frage gefallen lassen »Sind Sie dazu hergekommen?«, oder ich interpretiere sein Verhalten als Ablenkungsmanöver, als schwächlichen Bestechungsversuch oder irgendeine andere Taktik, mit der er sich die Angst vom Leib zu halten versucht. Wenn er aber ganz begriffsstutzig ist oder ich gerade in spielerischer Laune bin, liefere ich ihm eine bis in die letzte Einzelheit gehende Beschreibung meines Gesundheitszustands und höre nicht auf, bis er mich verzweifelt unterbricht.

Innerhalb des Bezugsrahmens alltäglicher Interaktion hat die Psychotherapie etwas vom kaleidoskopischen Aberwitz von Alices Wunderland. Dieses Drunter und Drüber ist satirisch als eine Beziehung beschrieben worden, in der mal der Therapeut oben und der Patient unten, und mal der Patient unten und der Therapeut oben ist. Das Verhältnis ihrer Positionen bleibt stets gleich, gewahrt durch die groben Abwehrmechanismen des Patienten und die subtilen Manöver des Therapeuten. Dieses Wechselspiel ist einmal so beschrieben worden: »Der Patient besteht darauf, daß der Analytiker überlegen ist, während er zugleich verzweifelt versucht ihn unterzukriegen; der Analytiker besteht darauf, daß der Patient unterlegen bleibt, damit er ihm beibringen kann, überlegen zu sein.«

Der Patient unterwirft sich diesem ungleichen Gleichgewicht, indem er freiwillig zu mir kommt, um Hilfe zu suchen, indem er den Zeiten zustimmt, die ich bestimme, und indem er mir eine Menge Geld zahlt. Er soll alles sagen, was ihm in den Sinn kommt, ohne darauf zu achten, ob es rational, treffend oder schicklich ist. Ich muß nichts sagen, und das ist oft auch meine ganze »Tätigkeit«. Überdies verständigen wir uns zu Beginn darüber, daß der Patient oft nicht wissen wird, was er *eigentlich* sagen will, denn er wird von Motiven geleitet, deren er sich nicht immer bewußt ist, während ich ja in diesen Dingen der Experte bin. Meine Reaktionen auf sein

Verhalten sind »Interpretationen«, seine Bewertungen meiner Person nur »Phantasien«.

Akzeptiert der Patient andererseits meine Anwesenheit als technischer Berater, so rege ich an, daß er in meinen Gefühlen nichts anderes sehen soll als die Gefühle eines anderen Menschen, der sich irgendwie schlecht und recht durchboxt. Ich bin der distanzierte Experte, der einfach nur seinen Job macht und sich nicht darum schert, ob es dem Patienten besser geht. Zugleich bin ich aber als mitempfindende Person da, die zwar zu jeder Hilfe bereit ist, aber auch nicht besser weiß, wie Menschen leben sollten.

Die scheinbare Perversität meiner Stellungswechsel hat einen versteckten Sinn, der aber seinen Wert verlöre, teilte ich ihn dem Patienten direkt mit. Mein therapeutischer Judo zielt auf die Unterbrechung der selbstbehindernden und risikoscheuen Abwehrmechanismen des Patienten und auf die glatte Oberfläche seines artigen Interaktionsverhaltens, mit der er sein Gesicht wahrt. Mein anschließender Stellungswechsel zu einem ebenso unsicheren Menschen, der bereit ist, seine eigene Geschichte zu erzählen, ist Ausdruck meiner Bereitsschaft, dem Patienten in dem Chaos, das einem Unterbrechungsschock folgt, als Gefährte zur Seite zu stehen. Und wenn er sich auf die bestürzende Pilgerschaft durch ein Leben macht, das sich dem Ansturm der dunklen Mächte nicht mehr verschließt, werde ich mit ihm gehen in der Hoffnung, daß wir einander Mut machen können.

Aber es wäre sinnlos, ihm all dies im voraus zu sagen. Höchstwahrscheinlich würde er mir nicht glauben. Weshalb sollte er mir vertrauen, bevor er mich kennengelernt hat? Und selbst wenn er mir in der Hoffnung, das zu bekommen, was er sucht, blind folgte, würde seinen Bemühungen die spontane Vitalität ungeplanter, aus dem Getümmel des Augenblicks hervorgehender Aktionen fehlen. Über diesen Zusammenhang läßt die chassidische Geschichte vom Umhang keinen Zweifel:

Eine Frau kam zu Rabbi Israel, dem Maggid von Kosnitz, und weinte vor ihm: ein Dutzend Jahre schon sei sie vermählt und habe noch keinen Sohn. »Was willst du tun?« fragte er. Sie wußte nichts zu antworten. »Meine Mutter«, erzählte nun der Maggid, »ist alt geworden ohne ein Kind zu haben. Da hörte sie, daß der heilige Baalschem auf einer Reise in ihrer Stadt Apta weilte. Sie lief zu ihm in die Herberge und flehte ihn an, ihr einen Sohn zu erbeten. ›Was willst du tun?‹ fragte er. ›Mein Mann ist ein armer Buchbinder‹, antwortete sie, ›aber etwas Gutes habe ich doch, das will ich dem Rabbi geben.‹ Stracks lief sie heim und holte den sorgsam verwahrten guten Umhang, die ›Katinka‹, aus der Truhe. Als sie aber damit in die Herberge kam, erfuhr sie, daß der Baalschem bereits wieder nach Mesbiž abgereist sei. Sie machte sich ohne Verzug auf den Weg und ging, da sie kein Geld zum Fahren hatte, mit ihrer Katinka von Stadt zu Stadt, bis sie nach Mesbiž kam. Der Baalschem nahm die Katinka und hing sie an die Wand. ›Es ist gut‹, sagte er. Meine Mutter ging wieder von Stadt zu Stadt, bis sie nach Apta kam. Im Jahr darauf wurde ich geboren.«

»Auch ich will«, rief die Frau, »Euch einen guten Umhang von mir bringen, daß ich einen Sohn bekomme.«

»Das gilt nicht«, erwiderte der Maggid. »Du hast die Geschichte gehört. Meine Mutter hatte keine Geschichte gehört.«[5]

DER MAGIER

Nicht mitspielen

Die Umstände ändern sich, doch die Grundmuster zwischenmenschlicher Beziehungen wiederholen sich endlos. Anfangs lebten die Menschen versteckt in dunklen Höhlen und wagten sich nur in Gruppen nach draußen, um etwas Eßbares zu suchen, später, um Wild zu jagen. Heute lebt man dicht gedrängt in Gebilden aus Stahl und Glas und verdient sich den Lebensunterhalt mit dem Verkauf von Versicherungen und der Herstellung von Raketenteilen. Ungeheure Veränderungen scheinen das zu sein, und doch sind die fundamentalen menschlichen Beziehungen erhalten geblieben.

Ganz offensichtlich ist dies bei biologisch bedingten Abhängigkeiten, etwa zwischen Mutter und Kind, Vater und Sohn, Mann und Frau. Aber auch die archetypischen Entsprechungen von Führer und Paladin, Behüter und Beschütztem, Lehrer und Schüler bestehen in vielfachen Abwandlungen fort. Auch die Beziehung zwischen *Heiler* und *Krankem* ist solch ein Wechselverhältnis, das in den Grundformen der Abhängigkeit des Menschen vom Menschen schon angelegt ist.

Immer und überall haben Menschen die Hilfe, den Rat, die heilenden Hände anderer gesucht. Manchmal geht es zwischen ihnen um die Linderung körperlicher Schmerzen und Krankheiten, manchmal um die Heilung der Seele. In jedem Fall wird von dem, der die

47

Rolle des Erretters spielt, erwartet, daß er über Kräfte gebietet, die der Kranke in all seiner menschlichen Schwäche nicht besitzt. Die Rolle des Heilers wird natürlich nicht einfach zugewiesen, sondern ist zum Teil eine selbstgewählte Position wie die des Wermutbruders oder Dorfdeppen. Deshalb entspringt auch die Versuchung, dem korrumpierenden Reiz der Macht nachzugeben, nicht nur der Tendenz des Kranken, seine Genesung von den Kräften des Heilers abhängig zu machen, sondern auch dessen überheblicher Annahme, über den anderen Menschen zu stehen.

Die Gefahr, die in der Machtposition des Heilers liegt, wird an der Tarotkarte *Der Magier* sichtbar. Wenn dieser Wunder-Wirker auftaucht, so kündet er dem, für den die Karten gelegt werden, von dem Einfluß höchster Meisterschaft auf sein Schicksal, von der Weisheit und Macht, Großartiges zu vollbringen. Sollte er aber auf dem Kopf stehend gelegt werden, dann Vorsicht vor Machtmißbrauch zu destruktiven Zwecken, vor Lähmung der Macht durch Schwäche und Entschlußlosigkeit.

Der Anfang der Beziehung zwischen Psychotherapeut und Patient entspricht nach der Auffassung von Adolf Guggenbuhl-Craig dem Verhältnis zwischen Zauberer und Lehrling. Der Patient hofft natürlich, einen guten und allmächtigen Vater (Mutter) zu finden, einen Magier-Erlöser, der übernatürliche Kräfte einsetzt, um die Wunder zu wirken, die alle Krankheiten heilen, alle Probleme lösen und einen Zustand endlosen Glücks herbeiführen.

Die Zauberer-Lehrling-Phantasien des Patienten sind das genaue Gegenstück der Machtbesessenheit des Gurus, der andere heilen will. Wahrscheinlich werden sie eine Zeitlang diesem gemeinsamen Wahn verfallen und in sich gegenseitig die Illusion nähren, daß der Therapeut mehr über die fundamentalen Einflußgrößen des Lebens weiß als der Patient und daß dieses Wissen und diese Macht eines Tages auch dem Lehrling gehören wird, wenn er sich nur beugt und lange genug ausharrt. Wenn sie nicht beide rechtzeitig die Hoffnung auf ein Ergebnis dieses Machtspiels aufgeben, geht ihr Kampf von Zauber und Gegenzauber weiter, bis entweder der Lehrling bereit ist, sich selbst auch als Zauberer zu betrachten, oder bis er in lebenslanger stumpfer Heldenverehrung versinkt und die Rolle des Lehrlings nie wieder aufgibt.

Einzelne visionär begabte Menschen, die Gurus anderer Zeiten und Orte, sind die Vorläufer des heutigen Psychotherapeuten. Zum Erbe des modernen Guru gehören die heilenden Metaphern des Zen-Meisters, des chassidischen Rabbi, des frühchristlichen Einsiedlers, des Zauberers, des Medizinmannes und des Magus. Die Urform des Heilers ist der steinzeitliche Schamane, der Helfer, Heiler und Führer der frühesten Sammler-und-Jäger-Gesellschaften. Bevor der Mensch Feldfrüchte anbaute, Tiere zähmte und sich auf *einen* Gott und dessen Priester einschwören ließ, vor allem diesem »Fortschritt«, wandte er sich mit seinen spirituellen Bedürfnissen an den Schamanen.

Als primitiver Vorläufer späterer archetypischer Erlösergestalten war der Schamane ein leidender Held, ein verwundeter Heiler, der sterben und wiedergeboren werden mußte, um Mittler für das Wohl seiner Gemeinschaft werden zu können. Als innerlich zerrissener Querkopf geht er auf seine eigene qualvolle Pilgerschaft, und erst wenn er diese Qual in sich selbst überwunden hat, ist er imstande, anderen bei ihrer spirituellen Pilgerschaft als Führer zu dienen. Er schöpft seine Kraft aus einer Vision, die er, ganz auf sich allein gestellt, ohne Anleitung und ohne gebahnten Wegen folgen zu können, in der Wildnis empfing.

Aus diesen schmerzhaften Wachstumserfahrungen gewinnt er Sensibilität für die Schmerzen anderer, ein tiefes Bedürfnis, andere für die Macht ihrer eigenen Vision zu öffnen, ihnen ein spiritueller Gefährte bei ihren eigenen Abenteuern zu sein. Aber der Schamane ist kein sanfter Heiliger, kein milchbärtiger Christus. Wie Jesus selbst, der die Wucherer kettenschwingend aus dem Tempel vertrieb, verhält sich der Schamane wie ein Titan gegenüber einem Gott, ein Teufel gegenüber einem Engel. »Die wilden, streitsüchtigen, gefährlichen Schamanen« bilden einen scharfen Kontrast zu den übrigen »Leuten, die so höflich zueinander waren wie ein Schwager zum anderen.«[1]

Dieses hitzige Temperament des Schamanen kann erschreckend sein, manchmal sogar gefährlich, aber es ist auch die Ur-Kraft, die dem Heiler seine Macht verleiht. Die Hemmungslosigkeit, die den primitiven Schamanen beflügelt, findet man auch bei Mystikern, Dichtern und Künstlern weiter entwickelter Kulturen. Die schamanistische Trance ist ein spiritueller Rückzug aus der Alltagswelt, durch den der Guru Gelegenheit bekommt, mit den Geistern zu sprechen und all die Himmel und Höllen der menschlichen Seele zu durchmessen, aus denen die archetypischen Kräfte aufsteigen. Christus selbst verlangt die Mißachtung aller Schranken, wenn er dem Unentschlossenen, der sich an irdische Pflichten gebunden glaubt, sagt: »Laß die Toten die Toten begraben«; ebenso wenn er dem an seinem Besitz Hängenden rät: »Verkaufe alles, was du hast, und folge mir nach.«

Vergeßt die Regeln! Vergeßt Alltagswissen und Moral, wenn ihr geheilt, erlöst, befreit werden wollt! Augustinus sagt: »Liebe Gott, und tu, was du willst!« Luther mahnt die Menschen seiner Zeit: »Sündiget wacker!«

Das klassische Vorbild des Heilers, der sich den Göttern widersetzen muß, um die Welt zu retten, ist Prometheus, der Schöpfer des menschlichen Selbstbewußtseins. Als Feuerbringer war er der größte aller Trickster[2], der Super-Schamane. Er hatte die Götter zum Narren gehalten, so daß sie schließlich die wertlosen Teile der Opfertiere bekamen und die guten Stücke für den Menschen blieben. Dafür nahm ihnen Zeus das Feuer, doch Prometheus stahl es zurück. Aus Rache kettete Zeus ihn an einen Felsen und schickte einen Adler, der ihm die Leber heraushackte, jeden Tag wieder, denn die Leber wuchs jedesmal nach. Erst Herkules befreite Prometheus von dieser fortgesetzten Folter.

Der Trickster-Held ist also das archetypische Vorbild des Heiler-Erlösers. Das dunkle Gegenstück des Heilers, sein Schatten, ist der Scharlatan, ein böser Doppelgänger, der als Quacksalber oder falscher Prophet auftreten kann. Diese Form der Korruption, die ständige Versuchung des Machtmißbrauchs, ist die tägliche Bedrohung jedes ehrlichen Therapeuten, vor der er jederzeit auf der Hut sein muß. In seiner weniger unheimlichen Gestalt ist der Trickster nur ein durchtriebener Schlingel, ein Possenreißer, ein Kasperl.

Der Trickster erscheint in der farbenprächtigen Mythologie des antiken Griechenland, des mittelalterlichen Europa, des Orients, Afrikas und der semitischen Welt. Er ist die listenreiche Spinne der Tierwelt, die alchemistische Gestalt des Merkur, Satan, der Affe

Gottes, und der dumme Hans der Märchen. Er ist der Poltergeist des Normalbürgers, Loki, der nordische Helfer und Unruhestifter, oder einfach ein Karnevalsclown. Ist er nicht Schamane oder Zauberdoktor, so mag er als Hermes, der göttliche Trickster der griechischen Mythologie, auftreten. Dieser Führer der Seele war zugleich Gott der Weisheit und Schutzherr der Magie. Später ein Botschafter der höheren Götter, war ihm die List in die Wiege gelegt. An seinem ersten Lebenstag soll er die Leier erfunden und Apollos Vieh entwendet haben.

Stets ist der Trickster zugleich Wohltäter und Hanswurst, vereinigt er in sich die Eigenschaften des Schöpfers und des Zerstörers. In seinen ernsthafteren Momenten ist er ein Kultur-Held, der in Schöpfungsberichten und Aufzeichnungen von globalen Wandlungen eine Rolle spielt. Doch immer ist er ein *Geist der Unordnung*, der mit Gelächter und Ironie außerhalb der festen Grenzen von Sitte, Gesetz und Alltagswissen sein Wesen treibt. Er ist hungrig und lüstern, ein Wanderer, der andere austrickst und selbst allzu leicht auf deren Tricks hereinfällt. Doch »wenn wir ihn auslachen, grinst er uns an. Was ihm geschieht, geschieht auch uns.«[3]

Er ist auch ein schamloser Erz-Gauner. Bei einigen Indianervölkern wird der Koyote (die Personifikation des Trickster) oft als spitzbübische Mischung aus Eros und Pan betrachtet. In einem indianischen Gedicht heißt es:

Eines Tages, als Koyote
durch den Snoqualmic-Paß ging,
traf er eine junge Frau.
Was hast du in deinem Sack?
fragte sie.
Fischeier.
Kriege ich welche?
Wenn du die Augen zumachst
und dein Kleid hochhebst.
Die Frau tat es.
Höher.
Halte dein Kleid über den Kopf.

Dann stieg Koyote aus seiner Hose
und ging auf die Frau zu.
Steh still,
damit ich an die Stelle rankomme.
Ich kann nicht.
Irgendwas krabbelt da zwischen meinen Beinen.
Laß das Kleid oben.
Es ist eine Hummel. Ich fange sie.
Die Frau ließ das Kleid fallen.
Du warst nicht schnell genug.
Sie hat mich gestochen.

Manchmal spielt der Schamane den Leuten auch übler mit und zieht damit einen Rachezauber oder schwarze Magie auf sich. Selbst den Anschein des Bösen nimmt man nicht gern hin bei einem, der doch ein Erlöser sein soll. Ich selbst bin ständigen Angriffen (Gegenangriffen?) ausgesetzt, seit ich ein Stück Gurutum veröffentlichte, das einigen meiner Schüler und selbst meinen priesterlichen Kollegen mehr Angst einjagte, als sie ertragen konnten. Ich hatte etwas geschrieben, das selbst für einen meiner Teenager-Söhne vergnüglich und lehrreich war. Er hat sich sogar den Titel ausgedacht. Doch seit der Veröffentlichung habe ich bei einigen meiner Kollegen einen neuen Namen: »Der Leckmich-Therapeut«. Sehen Sie zu, ob Sie in meinem Trickster-Stück wilde, barbarische Verantwortungslosigkeit finden, aber achten Sie vor allem darauf, ob es Sie antörnt und Ihnen Zugang zu Ihren eigenen Kräften verschafft.

Leichte Wahl

Es war ein ruhiger, regnerischer Tag, an dem sie nachmittags in der Klinik erschien und einen Psychotherapeuten sprechen wollte. Deshalb traf ich sie, ohne mir zuerst ein vorläufiges Bild von ihrer Person machen zu können. Sie ließ sich schlapp in einen Sessel gleich neben meiner Praxistür fallen, schubste die Tür mit ihrem triefenden Schirm zu und sah mich durch aufgeweichte falsche Wimpern unglücklich an.
Ich nahm die Karte, die sie in der Rezeption ausgefüllt hatte, und

fragte: »*Was kann ich für Sie tun?*« – »*Ich brauche einen Rat*«, *sagte sie.* »*Mein Mann war in den letzten sieben Jahren immer wieder in Nervenheilanstalten. Die Ärzte nennen ihn einen gefährlichen paranoiden Schizophrenen. Er ist wirklich verrückt, und wenn er durchdreht, wird er handgreiflich und drischt auf irgendwen ein. Er will nicht bei mir wohnen, aber ich muß ihn jedes Wochenende in seinem Appartement besuchen. Letzten Samstag hat er mich rausgeschmissen und gesagt, daß er mich umbringt, wenn ich noch mal wiederkomme. Was soll ich machen?*«*
»Nichts leichter als das. Gehen Sie nicht mehr hin.«
»Aber ich muß doch«, jammerte sie. »Ich liebe ihn. Haben Sie keinen anderen Rat für mich?«
»Sie können mich mal . . .«, sagte ich.
Ohne ein weiteres Wort sprang sie auf, wirbelte so heftig herum, daß über meinem Schreibtisch ein Sprühregen niederging, und verließ fluchtartig die Klinik.
Sie kam nicht wieder. Ich muß sie wohl geheilt haben.

Darauf erfolgte eine Flut von Beschuldigungen, die von »Quacksalberei« über »Neurose« bis »Brutalität« gingen. Und natürlich gab es auch Stimmen, die diesen Beitrag begrüßten und Spaß an ihm bekundeten. Ein Kommentar überragt für mich alle anderen, eine poetische Phantasie von Donald Lathrop. Er ist ein Therapeut der Jungschen Richtung, ein netter Verrückter, dessen Imagination und Sensibilität manchmal alles ist, an was ich mich noch klammern kann, wenn ich mich wieder mal in die stürmische See stürze. Hier sein Gedicht, dem er den Titel »Shelly« gab:

> *»Ich hab Angst.«*
> *»Es ist nur Furcht«, hörte ich dich sagen.*
> *»Ich kann die Qual nicht aushalten.«*
> *»Sie können«, hörte ich dich sagen.*
> *»Ich möchte schon, aber ich möchte mich nicht unwohl fühlen.«*
> *»Dann möchten Sie es auch nicht«, hörte ich dich sagen.*
> *»Sie sind ein elender, mieser Rohling.«*
> *»Stimmt«, hörte ich dich sagen.*

»Sie werden mich nicht dazu bringen, nicht mit all
Ihren schlauen Tricks, nicht mit Ihrer
Gleichgültigkeit, nicht mit Ihrer
Weigerung, mir Mut zu machen
und mir zu helfen.«
»Stimmt«, hörte ich dich sagen.
»Ich werde es nicht tun. Niemals! Sie würden ja
denken, Sie hätten mich dazu gebracht.«
»Mensch, mir ist piepegal, was Sie tun,
und ich brauche Ihre Rechtfertigungen nicht.
Wenn Sie so sind, macht es überhaupt keinen Spaß, in
Ihrer Nähe zu sein«, hörte ich dich sagen.

Tricks sind schon immer ein Teil des Heilungsprozesses gewesen. Es muß allerdings keineswegs etwas Abgründiges daran sein. Die Heilmethoden des Schamanen der Nuba-Berge, dessen Patienten nüchtern denkende, zähe Jäger sind, besteht *»überwiegend in seiner Fähigkeit, seine Person in geheimnisvolles Dunkel zu hüllen und jederzeit kleine Kiesel und Splitter zum Vorschein zu bringen; kaum weniger wichtig als diese Taschenspielerkünste ist die übernatürliche Feierlichkeit, mit der er auftritt und den Anschein eines Wissens erweckt, das gewöhnlichen Menschen verborgen ist.«*[4]
Heute sind Überrumpelungstricks gewiß nicht der einzige Ansatz bei dem heiligen Amt des Neurosenheilens, aber kein schlechter Anfang. Laotse rät uns, nicht mitzuspielen, sondern den Gegenstandpunkt einzunehmen:

Was du zusammendrücken willst,
mußt du erst richtig sich ausdehnen lassen.
Was du schwächen willst,
das mußt du erst richtig stark werden lassen.
Was du vernichten willst,
das mußt du erst richtig aufblühen lassen.
Wem du nehmen willst,
dem mußt du erst richtig geben.[5]

Nicht mitspielen, ist die taktische Daumenregel für die ersten Begegnungen mit einem Patienten während der Eröffnungsphase einer Psychotherapie. Wir wissen natürlich alle, daß die Unterteilung einer Therapie in Phase I, Phase II und Phase III und so weiter nur eine Schein-Klassifizierung ist, ein fiktiver Zaun, den wir brauchen, wenn wir den uferlosen Strom ständig sich wandelnder »live«-Interaktion mit einem anderen Menschen einfach nicht mehr aushalten. Der Therapeut verschafft sich für einen Moment die tröstliche Illusion einer Ordnung im überwältigenden Chaos eines Lebens, das keine Pausen kennt. Das Theoretisieren ist nur unsere Art, uns selbst Märchen zu erzählen, genauso wie unsere psychologischen Interpretationen nur tröstliche Geschichten für unsere Patienten sind. Freuen Sie sich an meiner Geschichte, wenn Sie können. Es ist absolut nicht notwendig, sie zu glauben.

In Zeiten, wo die kräftezehrende Unübersichtlichkeit meiner Arbeit mir das Gefühl gibt, daß ich mich verlieren oder verlaufen könnte, bin ich versucht, mir irgendwie zu erklären, was ich da treibe. In guten Zeiten genieße ich andererseits gerade die schöpferische Freiheit, die ich gewinne, weil ich gar nicht erst den Versuch mache, etwas zu verstehen.

Der letzte Stand der Geschichte ist dieser: Es gab einmal eine Zeit, da war alle Therapie in drei Teile unterteilt, in Phase I, Phase II und Phase III. Phase I, die Eröffnungs- oder Judo-Phase, beginnt damit, daß der Patient die Symptome präsentiert, die seine Eintrittskarte für das kosmische Spektakel namens Psychotherapie sind. Er macht seinen Eröffnungsauftritt, und der Therapeut schmeißt ihm die ganze Szene, indem er nicht mitspielt (mehr darüber später). Diese Phase kann einige Sitzungen, aber auch mehrere Monate lang sein, und irgendwann gibt der Patient meist die Beschwerden auf, mit denen er sich vorgestellt hat. Entweder beendet er an diesem Punkt die Therapie und begnügt sich damit, daß er sich besser fühlt, oder er tritt in Phase II ein, weil er neugierig geworden ist und sich eine engere Beziehung zum Therapeuten wünscht.

Sollte er in diese mittlere oder intime Phase eintreten, so werden beide, er selbst und der Therapeut, durch eine Zeit großer persönlicher Nähe belohnt, die Monate oder auch Jahre anhalten kann. Für manche dieser Paare tritt das Heilen von Wunden hinter das Abenteuer einer Pilgerschaft des spirituellen Wachstums zurück.

Einer meiner vielen unerfüllbaren Wünsche ist es, als Therapeut so erfolgreich zu sein, daß ich es mir leisten kann, nur noch gesunde Patienten zu behandeln; Phase I möchte ich geringeren Gurus überlassen, um mich ganz auf Patienten konzentrieren zu können, die schon geheilt sind.

Wenn Phase II ihrem Abschluß entgegengeht, wird einer der beiden (fast immer der Therapeut) dazu übergehen, Andeutungen wie diese zu machen: »Es war wirklich großartig bisher, aber irgendwie hat dieses endlose Weitermachen auch was Unwirkliches.« Darauf folgt ein kurzer Kampf, der oft in einem überstürzten Abgang des Patienten endet, begleitet von den Worten: »Sie wissen ja, daß ich Sie gernhab, Doktor, und bis jetzt waren Sie ja auch eine große Hilfe, aber jetzt müssen Sie wohl übergeschnappt sein. Ich gehe.«

Bleibt der Patient, so will er auch Phase III noch durchmachen, die End- oder Trennungsphase. Dieser bittersüße, schwere Weg ist so schmerzhaft, daß viele Therapeuten peinlich genau darauf achten, daß sie ihre Patienten schon in Phase I oder II loswerden. Phase III kann einige Wochen oder auch mehrere Monate dauern, und unterwegs wechseln Fehlstarts mit Notbremsungen ab. Wird diese Phase erfolgreich abgeschlossen, so geben Patient und Therapeut einander für immer auf. Wenn nicht, dann wird der Therapeut sein Leben lang vom Gespenst dieser Therapie verfolgt, und der Patient (obgleich er den Therapeuten vielleicht nie wiedersieht) bleibt für immer Patient.

Kommen wir zu den Taktiken der ersten Phase zurück, die Wilhelm Reich in seiner charakteranalytischen Arbeit einfühlsam erkundet hat.[6] Er beginnt damit, daß er den *Inhalt* der Klagen eines Patienten ignoriert und sich statt dessen darauf konzentriert, *wie* er sie vorbringt. Oder so:

In der Individualtherapie können wir den Patienten vielleicht dahin bringen, daß er sich mit seiner Vergangenheit befaßt. In der Gruppentherapie wecken wir vielleicht sein Interesse für die Gruppenprozesse. Wenn er diese Aufgaben zögernd in Angriff nimmt, kann es sein, daß er sich ganz auf die Arbeit einläßt und von sich selbst abläßt. Wenn dadurch sein trotziger und selbstmitleidsvoller Anspruch in den Hintergrund rückt, daß ihm irgendwer jetzt gleich

Erleichterung verschaffen soll, eröffnet sich eine neue Möglichkeit:
Jetzt kann er den Therapeuten und die anderen Patienten als
wirkliche Menschen erleben, die für sich selbst und nicht nur in
bezug auf ihn eine Bedeutung haben, die deshalb Bedeutung für
ihn gewinnen können und ihm letztlich vielleicht Zugang zum Sinn
seines eigenen Lebens verschaffen.[7]

Hier vermittelt der Therapeut dem Patienten auf indirektem Wege
Einsichten; er hilft ihm, seine ausgetretenen Wege zu verlassen und
sich für neue Lebensmöglichkeiten zu öffnen. Die Maxime bei
dieser Art der Unterweisung lautet: *Nicht mitspielen!*

Der Patient, der mit der Versenkung in seine eigene Geschichte
anfängt, muß vom Therapeuten immer wieder ins Hier und Jetzt
zurückgeholt werden. Überschnappend emotionale, allzu impulsive Patienten werden gebremst, damit sie einmal stehenbleiben,
um sich klarzumachen, was sie da tun, während man anderen, die
von lauter Rationalität wie gelähmt sind, mit nicht-rationalen
Reaktionen begegnen kann, bis sie aus der Haut fahren. Wer
anfangs zu hart sich selbst gegenüber ist, muß freundlich und
nachsichtig behandelt werden; andere, die sich nur hängenlassen
und beklagen, konfrontiert man mit knallharten Forderungen, die
keinen Raum für Ausflüchte lassen.

Diese Phase kann Schwerarbeit sein und dem Therapeuten einiges
an Selbstdisziplin abverlangen. Für einen jungen Therapeuten, der
auf den Geschmack kommt, kann darin allerdings auch eine Menge
diabolisches Vergnügen liegen, denn natürlich lauert stets die
Versuchung, einfach clever zu manipulieren und auf den Power-
Trip des Guru zu gehen. Für mich besteht der beste Schutz gegen
den Scharlatan in mir darin, daß ich mir immer des Patienten in mir
selbst bewußt bleibe und mir das Bild des verwundeten Heilers,
der ich selbst bin, vor Augen halte.

Wenn ich das schaffe, bin ich auch in der Lage, Carl Whitakers Rat
über den Umgang mit Patienten zu befolgen: Das Baby nicht
füttern, wenn es schreit, sondern nur dann, wenn die Brust auch
genügend Milch gibt.[8]

Denen, die Klarheit verlangen, antworte ich metaphorisch. Nur bei
Patienten, die die Dinge lieber verwaschen lassen, ist in diesem
Stadium eine direkte Konfrontation geboten.

Die Zen-Literatur ist eine unerschöpfliche Quelle für Taktiken der ersten Phase. Hier einige Beispiele für Reaktionen des Meisters auf junge Mönche, die auf ihre unerleuchtete Weise Rat, Hilfe und Zustimmung bei ihm suchen.

1. Mönch: *Was bedeutet es, daß der Patriarch aus dem Westen hierher kam?*
Meister: *Frag den Pfahl da drüben.*
Mönch: *Ich verstehe nicht.*
Meister: *Ich auch nicht.*
2. Mönch: *Dieser Platz, wo wir hier sitzen, wäre ein schöner Standort für eine Hütte.*
Meister: *Vergiß mal deine Hütte; wie steht's mit den letzten Dingen?*
3. Mönch: *Ich komme von weither, und meine einzige Absicht ist, dir zu begegnen. Bitte gib mir ein Wort der Unterweisung.*
Meister: *Alt werden; heute tut mir der Rücken weh.*
4. Mönch: *Wie würdest du das Zen-Denken demonstrieren?*
Meister: *(Hält wortlos seinen Stab hoch.)*
Mönch: *Ist das alles?*
Meister: *(Wirft den Stab hin.)*

In den Worten Laotses wird es ganz klar: *Geradheraus gesprochene Worte wirken paradox.*[9] Natürlich ist der Beginn der Unterweisung nicht der einzige Punkt, an dem der Heiler/Meister den Patienten/Pilger mit Tricks traktiert. Ich erinnere mich an solch einen Überrumpelungstrick, den ich einmal während einer Gruppensitzung bei einem Patienten anwendete, der schon eine ganze Weile dabei war. Die Sitzung begann in der üblichen Weise: erst ein kurzes Schweigen, und dann spielte jeder seine Nummer ab. Melvin war ganz in seinem Kopf und schwelgte in selbstquälerischem Zweifel an seinen Fortschritten. »Es bringt überhaupt nichts«, greinte er. »Monat um Monat Therapie, und ich bin immer noch nicht wirklich ich selbst.« Ich warf ein, dies sei das einzige Problem, das niemand haben könnte, denn es sei unmöglich, daß jemand nicht er selbst sei.

Dankbar nahm er die Gelegenheit wahr, sich endlos weiter über seine Probleme zu verbreiten. In aller Ausführlichkeit beschrieb er seinen Mangel an Spontaneität, die Unfähigkeit, mit seinen Unzulänglichkeitsgefühlen fertigzuwerden und im Hier und Jetzt zu reagieren. Ich bot ihm an, hier und jetzt zu helfen. Verständlicherweise zögerte er. Er sah mich forschend und argwöhnisch an, ließ sich dann aber von der Gruppe zu einem Versuch überreden.

Ich hielt bei diesem Gespräch eine brennende Zigarre in der Hand. Unmittelbar nach Melvins Zustimmung warf ich ihm den glimmenden Stummel quer durch den Raum in den Schoß. Augenblicklich wich seine weinerliche, lethargische, pflaumenweiche Art einer wieselflinken Behendigkeit; er fing den Stummel auf, schleuderte ihn wütend und gezielt zurück und schrie: »Hol dich der Deibel, Kopp!«

Verblüffung und Lebendigkeit sprühte aus seinen Augen. Dann tat er etwas für ihn sehr Ungewöhnliches. »Wenn ich schon mal dabei bin«, verkündete er, »kann ich ja gleich auch noch ein paar andere Dinge klarstellen.« Lautstark lud er seinen lange unterdrückten Zorn gegen einen der anderen Männer ab, und danach gestand er einer der Frauen, wie sehr er sie mochte. Entschlossen durchquerte er den Raum und schloß sie sehr zärtlich in die Arme.

Mitten in der Umarmung fiel er beinahe wieder in seine alte Haltung zurück und murmelte, er würde doch wieder alles verpatzen. Als aber die anderen sagten, er solle den Mund halten und sich lieber an der Sache freuen, schien er sich sehr gern noch einmal dem Augenblick hinzugeben.

Auch wo der Trickster keine Hilfe bietet, ist er gewiß nicht von bösen Absichten geleitet. Mit seiner Ungeschicklichkeit, seiner Impulsivität, seiner Sturheit und seiner mangelnden Urteilskraft manövriert er sich weit öfter selbst in lächerliche Situationen, als er Unheil über andere bringt. *»Der Trickster ist die kollektive Schattenfigur, eine Summierung aller individuellen inferioren Charaktereigenschaften.«*[10] Er ist das Urbild menschlicher Fehlbarkeit, ein Querschnitt durch alle Schwächen und Mängel der Menschennatur. Deshalb tritt er in so vielen Geschichten als Spaßmacher oder Narr auf. Er ist von jener Klugheit, die meine Mutter immer sehr zielsicher benannte, wenn ich mich wieder mal in eine unhaltbare

Lage gebracht hatte. »Schlau, schlau, schlau – und so dumm!« sagte sie dann (eher mitfühlend als boshaft).

Koyote, Spinne, Hase, Rabe und all die anderen Trickster-Gestalten, die wir in indianischen Mythen finden, sind allerdings nicht nur geile Disneyfiguren. Ihre umwerfende Komik beruht auf der Tatsache, daß sie noch ihrer animalischen Natur verhaftet sind. Versucht der Trickster, sich über seine Natur hinwegzusetzen, dann kann es ihm so ergehen:

Als er ziellos umherwanderte, hörte er plötzlich jemanden sprechen. Er lauschte, und die Stimme schien zu sagen: »Wer mich kaut, wird einen Haufen machen; er wird einen Haufen machen.« Das sagte die Stimme. »Na, warum redet diese Person denn so?« sagte Trickster. Er ging in die Richtung, aus der die Stimme kam, und wieder hörte er, ganz in der Nähe, jemanden sagen: »Wer mich kaut, wird einen Haufen machen; er wird einen Haufen machen!« Das wurde gesagt. »Also, warum redet diese Person wohl so?« sagte Trickster. Dann ging er zu der anderen Seite. Immer weiter ging er. Und dann schien direkt neben ihm eine Stimme zu sagen: »Wer mich kaut, wird einen Haufen machen; er wird einen Haufen machen.« »Wer mag das sein, der da spricht? Wenn ich es kaue, da bin ich ganz sicher, werde ich keinen Haufen machen.« Er sah sich weiter um, und schließlich entdeckte er zu seinem Erstaunen, daß es eine Knolle an einem Busch war. Die Knolle war es, die da sprach. Also pflückte er sie, steckte sie in den Mund, kaute sie und schluckte sie herunter. Das tat er und ging weiter.

»Na, wo ist die Knolle jetzt, die so viel geredet hat? Weshalb sollte ich einen Haufen machen? Wenn ich das Gefühl habe, ich muß einen Haufen machen, dann mache ich einen, vorher nicht. Wie sollte solch ein Ding mich dazu bringen, einen Haufen zu machen?« So sprach Trickster. Aber schon während er sprach, begann er zu furzen. »Aha, das sollte es wohl heißen. Sagt doch diese Knolle, ich würde einen Haufen machen, und dabei furze ich bloß. Jedenfalls bin ich ein großer Mann, auch wenn ich ein bißchen furze.« So sprach er. Und während er sprach, furzte er wieder. Diesmal sogar ziemlich stark. »Was ich doch für ein Tor bin. Deshalb werde ich Tor genannt, Trickster.« Jetzt furzte er schon

immer häufiger. »*Deswegen hat die Knolle wohl so geredet.*«
*Wieder furzte er. Diesmal war es sehr laut, und sein After fing an
zu brennen.* »*Na, das ist ja eine tolle Sache!*« *Dann furzte er wieder,
diesmal so stark, daß es ihn ein Stück vorwärtsschubste.* »*Gut, gut,
meinetwegen soll es mich nochmal schubsen, aber ich werde keinen
Haufen machen*«, *schrie er trotzig. Beim nächsten Furz riß die
Gewalt der Explosion sein Hinterteil in die Höhe, so daß er auf
Händen und Knien landete.* »*Nur weiter so! Nur weiter so!*« *Dann
furzte er wieder. Diesmal trug ihn der Rückstoß hoch in die Luft,
und dann machte er eine Bauchlandung. Das nächstemal furzte er
so heftig, daß er sich an einen gefällten Baum klammern mußte. Er
wurde jedoch mitsamt dem Stamm hochgehoben, fiel dann wieder
herunter und der Stamm auf ihn. Das hätte ihn fast umgebracht.
Beim nächsten Furz mußte er sich an einem Baum festhalten. Es
war eine Pappel, und er klammerte sich mit aller Kraft fest;
trotzdem lupfte es ihm die Füße hoch in die Luft. Beim nächsten
Furz klammerte er sich wieder fest, aber diesmal riß er den ganzen
Baum aus. Um Schutz zu suchen, ging er weiter, bis er eine
mächtige Eiche fand. Er legte beide Arme um den Stamm. Als er
wieder furzte, schwang es ihn herum, daß die Zehen an den Stamm
schlugen. Aber er hielt fest.*
*Danach rannte er zu einem Ort, an dem Leute wohnten. Als er
hinkam, schrie er:* »*Heda, schnell, baut eure Hütte ab, eine große
Abteilung von Kriegern nähert sich, und man wird euch sicher
töten! Laßt uns sehen, daß wir wegkommen!*« *Er jagte ihnen solche
Angst ein, daß sie schnell ihre Hütte abbauten. Sie luden Trickster
alles auf, und stiegen selbst noch obendrauf. Alle ihre kleinen
Hunde nahmen sie auch mit. In dem Augenblick furzte er wieder,
und der mächtige Rückstoß ließ all die Dinge auf seinem Rücken in
alle Richtungen stieben. Weit verstreut fielen sie nieder. Die Leute
standen hier und da herum und schrien sich an; die verstreuten
Hunde heulten sich an. Trickster stand da und lachte, bis ihm alles
wehtat.*
*Dann ging er weiter. Er schien seine Beschwerden überwunden zu
haben.* »*Na, diese Knolle hat zwar allerhand geredet*«, *sagte er zu
sich selbst,* »*aber sie hat mich nicht dazu gebracht, einen Haufen zu
machen.*« *Aber wie er das sagte, spürte er ein ganz sanftes Drängen*

im Bauch. Er ging in die Hocke und sagte: »Das hat die Knolle
wohl gemeint. Jedenfalls hat sie ganz schön übertrieben.« Während
er das sagte, machte er einen kleinen Haufen. »Was für ein
Großmaul diese Knolle doch war! Soviel Gerede um so ein biß-
chen.« Bei den letzten Worten machte er einen ordentlichen
Haufen. Als er eine Weile so gehockt hatte, berührte er mit dem
Hinterteil schon den Haufen. Daraufhin hockte er sich auf einen
Holzklotz, aber auch da hatte ihn der Haufen bald erreicht. Da
kletterte er auf einen Stamm, der an einem Baum lehnte. Auch da
berührte er bald wieder den Haufen, also kletterte er weiter.
Immer noch erreichte ihn der Haufen, und er mußte höherklettern.
Immer höher, immer höher. Auch konnte er nicht mehr aufhören,
sich zu entleeren. Jetzt war er ganz oben im Baum. Da war es eng
und unbequem. Überdies wuchs der Haufen zu ihm herauf.
Auf dem Ast, auf dem er saß, mußte er sich weiter entleeren. Er
probierte eine andere Stellung. Weil der Ast aber sehr schlüpfrig
war, fiel er geradewegs in seinen Haufen. Hinunter fiel er und
hinein in den Dung. Er verschwand sogar darin und gelangte nur
mit großer Mühe wieder heraus.[11]

Der Trickster-Heiler-Erlöser kann aber auch »*der Archetypus des*
Helden (sein), der Spender aller großen Wohltaten, der Feuerbrin-
ger und Lehrer der Menschheit.«[12] Er ist Prometheus entfesselt,
trotziger Herausforderer, der nimmt, damit er geben kann, leidet,
um heilen zu können, die herrischen Götter austrickst, um den
Menschen die Freiheit zu geben, das zu werden, was sie sind. Doch
Dummheit und Fehlbarkeit sind sein anderes Gesicht. Wenn ich
mich in meiner Anmaßung als Guru selbst austrickse, bin ich gut
beraten, wenn ich auf die Stimmen höre, die mich vor mir selbst
warnen. Manchmal helfen Patienten mir, indem sie mich nicht
ernstnehmen. Widersacher können sehr nützlich sein. Es gibt auch
Fälle, in denen nur noch ein anderer Trickster mein Spiel durchschauen kann. Nach einer turbulenten (und für mich triumphalen)
Tagung der American Academy of Psychotherapists bekam ich
einen Brief von einem liebevollen Freund und Mit-Guru (Donald
Lathrop). Er beschrieb seine Reaktion auf meinen Umgang mit den
Spätfolgen einer drei Jahre zurückliegenden Gehirnoperation:

Deine Kopfschmerzen sind eine notwendige Gedächtnisstütze, die Dich an den Kern Deines Wahnsinns erinnert, an die dunkle Seite, die Seite, die Dich zerstören wird, wenn Du sie sich selbst überläßt. Das hat sich physisch in dem Tumor manifestiert – mit dem Du jetzt einen symbiotischen Ausgleich gefunden hast – und psychisch in der psychotischen Episode. Dechiffriere die psychotische Episode, und Du hast die Antwort.

Die Kopfschmerzen sind der Schlüssel zu Deinem Überleben. Als Joen (eine weitere Therapeutin) Dir beibrachte, den Schmerz zu verlagern, konnte ich so lange ruhig zusehen, bis sie Dich dazu bringen wollte, ihn ganz aus Dir herauszudrängen. Das wäre tödlich. Für mich ist es ein Problem der Abhängigkeit: von was oder wem können wir abhängig sein? Du weist Gott (Selbst) zurück. Das ist das eine Gebiet, auf dem wir nicht übereinstimmen. Da Du Gott (Selbst) nicht anerkennen willst, muß Ego die ganze Arbeit machen. Du (Ego) identifizierst Dich mit den archetypischen Bildern, die das Selbst (Gott) sind – und deshalb mußt Du Moses sein, Der Heiler, Der Chassidim, Der Guru oder was auch immer. Du mußt die Pyramide bauen – wo doch zahllose Hände da sind, die Ihm helfen wollen. Du bist nicht der Pharao. Wirklich annehmen konntest Du nur von Roz, der Mutter (eine weitere Therapeutin bei der Tagung). Doch das ist gefährlich, denn das hat eine Kehrseite von Verschlingen, Vereinnahmen und Tod. Auch das hast Du im Gleichgewicht gehalten.

Wenn es ein göttliches Ordnungsprinzip gibt, an das Du Dich mit Fragen über Dein Leben und die Welt wenden kannst, dann kannst Du auch ein bloßer Anbeter werden, dich demütig und gehorsam zu seinen Füßen niederwerfen, den Blick niedergeschlagen, um es nicht zu erzürnen, indem Du es erkennst (und dadurch in Versuchung gerätst, Dir seine Macht anzueignen).

Gute Nacht, lieber, alter Mit-Pilger.　　　　　　　Don

Finde immer noch keine Ruhe.

Nachdem ich fünf Tage in Deiner Nähe war, kann ich klarer, einfacher denken. Ich kann wieder »ja« und »nein« sagen.

Die Jungsche Analyse, Schulung, Theorie vermag nicht mehr zu sein als hübsche Stickerei auf dem Bezug über einen Zwangscha-

rakter, den Mama, Papa und die westliche Zivilisation herstellten. Du hast mir das dunkle Böse in meiner »Toleranz«, meinem »Akzeptieren«, meiner »Geduld« und meinem »Verständnis« gezeigt. Durch sie werde ich die Große Mutter, versklave die Welt, behalte sie in meinem Bauch.

Ich sehe wieder Licht im Dunkel.   *Herzlich Don*

Ein Beispiel für meinen persönlichen Kampf mit der zweischneidigen Rolle des Trickster-Heilers ist das Wachsenlassen, Tragen und schließlich Abrasieren meines alttestamentarisch-mephistophelischen Psychoanalytiker-Magier-Bartes. Vor vielen Jahren ließ ich mir einen Vollbart wachsen, einfach nur so zum Spaß, aber auch aus schlichter Eitelkeit. Auch mein Sinn fürs Theatralische war da am Werk; der Bart gehörte zum Kostüm meines Handwerks, eine struppige Requisite wie die Leopardenzähne, die Zauberheiler um den Hals tragen.

Ich genoß es, Aufmerksamkeit mit meinem Bart zu erregen (was freilich aufhörte, als Madison Avenue aus meinen Stigmata Haute Couture machte). Er gewährte mir ein gewisses Maß an Schutz, denn von bärtigen Männern erwartete man keine Höflichkeit. In meiner Phantasievorstellung von meinem frisch bebarteten Selbst war ich eine Mischung aus einem wilden, urwüchsigen Schamanen und einem älteren, weiseren Prophet und archetypischen Vater. Ich hörte es gern, wenn Patienten sagten: »Sie sehen aus wie ein Nikolaus für böse Kinder.«

Als Krankheit mein Leben später auf den Kopf stellte und ich wieder Psychotherapie-Patient wurde, brachte mich die Verschiebung der Konstellationen in mir ganz woanders hin, und ich wußte, daß ich diese Insignie der Macht aufgeben mußte. Ich hatte meinen Weg jenseits der Verzweiflung wiedergefunden und fand eine neue Bereitschaft zu leben. Ich wollte meine Unschuld zurückhaben, wollte sehen, wie mein Gesicht ausgesehen hatte, bevor ich geboren wurde. Ich wollte zugänglicher sein, verletzlicher. Ich hatte auch Bammel davor, doch einer meiner Söhne versicherte mir, falls ich einmal mit jemandem aneinandergeraten sollte, der sich nicht einschüchtern ließ, dann brauchte ich ihm nur ein Photo mit Bart zu zeigen.

Wenn mir etwas einfällt, spreche ich es meistens aus, und oft zu impulsiv. Meine Frau ist viel zurückhaltender als ich. Als ich mit ihr über meine Entscheidung, den Bart abzurasieren, sprach, unterstützte sie wie immer meinen Wunsch, zu tun, was ich wollte. Außerdem fand sie es gut, daß die Leute mich dann auch sprechen sehen und nicht nur hören konnten. Der Klang der Stimme, sagte sie, kann irreführend sein; vollständig wird das Bild erst, wenn man sieht, daß mein Mund viel verletzlicher und unsicherer wirkt als die energischen Worte, die er spricht. Und dann warf sie mich (wie so oft) völlig um mit der Bemerkung, daß ich jetzt wohl endlich mit der Trauer über den Tod meiner Mutter fertiggeworden sei. Mir war gar nicht aufgefallen, daß ich mir in eben jenem Sommer vor sieben Jahren diese stoische Maske aufgesetzt hatte. Zuerst wollte ich mit der Rasur noch bis zum Urlaub warten, aber dann fand ich, daß die Trennung von meinen Patienten und die Rückkehr zu ihnen auch ohne diesen besonderen Knalleffekt kompliziert genug sein würde. Sowohl in der Einzel- als auch in der Gruppentherapie beurteilten meine Patienten mein verändertes Aussehen ziemlich einhellig, aber die Bedeutung, die dieses Ereignis für sie selbst gewann, teilte sie in zwei vollkommen gegensätzliche Gruppen. Fast alle erlebten mich als menschlicher, durchschnittlicher und nicht mehr gar so mächtig, aber nur die Hälfte von ihnen war froh darüber, während die übrigen Angst bekamen, daß sie jetzt ihre Projektionen aufgeben müßten und die Verantwortung für ihr Leben und die Art, wie sie mich behandelten, selbst zu tragen hätten.

Ich selbst versuchte als Guru abzudanken, anderen näher zu sein, meine eigene Schwäche sichtbar zu machen, damit ich mehr Sympathie und Hilfe erbitten und bekommen konnte. Ich will keinen lebenslangen Moses-Trip, ich bin es müde, andere ins gelobte Land zu führen, das ich selbst nicht betreten, sondern nur von einem Berggipfel aus schauen darf. Dennoch werde ich nie ganz von den Schattenseiten und Versuchungen des Heiler-Trickster-Weges frei sein; er ist mein Leben. Zuweilen denke ich, daß es für mich jetzt einzig und allein darum geht, einen Trick von größter magischer Macht und behutsamster Heilkraft zu lernen: *den Trick, ohne Tricks auszukommen.*

DIE GERECHTIGKEIT

Die Gemeinschaft der Sünder

Der Vater-Archetypus tritt als der alttestamentliche Gott des Gerichts auf. Er wird entscheiden, ob wir gut oder böse waren, belohnt oder bestraft werden. Man erwartet ihn eher als zornigen denn als nachsichtigen Vater. Wird aber das Gericht durch Gnade gemildert, so entsteht ein ausgewogeneres Bild, wie es in der Tarotkarte *Die Gerechtigkeit* zum Ausdruck kommt. Diese Göttin hält in der rechten Hand ein zweischneidiges Schwert, das Recht von Unrecht scheidet. Ohne die Augenbinde, mit der sie heute dargestellt wird, kann sie den Ausschlag der Waage in ihrer Linken deutlich ablesen. Aufrecht verspricht diese Karte, daß Recht geschehen wird ohne die Einmischung konventioneller Moralvorstellungen. Auf dem Kopf stehend, warnt sie vor Unrecht und den verzerrenden Urteilen des voreingenommenen Geistes.

Wer eine Psychotherapie beginnt, kommt in dem Glauben, daß er krank, unwürdig, irgendwie unzulänglich ist. Er sieht sich selbst als mit etwas Krankhaftem oder Bösem behaftet, das es zu überwinden gilt. Sein Unglück ist eine Neurose, die man heilen soll, seine Persönlichkeit hat einen Defekt, den man korrigieren muß. Er erlebt sich als »kaputt« und möchte »repariert« werden.

Noch versteht er nicht, daß seine verrückten Züge, sein sonderbares Verhalten, in der Kindheit als vernünftige und realistische Versuche der Bewältigung von etwas Unerträglichem begannen.

Damals waren sie die einzig mögliche Strategie, mit der er sich vor der bestürzend desolaten Welt, in der er aufwuchs, schützen konnte.

Was ihn jetzt so behindert, war einst alles, was er hatte, um überleben zu können. Jetzt leidet er sinnlos darunter, daß diese überholten Verhaltensmuster noch bestehen. Er sieht nicht den Unterschied zwischen der Erwachsenenwelt und dem Zuhause, in dem er sich einst so hilflos fühlte. Er nutzt nicht die Freiheit, die er besitzt, seit er selbst für sich sorgen kann.

Seine alten Lösungen, so vernünftig sie einmal waren, sind nicht mehr brauchbar. Und weil sie nicht mehr funktionieren, empfindet er nach wie vor, daß etwas mit ihm nicht stimmt. Er fühlt sich unnormal, isoliert, ausgestoßen. Wie soll er begreifen, daß seine Probleme die Probleme sind, mit denen wir alle kämpfen? Daß es viel mehr Übereinstimmungen als Unterschiede zwischen uns gibt? Wenn ein Mensch sich von unserem gemeinsamen Streben fernhält, vergrößert er sein Unglück noch selbst durch unsägliche Einsamkeit.

Martin Buber schrieb einmal: »Alles wirkliche Leben ist Begegnung.« Doch wie soll ein Mensch dem anderen begegnen, wenn er keiner Beachtung wert zu sein glaubt, wenn er dem anderen mehr Persönlichkeit beimißt, als er sich selbst zutraut? Er lebt in einer Welt ausgewachsener Menschen und sieht sich selbst als irgendwie nicht ganz vollständig. Bestimmt hat niemand sonst solche Schwierigkeiten wie er. Selbst seine Lösungsversuche werden den anderen gewiß abwegig und unappetitlich erscheinen. Scham und Mißtrauen schrecken ihn davon ab, sich anderen zu öffnen. Und in seiner wachsenden Einsamkeit und Isolation empfindet er sich selbst immer mehr als abnorm. So wird auch die Vorstellung, sich anderen zu offenbaren, mit jedem Tag qualvoller. Doch wer soll ihn akzeptieren, wenn keiner ihn kennt? Er wird immer hoffnungsloser. Vertrauen wird immer unerreichbarer, und schließlich ist der Schutzschild der Einsamkeit alles, was solch ein Mensch noch hat.

Natürlich kann man auch versuchen, die dunklen Seiten der eigenen Seele und die Selbstverdammung auf andere zu projizieren, um sich selbst als gut betrachten zu können.

Meine eigene Sozialisation, während der ich mir eine akzeptable Maske *(per-sona)* zulegte, eine zivilisierte Oberfläche, unter der ich meinen dunklen Schatten verbergen konnte, war eine verwirrende Zeit der Orientierungslosigkeit und Selbsttäuschung. Manchmal gehörten nagende moralische Zweifel dazu, etwa bei der Versuchung, allem Elend mit Hilfe von Heroin zu entkommen. Oft genug war mein »Ringen« aber nichts weiter als gewaltige Aufschneiderei, Einnebelung meiner armseligen kleinen Ängste. Der Sommer, den ich als Teenager im Bryant Park verbrachte, ist ein Beispiel dafür. Hier, hinter der städtischen Bibliothek an New Yorks Fifth Avenue, trifft man tagsüber die typisch städtische Mischung aus Büroangestellten mit Butterbrottüten, balzenden jungen Leuten, Alten, Alleinstehenden und Arbeitslosen – und alle genießen die Sonne und die Gelegenheit, unter Leuten zu sein, ohne ihnen begegnen zu müssen.

Doch in der Dämmerung wandelt sich die Szene. Die neue Besetzung ist farbenprächtiger, dekadenter, auffälliger. Das Nachtvölkchen, das sich hier am Fuße der Bryant-Statue versammelt, ist eine Subkultur männlicher Homosexueller – Schwuchteln in vollem Fummel, in der satirisch verzerrten Verkleidung des beneidet-verachteten Weiblichen. Es gibt natürlich auch andere. Manche werden »Kaufmich« *(trade)* genannt, Männer, die noch nicht wissen, daß sie Homosexuelle sind und vorgeblich »nur wegen des Geldes« mitmachen. Dann gibt es noch das Macho-Element, genannt »Drecksack« *(dirt)*. Die kommen in den Park, um Schwule zu verprügeln und sich damit ihrer Männlichkeit zu vergewissern. Aber jeder Homosexuelle weiß es: »Der Drecksack von heute ist der Kaufmich von morgen.«

Und dann war ich da noch, merkwürdigste Gestalt von allen. Unfähig, der Tatsache ins Auge zu sehen, daß ich von eigenen homosexuellen Impulsen zu dieser Lavendel-Halbwelt hingezogen wurde, trat ich als Nachwuchspsychiater und Möchtegern-Anthropologe auf. Ich hatte einen Karteikasten mit »Fallgeschichten«. So konnte ich mich meinem homoerotischen Voyeurismus hingeben und vor mir selbst der angehende Seelenfachmann bleiben. Diese Scheinheiligkeit ist mir heute noch peinlich. Vermutlich habe ich allerdings niemanden außer mir selbst getäuscht.

In den folgenden Jahren war ich so sehr damit beschäftigt, den professionellen Status zu erreichen, mich als rundum beschlagen oder wenigstens vielversprechend zu zeigen, daß die jugendliche Vitalität des urwüchsigen Bösen allmählich versickerte. Ich wurde immer intellektueller und moralischer und war darauf und dran, eine Art Super-Integrität um mich aufzubauen. Ich hatte meinen Schatten verloren und war so für etliche Jahre ohne Substanz.

Was von mir noch übrig war, hat überlebt, weil mich die Suche nach meiner anderen Hälfte in eine Anstalt für unzurechnungsfähige Kriminelle führte, wo ich als Psychiater arbeitete. Ich hatte noch kaum Erfahrung als Therapeut, aber was mir an Begabung und Güte fehlte, machte ich durch gute Absicht, Überheblichkeit und selbstgerechtes Sendungsbewußtsein wett.

Besonders schwierig war der Anfang. Am Ende des ersten Tages hatte ich von den Eindrücken des Nachmittags nichts weiter übrig als ein Gewirr aus Gitterstäben und schrecklich kriminellen Gesichtern. Ich wußte von einem der Wärter, daß hier »die Wände Ohren haben«. Irgendwie wußten die Insassen lange vor dem Personal, wer ich war, und wann und weshalb ich kommen würde. Immer wieder stieß ich in der Zukunft auf diese reibungslos funktionierende Nachrichtenübermittlung, aber ich bekam nie heraus, wie diese geisterhafte Kommunikation vor sich ging, die alle Pläne der Anstaltsleitung schon im Stadium der vorläufigen Erörterung unter den Insassen verbreitete.

Meine erste Begegnung mit diesem Phänomen verblüffte und entwaffnete mich um so mehr, als ich erwartet hatte, bei meinem ersten Rundgang noch anonym auftreten zu können. Statt dessen kannten sie mich nicht nur, sondern zogen mich auch noch damit auf, daß mein Mentor mich versetzt hatte und meine Wohnung noch nicht geräumt war.

Aber wenn sie wußten, wer ich war, dann hätten sie auch wissen müssen, daß ich da war, um ihnen zu helfen. Weshalb hänselten sie mich dann mit Begrüßungen wie »der neue Klapsdoktor« und »der Sexualkundelehrer«? Weshalb stellten sie sich mir auf den Gängen in den Weg und blieben bis zum letzten Augenblick stehen, um zu sehen, ob ich ausweichen oder die Herausforderung annehmen würde?

So hatte ich mir das nicht vorgestellt, ganz und gar nicht. Ich hatte gehofft, fast unbemerkt zu bleiben, damit ich Eindrücke sammeln, die Männer in Ruhe einschätzen und Pläne für den Umgang mit ihnen machen konnte. Alles schlug zum Gegenteil aus: Ihre forschenden Blicke machten mich verlegen, ihre Herausforderungen unsicher, und ihre Weigerung, mich ernst zu nehmen, ließ mir das Herz in die Hose rutschen.

Mir war gar nichts mehr klar, nur noch das Gefühl heftigen Unbehagens. Mein scharfer analytischer Verstand war irgendwie aus dem Tritt geraten. Das war alles sehr verwirrend. Vielleicht hatte einfach meine erste Begegnung mit der kriminellen Persönlichkeit dazu geführt. Schließlich kannte ich ja nur den Umgang mit gesetzestreuen Neurotikern. Es ging nun darum, mich in diesem neuen Bezugsrahmen zurechtzufinden und mir neue Normen zu erarbeiten, mit denen ich diesen unbekannten Patiententypus beurteilen konnte. Ich konnte mich leicht in die Lage gepeinigter Klinikpatienten versetzen, aber mich selbst als Kriminellen betrachten . . . das war doch was ganz anderes.

Nicht, daß ich solche Impulse nicht auch schon tief in mir gespürt hätte. Ich war auch nur ein Mensch. Doch ich war über das Alter hinaus, wo diese Impulse aus dem Ruder laufen können. Ich beherrschte sie, verwies sie auf ihren Platz und zeigte ihnen, wer der Meister war. Gewiß war ich genau der Richtige, um diese Straftäter wieder in die Gesellschaft einzugliedern. Sie mußten ja nicht Konformisten werden; schließlich war ich doch kein Anpasser. Aber sie konnten innerhalb der Grenzen des sozialen Systems selbstbestimmte Individuen sein. Sie konnten Zutrauen zu ihrer Urteilskraft, zur Akzeptierbarkeit ihres Verhaltens gewinnen, genau wie ich.

Ich hatte mich selbst von meiner Reise ins Abseits zurückgerettet, und jetzt würde ich andere retten.

Natürlich durfte man keine Wunder erwarten. Diese Männer kamen zweifellos aus verdorbenen und pathologischen Verhältnissen und dem, was man von ihnen erwarten durfte, waren Grenzen gesetzt, auch wenn sie fachmännische Hilfe bekamen. Aber gewiß konnte man ihnen helfen, Wiederholungen ihrer Straftaten zu vermeiden. Als ihr Therapeut würde ich mich zuerst mit ihren tiefen Schuldgefühlen auseinandersetzen müssen – nun, wir werden ja sehen.

Ich ließ mich von meiner Phantasie in *ihre* Welt tragen – ein Selbstversuch. Zu welchem Verbrechen, das mich selbst hinter Gitter bringen würde, war ich wohl fähig? Bestimmt nicht bewaffneter Raubüberfall. Mord? Ausgeschlossen! Ein Sexualverbrechen vielleicht. Schließlich sollten Sexualdelikte ja mein Arbeitsgebiet werden. Mal sehen. Homosexualität konnte man natürlich gleich ausschließen. Und bestimmt würde ich es auch nicht über mich bringen, Kinder zu mißbrauchen. Exhibitionismus war mir zu peinlich und überdies würdelos.

Vergewaltigung! Ah, da kamen wir der Sache schon näher! Ja, genau, das war's. Vergewaltigung, ein Verbrechen, das unter entsprechenden Umständen jeder Mann begehen könnte.

So weit so gut. War ja doch alles nicht so schwer. Ich dachte mich schon in ihre Welt hinein, und das am ersten Tag.

Nächster Schritt. Wie wäre es wohl, mit solchen Männern zusammen eingesperrt zu sein? Am Nachmittag hatte ich nur in die Zellen hinein-, aber aus keiner herausgeschaut. Ich schloß die Augen und sah mich auf einer harten Zellenliege sitzen. Die Schatten des Gitters unterteilten den winzigen, kahlen Raum in zahllose Streifen aus Licht und Schatten. Ich spürte augenblicklich die Enge zwischen den Wänden. Es gelang mir nicht, diese viel zu kleine Zelle in meiner Phantasie zu vergrößern. Eher schrumpfte sie immer erdrückender auf mich herunter. Und dann, als ich wieder durch die Gitter nach draußen schauen wollte, füllte sich der Vorderteil der Zelle mit diesen groben, höhnischen, unheimlichen Gesichtern . . .

Ich wandte mich schnell wieder meinem Abendessen zu. Lieber am ersten Tag nicht zuviel auf einmal. Das hatte alles Zeit. Im übrigen fühlte ich mich plötzlich recht müde. War ja auch ein langer, harter Tag gewesen.

Vielleicht wäre es das beste, gleich nach dem Essen in die Anstalt zurückzufahren. So konnte ich den Hausmeister bitten, mir mein Zimmer zu zeigen, bevor er sich auf seinen Rundgang machte. Ich konnte noch ein bißchen lesen und mich dann ausschlafen. Ein ausgezeichneter Plan; ich fühlte mich schon viel besser.

Zurück in der Anstalt, hörte ich mit Befremden, daß mein Übergangsquartier sich im Wärterflügel des Gebäudes befand. Gewiß, dieser Teil war gegen den Gefangenentrakt abgeriegelt, aber ich empfand diese Unterbringung doch als eine Zumutung, auch wenn es nur vorübergehend war. Einen Augenblick lang bereute ich, meine Ankunft nicht bis zur Räumung meines Appartements im Wohngebäude des medizinischen Personals verzögert zu haben. Na gut. Was ich im Moment brauchte, war ein Raum, wo ich allein sein und schlafen konnte. Als mich ein Aufseher zu einem leerstehenden Zimmer brachte und mir noch wünschte, daß ich mich dort wohlfühlen möge, hatte ich mich schon wieder ziemlich gefaßt.

Ich dankte dem unbekannten Mann in Weiß, betrat den kahlen, grauen Raum und blinzelte in das harte, kalte Licht einer nackt von der Decke herunterhängenden Birne. Meine Habe hatte man auf den spiegellosen Eisenspind gestapelt. Der war so unansehnlich wie die anderen beiden Möbelstücke, ein schwerer Holzstuhl und das unvermeidliche Eisenbett.

Ich zog mich schnell um, Schlafanzug, Socken – ah, das war besser. Als ich mich vorsichtig hinlegte, hatte ich das Gefühl, daß ich sämtliche rostigen Federn durch die dünne, klumpige Matratze spürte. Himmel, diese Einrichtung war nicht besser als die in den Gefangenenzellen. Daß die Aufseher sich so etwas bieten ließen! Vielleicht durften sie sich die Zimmer etwas behaglicher machen. Kein Bild an der Wand. Nicht mal ein Läufer, um das Grau des Steinbodens aufzulockern. Immerhin: kein Gitter vor dem Fenster.

Hastig vertiefte ich mich in die abgegriffene, dicke Schwarte, die immer neben meinem Bett liegt wie bei anderen die Bibel. Meine hieß: »*Die psychoanalytische Theorie der Neurose*«. Ich schlug das Register auf und machte mir Notizen zu den einzelnen Kategorien kriminellen Verhaltens – Raub, Mord, sexuelle Perversionen usw. – und ihren Beziehungen zum Ödipuskomplex, zu Konflikten zwischen Über-Ich und Es und anderen wohltuend vertrauten Begriffen.

Als ich aber versuchte, meine Patienten unter diesen Gesichtspunkten zu betrachten, merkte ich, daß ich mich zu unbehaglich fühlte und zu sehr abgelenkt war, um mich konzentrieren zu können. Das Zimmer war so kahl und abweisend, und vor allem wurde mir plötzlich seine beklemmende Enge bewußt, es schien regelrecht auf mich einzudringen. Seltsam, dieses klaustrophobische Gefühl hatte ich noch nie gehabt. Ich machte eine Notiz über dieses Phänomen – für weitere Selbstanalyse.

Für den Moment konnte ich jedenfalls nichts besseres tun, als mir ein wenig von der dringend benötigten Ruhe zu verschaffen. Am Morgen mußte ich ausgeruht und klar im Kopf sein, wenn ich beim medizinischen Direktor und anderen wichtigen Leuten, denen mein Mentor mich vorstellen würde, eine gute Figur machen wollte.

Ich gab mir einen Ruck und schob alle Schatten vager Beunruhigung weg, die meiner Entspannung zu erholsamer Ruhe im Weg standen. Ich zog an der Schnur über mir und löschte das unangenehm grelle Licht. Müde schloß ich die Augen, sank auf die abweisende Matratze und ließ mich in den balsamischen See des Tiefschlafs hinunter. Doch anders als sonst fand ich nicht gleich, was ich gern halb scherzhaft »den Schlaf des Gerechten« nenne.

Irgend etwas zupfte immer wieder an meinen Lidern, ließ sie nicht zur Ruhe kommen, erlaubte mir nicht den Rückzug in die tiefe, weiche Dunkelheit hinter ihnen. Ich öffnete die Augen, wußte aber anfangs nicht, was mich da störte. Erst allmählich bemerkte ich den Lichtstrahl, der immer wieder hin und her über das kleine, hohe Fenster meines Zimmers strich und einen diffusen, aber störenden Schein in meine Klause warf.

Ich sprang aus dem Bett und ans Fenster und stellte überrascht fest, daß unter mir der Gefängnishof lag, auf dem sich die Insassen tagsüber die Beine vertreten konnten. Von zwei Türmen aus, die an den gegenüberliegenden Ecken der hohen, gut meterdicken Umfassungsmauer standen, tasteten zwei enorme Scheinwerferkegel hin und her über das Gebäude, wohl um etwaige Ausbrecher aufzuspüren. Hellwach hatte ich plötzlich das Bild des Postens vor Augen, wie er mit eiskaltem Blick und einer entsicherten großkalibrigen Waffe in der Hand oben auf seinem Turm stand.

Es wurde eine Woche langer, beschwerlicher Nächte voller beunruhigender Träume. Irgendwie konnte ich mich aber nie recht an sie erinnern, wenn ich früh morgens hastig mein Zimmer verließ.

Ich konnte mich selbst als »gut« betrachten, fand aber keinen Frieden. Manche Unglückliche sehen sich selbst als gut, andere betrachten sich als böse. Die Bösen werden Patienten, die Guten manchmal Therapeuten.

Sonderbarerweise ist die Gruppentherapie für viele dieser bedrückten Seelen ein weniger beklemmender Einstieg in die persönliche Transparenz als die Eins-zu-eins-Beziehung in der Individualtherapie, die den Beteiligten mehr abverlangt. Bei dieser direkten Konfrontation trägt der Patient mindestens die Hälfte der Verantwortung für das Geschehen in jeder Stunde. In der Gruppe ist er einer von acht Patienten und kann Zeit, Kraft und Mut gewinnen, indem er einfach stumm und zitternd dasitzt, während sich in der psychischen Arena die anderen tummeln, die gleich alle Aufmerksamkeit auf sich lenken, um ihre Einsamkeit vor sich selbst zu vertuschen.

Abgesehen von der Hilfe, die die Gruppe bieten kann, gibt es natürlich auch Fehlentwicklungen, die alles Erreichte wieder zunichtemachen. Als ich vor vielen Jahren die Leitung einer Gruppe männlicher Sexualstraftäter übernahm, waren die ersten Sitzungen von einem unechten Gemeinschaftsgefühl bestimmt, geboren aus den neuen Hoffnungen dieser sozialen Parias. Bis dahin hatte jeder von ihnen ein heimliches, beschämendes Leben perverser Zwangshandlungen geführt. Jeder lebte in der Isolation seines schrecklichen, gefährlichen Geheimnisses, das von Schuldgefühlen durchsetzt und erregend war, ein verborgenes Stück seiner selbst, das er viele Jahre lang niemandem gezeigt hatte.

Doch wenn sie hier in dieser Anstalt für unzurechnungsfähige Straftäter als Häftlinge/Patienten zusammenkamen, war ihr erster Schritt das Bekenntnis ihrer geheimen Verbrechen. Ich war zu jung, zu unerfahren und zu selbstbezogen, um zu bemerken, daß das Vorweisen ihres Strafregisters ihnen leichter fiel, als sich offen und verwundbar darzubieten. Sie wußten ja, daß sie in einer Therapie für Sexualstraftäter waren. Jetzt mußten sie nur noch ein retuschiertes Bekenntnis ablegen, das ihr Delikt einigermaßen vertretbar erscheinen ließ. Aus dieser scheinbaren Offenheit entstand sehr schnell ein unechtes Gefühl von Zusammengehörigkeit, Vertrauen und Achtung. Ich wünschte mir diese Art von »Fortschritt« so sehr, daß ich vor seiner Fadenscheinigkeit einfach die Augen schloß. Meine Art der »offenen Selbstdarstellung« war schließlich genauso unecht und verlogen wie ihre. Anstatt mich als Mensch zu zeigen, der genauso zu kämpfen hat wie andere, kehrte ich den Experten heraus. Es war ein kurzlebiger Erfolg, denn wir schlachteten nur gegenseitig unsere Ängste und unsere Eitelkeit aus.

Ich war eigentlich noch in der Ausbildung, aber das vertuschte ich so gut es ging, vor allem gegenüber mir selbst. Der ältere Therapeut, mit dem zusammen ich die Gruppe leitete, sah mir meine Selbstüberschätzung belustigt nach. Als er mir sagte, daß er krank sei und eine oder zwei Wochen fehlen würde, räumte er mir zugleich die Freiheit ein, in dieser Zeit alle Gruppensitzungen abzusagen. Ich fühlte mich von oben herab behandelt und hielt stur daran fest, daß ich die Lage durchaus im Griff hatte. Offensichtlich hatte er doch unrecht mit seiner Annahme, die Gruppe sei noch nicht zusammengewachsen. Er ließ mir die Chance, auf eigene Faust zu lernen – leider und Gott sei Dank.

Auf dem Weg zu meiner ersten Solositzung riß mich die Begegnung mit einem der Insassen aus meiner Sammlung; er war der Hausbote und brachte es immer irgendwie fertig, mir den Nerv zu töten. Mit der ganzen Arroganz des Hipster, der total durchblickt, während der Rest der Welt ein Brett vor dem Kopf hat, kam er den Gang herunterstolziert. Er bot immer den gleichen hämisch gedehnten Gruß: »He, Mann, was weißt du eigentlich . . . *sicher*?« Ich nickte verbiestert zurück und knirschte ein »Mistkerl« in mich hinein.

An dem Punkt wurde mir klar, daß mir bestimmt nicht wieder einfallen würde, wie die letzte Therapiesitzung geendet hatte. Ich tröstete mich mit einem Vorteil, den man als Therapeut hat: man kann die Verantwortung für die Kontinuität der Therapie auf den Patienten abwälzen. In diesem Fall war ohnehin anzunehmen, daß irgendwer ein neues Thema anschneiden oder ein zurückliegendes wieder aufgreifen würde. Dann würden sicher auch die Stichwörter fallen, die mir die letzte Sitzung ins Gedächtnis zurückriefen. Wenn ich mir nur Zeit ließ, fielen mir früher geäußerte Gefühle und Erfahrungen der Patienten meist von selbst wieder ein, wenn sie mit dem aktuellen Geschehen in Verbindung standen. Manche Kräfte, dachte ich, nimmt man am besten einfach hin, damit sie nicht unter allzuviel Analyse ersticken.

Ich war so in meine Gedanken vertieft, daß ich jedesmal zusammenzuckte, wenn wieder eine der schweren Eisentüren hinter mir ins Schloß fiel. Obgleich Gang neun im dritten Stock lag, hatte ich das Gefühl, immer weiter in den Bauch der Erde hinabzusteigen.

Endlich war ich da. Ich nahm meinen Platz zwischen den schon sitzenden Männern der Gruppe ein und spürte gleich, daß etwas in der Luft lag. Zweifellos verunsicherte das Fehlen des älteren Therapeuten sie, und das zeigte sich an dem gemischten Ausdruck in ihren Gesichtern. Ich fand, ich sollte sie am besten erst einmal beruhigen.

»Guten Morgen, Männer«, begann ich langsam. »Der andere Therapeut ist leider krank. Aber keine Sorge, es ist nichts Ernstes. Nur ganz normale . . .«

»Ja, wissen wir«, fiel Ross mir ins Wort, »Masern.« Ross schien immer der *wirkliche* Gruppenleiter zu sein. Seine Unterbrechung warf mich völlig aus dem Geleis.

Schon wieder wußten sie Dinge, die sie einfach nicht wissen konnten. Aber wenigstens konnten sie nicht wissen, wie ich mich fühlte, solange ich meine Zweifel gut kaschierte. Ich sagte: »Also, es muß sich ja nichts ändern, nur weil er ein paar Tage krank ist. Fangen wir an.«

In der Vergangenheit hatte ich das Schweigen, mit dem Therapiesitzungen oft beginnen, immer recht geduldig durchgestanden. Aber mir war die Stille noch nie so lang und so geladen erschienen. Nun, das mußte ich wohl einfach abwarten. Also wartete ich, suchte in den Gesichtern der Männer nach Hinweisen auf das, was in ihren Köpfen vorging. Ich wartete unendlich lange, so schien es mir, aber als ich einmal auf meine Uhr schaute, waren nur ein paar Minuten vergangen.

Und dann verstand ich plötzlich. Sie wußten nicht, ob sie sich auf mich verlassen konnten. Sie befürchteten, daß ich zu jung und unerfahren war und mit der Sache noch nicht umgehen konnte. Endlich ein Problem, das ich lösen konnte. Ich würde ihre Gefühle interpretieren, vor allem die unbewußten. Unterdrückte Impulse erzeugten immer die größten Widerstände.

»Ich weiß, wo das Problem liegt, Männer«, begann ich forsch. Die leere Stille des Steinkorridors schien meine Stimme höhnisch widerhallen zu lassen. Nichtsdestotrotz fuhr ich fort: »Der andere Therapeut war eine Art Vaterersatz für euch alle, und deshalb habt ihr natürlich das Gefühl, daß niemand ihn ersetzen kann.«

Schweigen. Niemand rührte sich oder sagte etwas. Kurz glaubte ich auf einem der Gesichter die Spur eines Lächelns zu sehen.

»Ich will sagen«, fuhr ich hastig fort, »daß jeder von euch als Kind seinen Vater idealisiert hat. Ihr habt zwar Angst vor ihm gehabt, aber euch trotzdem mit ihm identifiziert. Jetzt habt ihr all diese Gefühle auf den Therapeuten übertragen. Versteht ihr?«

Immer noch keine Reaktion. Schließlich brach Ross das Schweigen. »Nein, Doktor«, dehnte er mit spöttischer Ernsthaftigkeit, »das müssen *Sie* uns erklären.«

»Ah, verstehe. Ihr wollt nicht, daß ich seinen Platz einnehme, stimmt's? Na, das kann ich akzeptieren. Sagt doch einfach, was ihr fühlt. Schließlich kann man hier doch alles äußern, was man will.« Dann lehnte ich mich in dem guten Gefühl zurück, daß ich jetzt auf der richtigen Spur war.

»Quatsch«, sagte Tommy. Er drückte sich immer sehr direkt aus, wenn er wütend war.

»Ja, gut, nur weiter«, feuerte ich ihn an.

»Quatsch«, wiederholte er. »Nichts weiter.«

Irgendwas lief hier schief. »Was ist mit euch?« fragte ich die anderen. »Ihr mögt mich nicht, oder?«

Alle wandten sich Ross zu.

»Sag's ihm, Ross.«

»Ja, erzähl's dem Doktor.«

»Mach schon.«

»Tja«, begann Ross, richtete sich auf und sprach dann mit immer mehr Selbstvertrauen. »Ich soll hier wohl den Sprecher machen. Wir wollen jetzt keine Meckersitzung veranstalten, aber wir haben ein Hühnchen zu rupfen. Und wir wollen wissen, was *Sie* dazu unternehmen wollen.«

»Es geht um meine Übernahme der Leitung, nicht wahr?«

»Nein, Mann, es geht um Red«, erwiderte Ross. Er zeigte auf einen rothaarigen und relativ neuen Patienten, dem sichtlich mulmig zumute war.

»Und unsere Gefühle über Red«, fuhr Ross fort, »sind nicht unterdrückt und nicht unbewußt. Wir wollen *ihn* durch jemand ersetzen – *irgendwen*. Und ich meine nicht meinen Vater.«

Ich war verwirrt, und die Männer merkten es. »Ja . . . äh . . . äh . . . erzählt mir doch von euren Gefühlen.«

»Er ist ein Petzer«, schleuderte Tommy ihm hin, »und Petzer können wir nicht ausstehen.«

»Jawohl. Gib's ihm«, buhten die anderen unterstützend.

Mit offensichtlichem Vergnügen an seiner Rolle ergriff Ross wieder das Wort. »Wir haben hier eine Regel, Doc. Wären Sie schon länger im Geschäft, dann wüßten Sie Bescheid. ›Was in der Gruppe passiert, bleibt in der Gruppe‹. Und wenn einer in der Gruppe bleiben will, dann rennt er nicht überall herum und reißt sein großes Maul auf.« Dann wandte er sich an Red. »Ist das klar, du Rotkopfklatschmaul?«

»Jetzt mal langsam«, versuchte ich zu bremsen. Aber ich spürte, daß der Kurs dieser Sitzung unwiderruflich festgesetzt war.

Red hatte immer mehr Angst bekommen, schien aber entschlossen, sich zu verteidigen. »Ja, haltet ruhig mal die Luft an. Ich habe genausoviel Recht, hier zu sein, wie ihr. Ich bin nämlich auch ein Sexualstraftäter.«

»Ja, du hattest ein Recht, hier zu sein«, sagte Don langsam, »aber du hast uns verpfiffen und damit dein Recht verspielt.«

»Ich habe niemandem irgendwas getan«, protestierte Red. »Wer hat das gesagt? Wer so was sagt ist ein elender Lügner.«

»Ach nein«, schaltete Ross sich wieder ein. »Na, wenn er ein Lügner ist, dann sind es die anderen sechs Typen, die über den Verlauf der letzten Sitzung bestens informiert waren, wohl auch. Ich habe eine Liste der Namen und Aussagen hier auf dem Papier.« Er langte in seine Brusttasche.

Jetzt mußte Red die Taktik wechseln. »Na gut. Na gut. Ich hab also was gesagt. Jeder kann mal einen Fehler machen.«

»Abgelehnt«, verkündete Ross höchstrichterlich. »Er ist ermahnt worden.«

»Stimmt ganz genau«, rief Charlie. »Ich hab ihn selbst nach seiner ersten Sitzung beim Tratschen erwischt und ihm Bescheid gestoßen.«

»Na und?« versuchte Red es weiter. »Was macht das schon? Als sie euch geschnappt haben, ist doch sowieso alles über euch rausgekommen.«

»Ja, stimmt«, gab Ross wütend zurück. »Und das war für uns und unsere Familien schlimm genug. Warum sollen wir das alles immer wieder durchmachen? Jeder in diesem Haus weiß, daß wir wegen Sexualverbrechen hier sind, aber mehr als das brauchen sie auch nicht zu wissen.«

Dazu hatte Red eine Antwort parat. »Ah, du bist da einfach empfindlich, weil du halt schwul bist und die anderen vielleicht ein Stück von deinem Arsch wollen.«

»Lieber schwul als ein Babyficker«, spuckte Ross.

»Sag das nicht nochmal!« Red lief rot an. »Ich bin wegen Unzucht mit Minderjährigen verknackt. Das ist alles.«

»Babyficker, Babyficker, Babyficker«, höhnte Ross. Ein paar der anderen Männer stimmten ein.

Mir reichte es jetzt. Irgend etwas mußte geschehen. Ich mußte das Ruder wieder übernehmen. »Ihr wehrt alle immer nur ab«, rief ich dazwischen. »Wenn ihr euch nur gegenseitig beschimpft, wird gar nichts dabei rauskommen. Ihr habt gewollt, daß ich helfe. Also sehen wir doch zu, ob wir die Sache bereinigen können.«

»Na klar können wir«, sagte Ross. »Schmeißen Sie den Kerl einfach raus.«

»Genau, jawohl«, echoten die anderen.

»Jetzt mal langsam. Hört erst mal auf.« Ich schrie jetzt, alle Reste von Haltung über Bord werfend.

»Wir haben abgestimmt. Er geht, und damit hat sich's«, sagte Ross mit dem Ausdruck der Endgültigkeit.

Das konnte ich nicht zulassen. Gruppen wie diese waren unter der Leitung des anderen Therapeuten seit Jahren eine gut funktionierende Einrichtung gewesen. Ich konnte das nicht alles vor die Hunde gehen lassen. Ich mußte einfach das Heft in der Hand behalten. »Nein, so geht das nicht«, sagte ich so bestimmt wie möglich.

»Eben«, stimmte Red genau im falschen Moment ein. »Und daran könnt ihr überhaupt nichts machen.«

Das brachte das Faß zum Überlaufen. Ross gab ein Signal. Alle sprangen auf und gingen mit geballten Fäusten auf Red zu.

Ich sprang mit einem Satz dazwischen, aber da hatte Ross bereits eine schallende Ohrfeige in Reds ohnehin schon rotem Gesicht gelandet. Ich drängte mich zwischen den zitternden Rotschopf und die übrigen sieben, drohend vor ihm aufgebauten Gruppenmitglieder. Im Handgemenge verrutschte meine Krawatte und mein sorgsam gekämmtes Haar geriet außer Fasson. Das geschah wie zufällig bei ihren Versuchen, Red an den Kragen zu gehen.

Ich war bestürzt angesichts dieser sinnlosen Grausamkeit und fühlte mich machtlos. Meine Stimme verriet meine Hilflosigkeit, als ich versuchte, meiner Niederlage noch irgendwie einen Anschein von Sieg zu geben. »Männer«, sagte ich kraftlos. Sie hörten auf, um mit sichtlicher Genugtuung zuzuhören. »Ich habe beschlossen, daß es das beste sein dürfte, Red doch aus der Gruppe zu nehmen. Aber nur vorübergehend.«

Red war still und niedergeschlagen, aber die anderen spendeten sarkastischen Beifall.

»Was für ein vernünftiger Kerl er doch ist.«

»Weil er nämlich die Verantwortung hat.«

»Ja, und wenn er sich erst Klarheit verschafft hat, dann tut er, was für alle das Beste ist.«

Zum Schluß sagte Ross so gestelzt wie möglich: »Wir möchten Ihnen unsere Anerkennung zum Ausdruck bringen, Doktor. Und wie ihr Therapeuten sagt: ›Ich glaube, unsere Zeit ist um; vielleicht können wir in der nächsten Sitzung weiter über diese Gefühle sprechen‹.«

Unter weiteren Seitenhieben und viel Gelächter zogen die Männer ab. Red und ich standen allein auf dem Gang.

»Tut mir leid, Red«, sagte ich leise, »wirklich.«

»Tja, mir scheint, wir haben beide noch nicht viel Übung in diesem Spiel, Doc.«

Als der andere Therapeut zurückkehrte und mich berichten ließ, schüttelte er mit geschlossenen Augen und einem schmerzlichen Lächeln den Kopf, ganz wie ein Vater angesichts des Scherbenhaufens, den ein geliebter Sohn angerichtet hat, weil er zu früh Papa spielen wollte. Die anderen Männer schienen nicht überrascht, als der ältere Therapeut Red wieder in die Gruppe aufnahm. Es dauerte noch eine Weile, bis sie durchsprachen, was da losgewesen war, und noch viel länger dauerte es, bis ich begreifen konnte, wie ich die Konfrontation heraufbeschworen hatte.

Ich war so ängstlich darauf bedacht gewesen, mich als kompetent und hilfreich und vor allem als Leiter zu erweisen, daß ich auf ihren simulierten Gemeinschaftsgeist sofort hereingefallen war. Tatsächlich war aber diese äußere Gemeinsamkeit keineswegs etwas, das sie als Menschen verband. Vielmehr stellte sich heraus, daß jeder sich nur mit irgendwelchen anderen Gruppenmitgliedern vergleichen wollte, um zu dem Schluß zu kommen, daß er selbst kein gar so übler Perverser war. Und ich war vielleicht der schlimmste Perverse von allen. Es kostete mich noch viel Zeit und schmerzhafte Erfahrungen, bis ich lernte, daß ich Gemeinschaft nicht herstellen konnte, solange ich mein eigenes verwundbares Selbst nicht auch teilnehmen ließ. Der Therapeut, der sich über seine Patienten stellt, ist kein Therapeut. Der Therapeut, der nicht sieht, daß er lediglich der erfahrenste Patient in der Gruppe ist, hat keine Gruppe.

Heute habe ich ein ganz anderes Verhältnis zu meinen Patienten als der allzu forsche und unreife Therapeut, der ich damals war. Vor einiger Zeit erlebte ich noch einmal, welche Veränderungen sich in einer therapeutischen Gruppengemeinschaft ergeben können, wenn einer der beiden Therapeuten fehlt. Nach meiner Ausbildung hatte ich mich einige Jahre lang allein mit Gruppen befaßt. Jetzt arbeite ich nie mehr allein mit einer Gruppe. In der rauhen Zeit, während der sich die Gruppe gegen die Person des Therapeuten abgrenzt (sei es bewundernd oder kämpferisch), möchte ich jemanden da haben, auf den ich zählen kann und der mich wirklich gern hat. Wenn das auch an Bedeutung verliert, je mehr ich ein wirkliches Mitglied der Gruppe werde, habe habe ich es doch gern, wenn mein Ko-Therapeut als sichtbares Emblem meiner Einsamkeit und Abhängigkeit dableibt, als Zeichen dafür, daß keiner von uns ganz allein ist.

Diese Gruppe hatte sich in meiner Privatpraxis gebildet, und die ersten Monate waren mit dem Ringen der Patienten um Schmerz-linderung und bevorzugte Positionen beim Therapeuten vergangen. Barbara und ich waren zum erstenmal Ko-Therapeuten und versuchten die Herzlichkeit unserer Freundschaft in jenes Wechselspiel von Risiko und Könnerschaft umzumünzen, das für diese Art von therapeutischer Arbeit Vorbedingung ist. Wir gingen abwechselnd auf einzelne Gruppenmitglieder ein, dann wieder auf uns selbst und die Gruppenprozesse – manchmal zielsicher und gut, und manchmal mußten unbeholfene gute Absichten auch genügen. Alles in allem hat es oft Spaß gemacht, unsere Bemühungen versprachen Erfolg, und es schien sich zu lohnen, auf diesen Erfolg zu warten.

In der Sitzung, bei der Barbara fehlte, ging es lebhaft zu. Wie Papa und die Kinder, wenn Mama einen langen Einkaufsbummel macht, spielten wir ausgelassener als sonst, taten einander wohl auch mal unabsichtlich weh, genossen aber vor allem dieses lärmende, enge Miteinander ohne all die üblichen Beschränkungen. Nur Laurie schien sich seltsamerweise gar nicht wohlzufühlen; ganz anders als sonst, wirkte sie reizbar und fing bei jeder Gelegenheit Streit mit einem der Männer an. Laurie war eine strahlende, redegewandte, die Sinne ansprechende junge Frau, unglücklich über das Scheitern ihrer Ehe und immer bereit ihren Wert als Mensch anzuzweifeln. Sie wußte nicht zu sagen, was falsch war, wirkte aber entschieden erleichtert, als Barbara bei der nächsten Sitzung wieder dabei war.

Laurie hatte Andeutungen über ein dunkles Geheimnis in ihrer Vergangenheit gemacht. Die Gruppe empfand ihre Bürde mit, doch niemand drängte sie. Sie wollte Hilfe wegen ihrer »festgefahrenen Gefühle« gegenüber ihrer Mutter, und ich hatte ihr schon früher vorgeschlagen, einen Brief an ihre Mutter zu schreiben, den sie ja nicht abschicken mußte. Laurie hatte sich mit diesem Gedanken nicht anfreunden können, und wir waren wieder zu anderen Dingen übergegangen. Kurz nach der Sitzung, bei der Barbara gefehlt hatte, erzählte Laurie, daß diese Sitzung für sie ein Alptraum gewesen sei und sie in ihre alte Selbstzerfleischung zurückgestoßen habe, die daraus entstanden war, daß ihre Mutter für sie nie erreichbar und verfügbar gewesen war. Und so hatte sie

beschlossen, den Brief doch zu schreiben und der Gruppe vorzu-
lesen, um ihr schreckliches Geheimnis zu lüften.

Sie begann mit einer Festigkeit zu lesen, die als Angstabwehr zu
erkennen war, denn der gepreßte Unterton in ihrer Stimme klang
so deutlich heraus, daß wir übrigen in jener fast greifbaren Stille
lauschten, in der sich die Offenheit eines Menschen für den
Schmerz eines anderen bekundet:

Liebe Mutter,
laß mich Dir zuerst für all den Mist danken, den du mir gegeben
hast – unter dem Deckmantel der Liebe.

Ich will mit einer Zeit anfangen, lange bevor ich verstand, was
Liebe bedeutet, einer Zeit, in der ich Liebe so verzweifelt nötig
hatte und Du so verzweifelt über Großmutters Tod warst. Deine
Verzweiflung wurde meine, aber wir haben das nie bereinigt.
Rückblickend erkenne ich, daß mein Bruder Warren unter Deiner
emotionalen Abwesenheit ebenso gelitten hat wie ich. Du brauch-
test jemanden und wir auch. So haben wir uns gefunden. Jahrelang
– als es anfing, war ich fünf – lebte ich nur für Warrens Lust. Dafür
bekam ich Aufmerksamkeit, Lust und Trost . . .

Ich habe einen furchtbaren Preis bezahlt . . . In einer heimlichen
Welt leben . . . die geheimsten Tabus brechen . . . Du dachtest, ich
sei so ein braves Mädchen.

Ich wollte von Dir nichts weiter, als daß Du Dich um mich
kümmerst. Als ich fünf war, hast Du zu mir gesagt: »Kümmere dich
selbst um dich.«

Was Du gesagt und getan hast, hat immer wieder nur diesen
Eindruck bei mir verstärkt, daß Frauen dazu da sind, es den
Männern recht zu machen . . . daß wir kein Recht haben zu
fühlen . . . und doch verstehen müssen, was ein Mann fühlt. Ich
hatte keine Rechte als Mensch. Mein einziges Recht bestand darin,
für einen Mann zu leben.

Ich habe Deinen Traum über alle Deine Erwartungen hinaus
erfüllt, aber davon hast Du nie etwas gewußt. Auf der Schule war
ich attraktiv und hatte viele Freunde. Ich war ein braves Kind,
denn meinen Spaß hatte ich ja mit Warren.

Ich fragte mich immer, wie ich meine Beziehung zu Warren

erhalten konnte, ohne daß Du etwas davon erfährst. Jetzt wird mir klar, daß meine Beziehung zu Dir ein Märchen war, das ich mir erzählen mußte, um überleben zu können.

Du hast immer hart gearbeitet, in Papas Geschäft ausgeholfen, gekocht, eingekauft . . . Ich habe mir eingeredet, all das sei Liebe. Ich brauchte Deine Liebe so sehr und konnte mir einfach nicht eingestehen, daß Du so wenig gegeben hast. Wenn meine Brüder Allen und Warren mehr bekamen, nahm ich das hin, denn ich war ja ein Mädchen. Aber Du hast nur Allen geliebt.

In der Schule und zu Hause habe ich mich sehr angestrengt, viel zu leisten, um ein bißchen Anerkennung zu bekommen. Aber Du hast nach dem alten Aberglauben gelebt, daß man den Zorn Gottes auf sich zieht, wenn man ein Kind lobt. Deine andere Regel hieß: »Kinder darf man nur küssen, wenn sie schlafen.«

Hier brach Laurie ab. Bitterkeit und Groll reichten nicht aus, um ihre Hilflosigkeit und ihre Schuldgefühle zu überdecken. Einige Gruppenmitglieder äußerten Verständnis für ihre Gefühle. Laurie bat sie, sich erst die ganze peinigende Wahrheit über ihr Sexualleben anzuhören. Die sexuelle Beziehung zwischen ihr und ihrem Bruder hatte zwölf heimliche Jahre lang bestanden. Doch ein paar Jahre später war Warren gestorben und ließ sie mit ihrer Schande allein. Sie las Teile eines vergilbten Tagebuchs vor, das sie in qualvoller Einsamkeit während ihrer College-Jahre geschrieben hatte:

Heute abend habe ich entdeckt: ich hasse mich selbst. Wenn ich mich in diesem Jahr nicht ändern kann, werde ich mich immer hassen. Laurie, du mußt mit dir leben. Du mußt lernen, dich zu lieben oder wenigstens zu akzeptieren. Welche Züge haßt du an dir? Wirf sie über Bord. Wasch sie ab von deinem Körper. Öffne Herz und Seele dem Süßen und Hellen. Du kannst dich selbst heilen. Du hast um Liebe gebettelt. Gib sie dir selbst. Du kannst den Menschen aus dir machen, der du sein willst. Du kannst diese Frau aus diesem Mädchen erschaffen. Erziehe sie. Leite sie an. Bestrafe sie. Forme sie. Dann wirst du sie lieben . . .

Du kennst die Züge, Laurie, von denen du dich befreien willst. Es

geht weniger darum, sie loszuwerden, als um eine wichtige Eigen-
schaft . . . du mußt Beherrschung lernen. Beherrschung deines
Bewußtseins, deiner Wünsche, Gewohnheiten, Gelüste. Tu das,
was am besten für dich ist, nicht das, was du lieber tust. Nimm die
Verantwortung auf dich! Führe deine Pläne aus!
Beherrsche deine niederen Impulse, und du wirst sie los. Es ist ganz
einfach. Wie Kuchenschneiden. Wie »nein« zu einem Jungen sagen.
Gegenüber anderen hast du deine niederen Impulse und Gefühle
unter Kontrolle, aber nicht gegenüber dir selbst. Doch der Frühling
ist da. Morgen ist ein neuer Tag, und ich bin eine neue Frau. Ich
danke dir. Ich könnte dich vielleicht doch lieben.
Gute Nacht. Ich werde fleißig lernen. Ich werde im nächsten
Semester gute Noten bekommen. Ich werde lesen und Museen
besuchen, und du, liebes Buch, wirst die Geheimnisse meines
Lebens bewahren. Du und ich, wir werden mit erhobenem Kopf
und festem Schritt gehen und uns selbst so wenig ausweichen wie
der Welt. Wir werden eine wunderbare Frau erschaffen. Gott, ich
danke dir, daß du mich erweckt hast, bevor es zu spät war. Ich will
meinen Wert beweisen, vor dir wie vor mir selbst. Ich will diese
Frau verwirklichen: eine Eva, eine Ruth, eine Rachel. Eine Frau,
die sich selbst liebt, nicht weil sie Laurie ist, sondern weil sie die
Züge, die Kraft, den Charakter besitzt, den sie an anderen be-
neidet, bewundert. Sie – ich – Laurie = Frau = Ideal. Gute Nacht.
Es wird nichts mehr gegen sie zu sagen sein. Weil es nichts mehr
gibt.

Sie schluchzte den alten Schmerz heraus. Wir alle spürten diese
Mischung aus jugendlicher romantischer Gärung und dem lasten-
den Gefühl persönlicher Schande. Einige Gruppenmitglieder
dankten ihr für ihre Offenheit, trösteten sie, sagten ihr, daß sie sie
gernhatten. An mir war es, ihr zu sagen, wie froh ich war, daß sie
die Klugheit besessen hatte, in diesen leeren frühen Jahren eine
sexuelle Beziehung zu ihrem Bruder zu unterhalten. Erst wollte sie
nicht glauben, daß sie sich nicht verhört hatte. Die Gruppe nahm
meine Äußerung mit entsetztem Schweigen auf, gemildert nur
durch die Hoffnung, daß man mir trauen durfte. Ich sagte Laurie,
ihre Beziehung zu ihrem Bruder sei zwar offensichtlich mit Kon-

flikten belastet, eine schmerzhafte Wunde, zeige aber zugleich auch ihr verzweifeltes Verlangen nach Liebe. In ihrem Kampf wirkte eine dunkle Lebenskraft, die das Beste in ihr bewahrt hatte. Ich erzählte ihr von meinem eigenen bitterbösen Kampf gegen die Verzweiflung. Als Kind machte man mir klar, daß ich schlecht war. Schon vor meiner Geburt hatte ich meiner Mutter Schmerzen und meinem Vater Sorgen bereitet. Und danach war ich nur noch ein Ärgernis. Ohne mich wären meine armen Eltern gewiß glücklich gewesen. Ich konnte anscheinend nichts tun oder sagen, was sie nicht verletzt hätte.

Ich wollte so gern lernen gut zu sein wie all die anderen Kinder. Ich beobachtete sie und versuchte zu tun, was sie taten, um meinen Eltern auch einmal Freude zu machen. Wenn sie es bemerkten, sagten sie: »Sieh nur, wie er sich anstrengt, gut zu sein, der böse Junge.« Nach der Pubertät gab ich es auf. Offenbar war Schlecht-sein das einzige, was ich konnte. Und so zahlte ich alles heim, indem ich wirklich gut im Schlechtsein wurde. Was ich auch tat, stets gab es Ärger – da konnte ich auch gleich *gezielt* für Ärger sorgen. Meine Blumen des Bösen blühten im fruchtbaren Boden der Halbwelt von Drogensüchtigen, Schlägerbanden, Prostituierten, Zuhältern und Betrügern. Nur knapp entkam ich dem Heroin, dem Gefängnis, dem gewaltsamen Tod.

Laurie fing an zu verstehen, daß wir einander sehr ähnlich waren. Ich erinnerte sie daran, daß ihr verführerisches Auftreten mich bei unserer ersten Begegnung besonders angezogen hatte. Das war ihre Art, Beziehungen zu knüpfen. Ich war dankbar, daß sie dieses Verlangen nach Kontakt nicht hatte absterben lassen. Andere Patienten erkannten die Rückstände des Dämonischen in mir: meine Härte, meine Maßlosigkeit, meine Respektlosigkeit. Das war für sie die Brücke für das Zusammensein mit mir.

Andere schlossen sich unserer Gemeinschaft von Bekennern an. Ray erzählte von seiner homosexuellen Erniedrigung. Die anderen verstanden, weshalb ich in seinem beharrlichen Suchen nach Demütigung ein Zeichen seiner Stärke sah. Das Beste an ihm war auf sich selbst zurückbezogen, Vitalität ohne Objekt. Wie gut, daß er diese schmachvollen Begegnungen gehabt hatte, anstatt diesen Funken Leben verlöschen zu lassen.

Phyllis hatte ihre unsägliche Einsamkeit zuerst durch Versenkung in die Lehre einer Fundamentalistensekte bekämpft, später dann durch eine Impulsheirat, die von Anfang an unter denkbar schlechten Voraussetzungen gestanden hatte, und schließlich als jedermanns Betthäschen in der erdrückenden Kleinstadt, in der sie gefangen war. Wir fanden alle, daß sie eine von uns war. Nur ihre Religiosität kam uns sündiger vor als unsere Missetaten.

Wir waren alle schmerzhaft menschlich, alle froh, überlebt zu haben, alle jetzt nicht mehr ganz so einsam. Gnade Gott den armen verlorenen Seelen, die das Feuer in sich erlöschen ließen, anstatt es so infernalisch zu schüren wie wir. Diese Gemeinschaft von Sündern brannte mit schwarzer Flamme. Hatten wir auch kein Licht verbreitet, so war es doch immerhin warm genug gewesen, um überleben zu können.

DER TOD

Der Tunnel
am Ende des Lichts

Von allen Mächten des Dunkels ist der Tod gewiß die dunkelste. Vom Tod möchte ich jetzt sprechen, vom Tod der Freunde und Feinde, von meinem und deinem Tod.

Das Tarot-Bild dieses Archetypus ist der geheimnisvolle, knochengesichtige Ritter in schwarzer Rüstung. Wir alle sind gleich machtlos vor dem unausweichlichen Ansturm dieses dunklen Reiters. Aufrecht kündet diese Karte von Zerstörung, gefolgt von Umwandlung und Erneuerung. Anhaltender Stillstand droht, wenn sie umgekehrt erscheint.

Als ich anfing dieses Buch zu schreiben, wußte ich noch nicht, daß ich bald sterben muß. Drei Jahre zuvor, als ich an meinem ersten Buch schrieb, mußte ich mich einer Gehirnoperation unterziehen. Nach der Operation war ich auf einem Ohr taub, aufgrund der Vernarbungen von täglichen Kopfschmerzen geplagt und immer wieder von plötzlichen Gleichgewichtsstörungen, deren Ausgleich mich all meine Kraft kostete. Überdies sah ich einer ungewissen Zukunft entgegen, denn der Chirurg hatte den Tumor nicht ganz entfernen können, ohne mich zu töten. Würde der Tumor wieder wachsen? Würden weitere Operationen auf mich zukommen? Mehr Schmerzen, mehr Behinderung? Mußte ich vielleicht sogar sterben?

Meine Angst und Sorge um diese Dinge wird allen geläufig sein, die meine früheren Bücher gelesen haben. Alles, was ich schreibe, ist von der Auseinandersetzung mit diesen furchtbaren Erfahrungen und meiner ungewissen Zukunft geprägt.

Als ich die Arbeit an diesem Buch begann, schwebte mir zunächst eine ganz andere Anlage vor. Ich hatte in den Jahren zuvor starke Impulse aus dem Werk C. G. Jungs erhalten und hoffte nun, diese neue Perspektive in der mir eigenen Art, Geschichten zu erzählen und mich selbst darzustellen, mit meinen Lesern teilen zu können. Unter dem Gesichtspunkt der überpersönlichen Strukturen unseres Menschseins, die trotz aller Unterschiede der persönlichen Geschichte bestehen, wollte ich den Gehalt von Mythen und Träumen untersuchen.

Irgendwo unterwegs schwenkte meine Perspektive mehr zu den Mächten des Dunkels hin; mein thematisches Material blieb das gleiche, doch jetzt kam es mir immer mehr darauf an, mich ohne zu blinzeln der dunklen Seite, dem Schatten zuzuwenden. Ich weiß jetzt, daß all dies mir durch das unausweichliche Näherrücken, die Durchführung und die Folgen meiner zweiten Gehirnoperation zugewachsen ist.

Ich schrieb noch nicht lange an diesem Buch, als meine frustrierenden täglichen Erfahrungen vollkommener Erschöpfung immer häufiger wurden.

Anfangs wollte ich nicht wahrhaben, was das bedeuten mußte, und versuchte dem Problem mit oberflächlichen Lösungen beizukommen; ich kürzte meinen Arbeitsplan, um zwischendurch immer mal wieder ein Schläfchen halten zu können, und ließ mir sogar eine Zeitlang Stärkungspillen verschreiben, um mich wachzuhalten.

Die schlugen mir natürlich derart aufs Hirn, daß ich sie bald wieder absetzen mußte. Als schließlich die Sinnlosigkeit aller Beschönigungsversuche offensichtlich wurde, rief ich meinen Neurologen in Boston an – in der Hoffnung, er würde sagen, ich solle mir keine Sorgen machen, da es sich nur um die normalen Nachwirkungen der ersten Operation handele. Statt dessen sagte er, ich solle sofort nach Boston kommen. Nach einer kurzen ersten Untersuchung sagte er, wir müßten ein paar exotischere (sein Wort für schmerzhaft) Diagnosemethoden anwenden. Er gab mir Termine für ein

Pneumo-Enzephalogramm und eine Gefäßdarstellung und schlug vor, gleich den Operationssaal zu buchen und den Chirurgen zu verständigen, falls die Untersuchungen ergaben, daß eine weitere Operation notwendig war. Mir war klar, daß es kein Zurück mehr gab.

Es stellte sich heraus, daß der Tumor wieder gewachsen und eine Operation nicht zu umgehen war. Wieder hoffte der Chirurg, den Tumor ganz entfernen zu können, und wieder mußte er dieses Vorhaben nach zwölf Stunden Operation aufgeben, weil ich eine vollständige Entfernung nicht überlebt hätte.

In mancher Hinsicht kam ich diesmal besser davon. Die psychotische Phase war kürzer und milder als beim erstenmal, die Behinderungen nicht schlimmer, und die Erschöpfungserscheinungen ließen sogar beträchtlich nach. Der Chirurg mußte mir jedoch eröffnen, daß der Tumor vermutlich weiterwachsen würde und ich mich alle zwei bis fünf Jahre weiteren Operationen unterziehen mußte. Ich fragte ihn, wieviele solche Operationen ich wohl noch überleben würde. Er berichtete von einem Patienten, der fünf Operationen dieser Art überstanden hatte.

Weitere Operationen sind mir also sicher. Chronische Schmerzzustände und Behinderungen können weiter zunehmen. Für weitere Lebensjahre werde ich mit einem Fegefeuer aus Schmerz und Entsetzen zu zahlen haben. Und irgendwann werde ich bei einer Operation sterben. Mein Leben ist verkürzt und über weite Strecken ein Alptraum. Aber ich bin entschlossen, aus dem, was mir noch bleibt, alles herauszuholen; ich werde bezahlen, was es kostet, jammern, wenn ich muß, und weiterhin so gut ich selbst sein, wie ich irgend kann.

Das sind die Gesichtspunkte, die sich im veränderten Konzept dieses Buchs niedergeschlagen haben.

Noch in der Klinik schrieb ich ein kurzes Exposé, damit alle, die Anteil an meinem Schicksal nahmen, wußten, wo ich stand. Auch wollte ich mir selbst damit wieder auf die Beine helfen: die Doppelsichtigkeit und die Koordinationsschwierigkeiten zwischen Hand und Auge überwinden. Vor allem aber schrieb ich es, um mich selbst innerlich wieder aufzurichten. Ich gab meinem persönlichen Bulletin den Titel: *Das Winseln des verwundeten Löwen:*

Als mir der Gedanke kam, diesen Bericht zu schreiben, war ich mir zunächst über meine Absicht nicht klar. Ich gestand mir aber bald selbst ein, daß ich zum Teil deswegen schriftstellerisch produktiv bin, weil ich nie etwas schreibe, ohne zumindest den Hintergedanken der Veröffentlichung zu haben. Ich nehme an, daß sich die Nachricht über meine Krankheit inzwischen über das Patienten/Therapeuten/Encountergruppen-Netzwerk verbreitet hat, das die Basis der offiziellen Kommunikationsmedien unserer Zunft bildet. Ich möchte die Dinge nur ganz klar machen – als Bestimmung meines eigenen Standorts innerhalb der therapeutischen Gemeinschaft und für alle, die sich Sorgen um mich machen.

Mein Hirntumor ist wieder gewachsen. Ich habe eine weitere Operation, ein weiteres Inferno aus Schmerz, Verwirrung und Entsetzen überstanden. Es gab zwar glücklicherweise keine katastrophalen Folgen, doch der Tumor konnte wieder nicht ganz entfernt werden, so tief ist er in meinen Hirnstamm eingewachsen. So habe ich also wieder eine Gnadenfrist bekommen und muß weiterhin mit dieser Zeitbombe im Kopf leben, ohne zu wissen, auf welche Zeit sie eingestellt ist. Mein Chirurg meint, der Tumor werde immer wieder wachsen. Pech, aber was will man machen? Wieder hat der Chirurg mein Leben gerettet und meine Frau meine Seele. Aber das ist noch nicht alles. Ich war nie überrascht, wenn meine Schriften Begeisterung, Bestürzung und Diskussion ausgelöst haben, doch diesmal kommen von allen Seiten Botschaften, die mich wissen lassen, daß ich viel mehr Menschen im positiven Sinn etwas bedeute, als ich mir je hätte träumen lassen. Ich bin erschüttert – überwältigt – ich bin dankbar, wenn ich auch all das nicht ganz fassen kann. Eure guten Wünsche haben mir Kraft gegeben. Sie erreichten mich als Tränen, Gedanken, Gebete, Mantras, als das Angebot, über die zu wachen, die ich liebe, ja selbst als das Angebot, mich zur Vorbereitung auf einem psychedelischen Trip zu führen.

Außer den Menschen aus meiner nächsten Umgebung waren nur Donald Lathrop und Vin Rosenthal informiert. Don sagte ich es, weil wir einander immer dann die Kraft, uns selbst zu vertrauen, geben konnten, wenn es am dringendsten nötig war. Don bot natürlich an zu kommen und mir bei der psychotischen Reaktion

*auf die Operation zu helfen. Ich ließ es nicht zu, aber allein durch
sein Angebot leistete er mir großen Beistand. Vin unterrichtete ich,
weil ich ihn bei seinen literarischen Bemühungen unterstützte und
jetzt nicht einfach wegbleiben wollte, ohne daß er wußte weshalb.
Er rief mich in der Klinik an und schickte mir dann die folgenden
beiden Gedichte. Ich hatte meine entsetzlichen Erlebnisse so gut es
ging in mir verschlossen. Die lächelnd-hilfsbereite und so nüchterne
Welt der Klinik ist nicht gerade die Umgebung, in der ich emotional
offen bin. Hier sind Vins Zeilen:*

>*Die Sonne geht auf;
>ich sitze und weiß nicht, ob
>dieses Jahr der Frühling kommen wird.
>(8. März 1973, für Sheldon Kopp)
>Märzregen – doch ich weiß,
>jeder Tropfen entfernt uns
>ein Stückweit
>vom Schnee.
>(9. März, nach dem Gespräch mit Shelly)*

*Nur Marjorie, meine Frau, und Jon, mein achtzehnjähriger Sohn,
waren im Zimmer, als ich diese Zeilen las. Ich konnte weinen, und
es hat gutgetan.*

>*Ich danke Euch allen
>Shelly Kopp*

Ich war noch einmal ins Leben zurückgekehrt, doch von jetzt an
mußte dieses Leben deutlicher ein Leben im Angesicht des dunklen
Schattens Tod sein.

Es war nicht meine erste persönliche Begegnung mit dem Tod
gewesen. Als ich mit meiner Familie Anfang 1961 nach Washington umzog, nahm unser Leben eine vollkommen andere Richtung.
In den ersten dreieinhalb Jahren starb zuerst die Mutter meiner
Frau, dann mein Vater, dann ihr Vater und schließlich meine
Mutter. Es war wie eine Serie schwerer Schläge auf den Kopf. Mit
35 Jahren fühlte ich mich plötzlich als Waise. Zu unserer Trauer,
unserem Gefühl, allein in der Welt zu sein, unserer Erkenntnis, daß
wir selbst sterben würden, kam noch der von meiner Frau und mir
unabhängig gefaßte Entschluß, alle Kontakte zu den übrigen Mit-

gliedern unserer Familien nach dem Tod unserer Eltern aufzugeben. Diese anderen Beziehungen, so hatte sich herausgestellt,
waren auf der emotionalen Ebene eher destruktiv als eine Stütze.
Der Tod meines Vaters tat mir sehr weh, zumal ich nicht bis zum
Ende an seiner Seite bleiben konnte, wie ich es mir gewünscht
hätte. Er hatte akute Leukämie und starb innerhalb von drei
Wochen nach dem Auftreten der ersten Symptome. Alle logen ihm
vor, er leide nur an einer heilbaren Form der Blutarmut. Ich fragte
meine Mutter, ob man ihm nicht sagen solle, daß er im Sterben lag,
doch sie fand diese Idee gar nicht gut. Da es ihr Mann war, hatte ich
wohl kein Recht, mich einzumischen. Seine Bestürzung über die
Symptome des Endstadiums war herzzerreißend; er bekam Ge-
hirnblutungen, und die für diesen Zustand typischen Wortfin-
dungsschwierigkeiten führten zu Zornausbrüchen.

In einem klareren Augenblick rief er mich ans Bett und bat mich,
meiner Mutter zu erklären, daß er wirklich nicht mit ihr streiten
wollte, aber sich furchtbar anstrengen mußte, seine Worte in die
Reihe zu bringen. Ich versprach ihm, alles zu tun, was ich konnte,
damit sie ihn verstand, und ich tat es. Bald darauf war er tot.

Mein Vater war zu jedem außer zu sich selbst großzügig gewesen.
Ich weiß noch, wie stolz er mit 58 war, als er es endlich geschafft
hatte, sich zwei Anzüge auf einmal zu kaufen, mehr als er unbedingt brauchte. Mit 58 kaufte er sich zwei Anzüge. Mit 60 war er
tot. Ich nahm die paar Tausend Dollar, die ich als sein Erbe erhielt,
und kaufte ein großes, rotes Auto mit Klimaanlage.

Zwei Jahre später bekam auch meine Mutter akute Leukämie. In
der Eingangshalle der Klinik hielt mich ein Arzt an und fragte, ob
ich nicht der Sohn eines Mannes sei, der vor zwei Jahren an
Leukämie gestorben sei, und einer Frau, die eben jetzt an dieser
Krankheit starb. Ich bestätigte. Er sagte: »Sie haben eine sehr
interessante Erbmasse.« Er sah mich erschrocken an, als ich ihm
nahelegte zu verschwinden, bevor ich ihn erschlagen konnte.

Alle Onkel, Tanten, Cousins und Cousinen fanden sich Tag für
Tag in der Klinik ein. Totenwache halten, das kann meine Familie.

Es tat sehr weh, meine Mutter unter großen Schmerzen sterben zu
sehen, doch merkwürdigerweise erwischte ich mich auch bei der

Sorge, daß möglicherweise mein Urlaub ins Wasser fallen würde. Es half mir sehr, daß ich die Schuldgefühle überwinden konnte und mir dieses so menschliche und triviale Stückchen Selbstbezogenheit verzieh.

Meine Mutter hatte es sehr schwer, denn sie fühlte sich sehr elend, während alle anderen ihr sagten, sie mache gute Fortschritte. Ich sprach mit dem Arzt; er war ein alter Freund der Familie und riet entschieden davon ab, meiner Mutter die Wahrheit zu sagen. Die Familie war entsetzt darüber, daß ich auch nur daran dachte. Ich kam zu dem Schluß, daß ich wohl selbst entscheiden mußte, und da mein Vater tot war, mußte ich nur noch mit meiner Schwester sprechen. Ich fragte sie, was ihr lieber sei, und wie immer bestand ihre ganze Hilfe in den Worten: »Entscheide du.«

Also ging ich ins Krankenzimmer meiner Mutter und tat eines der schwierigsten Dinge, die ich je tun mußte. Sie beklagte sich über die Behandlung, die sie von allen Seiten erfuhr. Ich sagte, das Problem bestehe darin, daß sie nicht sah, was alle anderen wußten: sie lag im Sterben. Ich wußte, daß sie auf ihre eigene Art versucht hatte, gut zu leben, und jetzt, sagte ich, gab es für sie die Chance, auch gut zu sterben.

Sie muß wohl doch irgendwie Bescheid gewußt haben, denn sie sagte nur: »Ja, vielleicht schaffe ich es, wenn du mir nur sagst, wie lange ich noch habe.« Zwei oder drei Tage, sagte ich. Wir weinten viel und hielten einander.

Es wurden die drei besten Tage, die meine Mutter und ich je zusammen verbrachten. Sie war direkt und stark und wunderschön. Sie rief all die Menschen herein, die sie liebte, sagte ihnen, daß sie Bescheid wüßte, und versuchte ihnen klarzumachen, was sie ihr bedeuteten und wie sehr sie ihr fehlen würden.

Manchmal war es sehr hart für sie. Nicht nur die Angst, auch die Schmerzen waren überwältigend. Einmal bat sie mich, ihr ein paar Pillen zu bringen, mit denen sie sich töten konnte. Ich war hin und her gerissen, lehnte aber doch ab und bat sie, ihre Schmerzen noch auszuhalten, damit ich nicht für den Rest meines Lebens mit dem qualvollen Gedanken leben mußte, ihr zum Selbstmord verholfen zu haben. Sie hat mir verziehen, aber ich weiß nicht, ob ich selbst mir verziehen habe.

In der Nacht nach ihrem Todestag, der Nacht vor der Beerdigung träumte ich, ich sei zu Besuch bei der Cousine, die ich von allen am liebsten mochte. Ich besuchte sie in einem privaten Sanatorium, aber nicht als Therapeut, sondern als Verwandter. Wir gingen auf einem Innenhof spazieren und unterhielten uns, als sie sich herüberbeugte, wie um mir einen Kuß zu geben. Statt dessen riß sie mir mit den Zähnen ein Stück aus der Backe. Ich wachte auf und beschloß, nach dem Begräbnis niemanden aus meiner Familie jemals wiederzusehen. Sie hatten manches, das ich mir wünschte, aber der Preis, den sie dafür verlangten, war einfach zu hoch. Es ist jetzt viele Jahre her, und ich habe keinen von ihnen wiedergesehen.

Wenn Feinde sterben, ist das etwas ganz anderes als der Tod von Vater oder Mutter. Der Tod eines Feindes ist ein Grund zum Feiern. Vor ein paar Jahren starb ein Mann, der sein ganzes Leben lang haßerfüllte Worte ausgespuckt hatte, an Mundkrebs, und ich empfinde darüber immer noch die gleiche Genugtuung wie damals. Es war ein durch und durch bigotter Senator aus den Südstaaten, der seine eigenen üblen Eigenschaften, seinen Schatten, von dem er nichts wußte, auf die Schwarzen (»Nigger«, wie er sie nannte) projizierte. Sein Tod erfüllte mich mit Freude.

Doch jeder Tod eines anderen, sei er Freund oder Feind, ist so ganz verschieden von der Erfahrung des eigenen Todes. Sie kann auch eine Art Trost und Erleichterung sein, wenn Schmerzen und Erschöpfung unerträglich sind. Doch viele Wochen verbringe ich weinend, als betrauerte ich meinen eigenen Tod, den Verlust eines Menschen, den ich liebe. Manchmal finde ich mich in ebenso faszinierenden wie erschreckenden Phantasien vom Leben nach dem Tod, aber jedesmal winke ich schließlich doch ab. Ohne ganz sicher zu sein, weiß ich ganz sicher, daß der Tod einfach das Ende von allem sein wird, was ich bin. Das Schlimmste ist, daß ich alles aufgeben muß, woran ich hänge, alle Menschen, die ich liebe.

Nach meiner ersten Operation verbarg ich meine Hilflosigkeit eine Zeitlang hinter eifrigen Bemühungen um die materielle Sicherheit meiner Familie. Mir fiel plötzlich auf, daß ich nicht ausreichend versichert war und viel zu wenig gespart hatte. Ich gab mir Mühe, diese Dinge ins Lot zu bringen, wurde aber von einer Versicherung nach der anderen als zu hohes Risiko abgelehnt. Schließlich bot eine Gesellschaft mir eine Risiko-Police an, die mich lächerlich hohe Prämienzahlungen gekostet hätte. Ich ignorierte die Tatsache, daß ich in der mir verbleibenden Zeit zu hart arbeiten würde, und war drauf und dran, die Police zu nehmen. In der Nacht träumte ich, ich baute eine Pyramide. Ich wachte auf und erkannte, daß ich meine Sterblichkeit nicht wahrhaben wollte und deshalb wegwarf, was ich an Leben noch hatte, um mir ein Denkmal meiner Größe zu schaffen. Ich erzählte den Traum meiner Frau und meinen Söhnen und teilte ihnen meinen Entschluß mit, den Versicherungsvertrag nicht abzuschließen. Liebevoll unterstützten sie die Weisheit meines Traum-Selbst.

Jetzt weiche ich meiner Hilflosigkeit nicht mehr aus und versuche das Leben zu genießen, das nun mal meins ist: ich will so sehr ich selbst sein, wie ich kann; ich gebe mich der Freude hin, mit Menschen zusammenzusein, die ich liebe, Dinge zu tun, die mir etwas bedeuten. Ich nehme, was ich bekommen kann und mache daraus, was ich machen kann.

Vor vielen Jahren erschien auf der Titelseite der *New York Times* ein Artikel über die Voraussage einiger Astronomen, daß die Erde sich in einigen Millionen Jahren der Sonne so weit annähern würde, daß alles Leben auf diesem Planeten ein Ende finden mußte. Diese Sache interessierte mich, und ich sprach darüber mit etlichen Leuten. Zu meinem Erstaunen reagierten die meisten verzweifelt, oft mit Ausrufen wie diesem: »Wozu dann die ganze Schufterei und das Vorsorgen für die Zukunft?« So sehr waren sie auf das endgültige Ergebnis fixiert, daß die kostbare Unmittelbarkeit jedes Augenblicks von ihrem Leben dagegen ganz verblaßte. Vor einiger Zeit fing ich an, mit meinen Patienten das Grabinschriftenspiel zu spielen. Viele von ihnen schienen so sehr auf Ergebnisse fixiert, daß sie ihr ganzes Leben darauf abstellten, anderen zu beweisen, daß sie gut waren, oder sich selbst zu beweisen, daß sie irgendwie siegen könnten. Ihre Sorge um Resultate versäuerte ihnen die ganze Freude am Erlebnis ihrer selbst und ihrer Gefühle.

Um zu einer ganz zugespitzten Formulierung dessen zu kommen, was ein bestimmter Patient vermißt, frage ich ihn, was er sich als

Grabinschrift wünscht. Einige Beispiele für Antworten, die ich bekam: »Sie hat für andere gut gesorgt.« »Er ließ nie jemanden im Stich.« »Er war in keinem Streit der Verlierer.«

Als dieses Friedhofsspiel vor einigen Jahren begann, bemühte ich mich gerade selbst um die Erkenntnis, daß ich so, wie ich war, gut genug war, ob andere das auch fanden oder nicht. Seitdem leiste ich die Arbeit, meinen Patienten Alternativen aufzuzeigen, oft auch dadurch, daß ich ihnen meinen eigenen Gedenkspruch zitiere: »Er tat sein Bestes.« Als ich lernte, nachsichtiger mit mir selbst (und daher auch mit meinen Patienten) zu sein, milderte ich meine letzte Selbstbeschreibung zu: »Er tat sein Bestes . . . wenn er konnte.« Seit mir aber das Ende meines Lebens sehr deutlich vor Augen steht, finde ich, daß auch dieser scheinbar selbst-akzeptierende Gedenkspruch zu sehr auf Resultate und Wirkungen gemünzt ist, als daß er zu meiner kurzen, aber gerade richtigen Existenz passen könnte. Läge mir jetzt noch daran, mir Grabinschriften auszudenken, würde ich sagen: »Er starb, wie er gelebt hat: auf *seine* Art.«

Am Ende erreicht der Tod jeden, mich und dich, und setzt einen Punkt hinter die Geschichte jedes Menschen. Doch wer der geworden ist, der er ist, kann sterben, wie er gelebt hat: auf seine Weise.

Ich will die Geschichte vom Sterben eines bestimmten Mannes nacherzählen, die chassidische Geschichte von Bonze Schweig. Als Bonze vor vielen Jahren in einem kleinen Dorf in Polen starb, schien niemand sein Hinscheiden zu bemerken. Wer wußte denn, ob dieser schlichte, bescheidene und demütige Mann an einem arbeitsmüden gebrochenen Rücken starb oder an einem weltmüden gebrochenen Herzen?

Still hatte er gelebt, und still starb er. Er hatte sein Unglück schweigend erduldet, war seinen Weg auf kaum wahrnehmbare Art in Frieden gegangen, demütig, hart arbeitend und ohne Klage. Wo Freundlichkeit gefragt war, gab er freimütig, doch unaufdringlich. War er selbst bedürftig, dann nahm er Hilfe an, ohne sie jemals zu fordern. Er war still im Leben und still im Tod, er sprach kein Wort gegen Gott und kein Wort gegen die Menschen.

Und als er starb, trat ihm an der Himmelspforte Abraham selbst entgegen. Von einer Engelschar willkommen geheißen, konnte

Bonze nicht glauben, daß all das ihm gelten solle. Sie lächelten und redeten ihm gut zu, bis er in stummem Staunen eintrat, immer in Sorge, seine gewöhnlichen Füße könnten die vollkommene Schönheit des Alabasterbodens beschmutzen. Die Engel mußten noch lange auf ihn einreden, bis er endlich glaubte, daß der Herr tatsächlich Notiz von seiner stillen Person genommen hatte. Und nicht nur das, sondern Gott hatte Anordnung gegeben, daß Bonze für alle Ewigkeit im Himmel wohnen und alles bekommen sollte, was er sich wünschte. Endlich überzeugt, lächelte Bonze und sagte: *»Nun, wenn so, so will ich jeden Morgen ein warmes Brötchen mit frischer Butter.«*[1] Da senkten die Engel ein wenig betreten den Blick.

Doch auch ein mürrischer Tod kann eines Menschen ganz eigene Art zu sterben sein, wenn er ein mürrisches Leben geführt hat. Hegel, dieser eigenbrötlerische, zurückgezogen lebende Philosoph, starb, wie er gelebt hatte, mürrisch:

Angesichts des Todes hob Hegel in der Ruhe des schon abgelösten ein wenig den Kopf. »Einen Schüler hatte ich, der mich verstand«, hörte man ihn murmeln. Und als alle Anwesenden begierig lauschten, um den Namen aus dem Munde des verehrten Lehrers zu erfahren, sank sein Kopf wieder auf das Kissen. »Einen Schüler«, fuhr er fort, »der mich verstand – und er mißverstand mich.«[2]

Ich bin weder ein entrückter Denker wie Hegel, noch könnte man mich als bescheidenen, friedfertigen Schweiger beschreiben. Ich bin tief in sehr intensive Beziehungen verstrickt, ein Liedersänger, ein Geschichtenerzähler, und ich lasse mich nur allzu gern auf den guten Kampf ein, bei dem es mir mehr ums Kämpfen geht als um das Ergebnis. Wie Cyrano de Bergerac werde ich dem Tod auf meine ganz eigene Weise entgegentreten:

Laßt den alten Gevatter ruhig kommen! Er soll mich stehend antreffen . . . das Schwert in der Hand . . .
. . . ich sehe ihn dort . . . er grinst . . .
. . . dieses Skelett.

Was sagst du? Hoffnungslos? . . . Nun, wohlan!
Ein Mann kämpft doch nicht bloß, um zu siegen!
Nein . . . nein . . . lieber in dem Wissen, daß er vergeblich
kämpft! . . .
Ich wußte, du würdest mich am Ende besiegen . . .
Nein! Ich kämpfe weiter! Ich kämpfe weiter!

Ja, ich werde den Mächten des Dunkels unterliegen. Ich möchte nur *auf meine Art* verlieren und ohne Sorge um die Ergebnisse – einfach nur, weil es mein letzter Schritt ist, der zu werden, der ich bin.

DIE MÄSSIGUNG

VII

Das Karma der Persönlichkeit

Was Carl Rogers über Diagnose sagt, hat mir bei meiner therapeutischen Arbeit schon ziemlich früh eingeleuchtet. Wenn ich einem Patienten, der meine Hilfe sucht, eine Diagnose stelle, nehme ich innerlich und gegenüber dem Patienten eine Haltung ein, die ausdrückt, daß ich der Arzt bin und er der medizinische Fall. Die Diagnose einer seelischen Krankheit ist schlimmstenfalls eine Form sozialer Kontrolle, mit der das Establishment Menschen brandmarkt, die abweichende (d. h. die Macht untergrabende) Ansichten vertreten und/oder ungewöhnliches (d. h. beängstigendes) Verhalten zeigen. Im Extremfall kann solch eine Diagnose zu lebenslanger Einschließung führen. In weniger brutaler Form kann sie einen Einzelnen so etikettieren, daß er in seinen Möglichkeiten, seinen Weg unter den Menschen zu finden, radikal eingeschränkt wird.

Das führt zu einer Barriere zwischen dem Therapeuten und dem Patienten, weil unterstellt wird, daß der Therapeut mächtiger und weiser ist und daher auch mehr Verantwortung für das Wohl des Patienten trägt. Es schreckt den Patienten davon ab, sich selbst zu erforschen – ohne Angst vor Kritik, ohne Urteilen auszuweichen und ohne die daraus folgenden Versuche, sich zu »bessern«. Ein urteilender Therapeut wendet sich von der Unmittelbarkeit seiner eigenen spontanen Reaktion ab, die ihn leiten könnte, wenn er sich selbst als einen unter vielen kämpfenden Menschen betrachten würde, wenn es ihm darum ginge, den leidenden Pilger, der sein Patient ist, kennenzulernen und sich ihm bekannt zu machen.

Ich selbst habe zwar die klinische Diagnostik, in der ich ausgebildet bin, aufgegeben, aber natürlich unterläuft es mir trotzdem immer wieder mal, daß ich einen Patienten beurteile – wie auch jeden anderen, dem ich begegne, mich selbst eingeschlossen. Ich glaube, es gibt tatsächlich Fälle, wo die Einordnung (meiner selbst und anderer) in bestimmte Einstellungs- und Verhaltenskategorien mir hilft, vorübergehend Ordnung in das Chaos der menschlichen Beziehungen zu bringen.

Vielleicht ist der Mensch einfach ein Begriffe bildendes Wesen; vielleicht sortieren wir unsere Erfahrungen aber auch nur, um unser Leben zu vereinfachen und unsere Wünsche besser befriedigen zu können. Ich frage nicht so sehr, *warum* ich Urteile fälle, sondern *wie* sie mir helfen oder schaden. Als Psychotherapeut finde ich es jedenfalls manchmal wirklich hilfreich, wenn ich mich selbst und andere als einer bestimmten Sorte zugehörig beschreiben kann, auch auf die Gefahr hin, daß diese Einstufung entmenschlichend, starr oder gar abwegig ist. Wenn ich also von Erkenntnis meiner selbst und anderer spreche, so denke ich dabei gelegentlich in typologischen Begriffen. Diesen Typen fehlt zumindest der aufwertende oder abschätzige Beigeschmack der Diagnose geistiger Gesundheit oder Krankheit.

Wo ich bei dem Versuch, mich selbst und andere zu verstehen, zu Kategorisierungen greife, orientiere ich mich an den psychologischen Typen C. G. Jungs.[1] Dieses Metaphern-Gebäude scheint mir so gut und so schlecht zu sein wie jede andere phantasievolle Art der Kategorisierung; nur macht die Jungsche Typologie mir die Differenzen, Schwierigkeiten und Freuden des Umgangs mit anderen manchmal lebhafter und farbiger. Vielleicht kann sie das auch für den Leser.

Bevor ich diese besondere Typologie darstelle, möchte ich hervorheben, daß jede Anwendung einer Typentheorie auf die Persönlichkeit sowohl Risiken als auch Vorteile hat. Am größten scheint mir die Gefahr der Entmenschlichung zu sein, die sofort ins Spiel kommt, wenn Individuen in Schubladen eingeordnet werden. Geben wir gut acht, daß wir jeden einzelnen und einzigartigen Menschen genau anschauen und Typenbegriffe nur als Orientierungsrahmen gebrauchen, niemals als endgültige Beschreibung irgendeiner menschlichen Seele. Schließlich müssen wir auch darauf achten, daß jede theoretische Kategorie in ihrer zwangsläufigen Undifferenziertheit zu der Annahme verleitet, es gebe reine Typen. Jede dieser Kategorien ist eine begriffliche Abstraktion, von der jeder wirkliche Mensch ganz sicher abweicht.

Überdies ist zu bedenken, daß jede Klassifizierung willkürlich ist, indem sie einen bestimmten Verhaltensaspekt herausgreift und zu ihrer Grundlage macht. Jung selbst weist in seiner Beschreibung der Verhaltenskriterien für die Klassifizierung darauf hin, daß man »jedes allgemeine Charakteristikum« als Grundlage benutzen kann.[2] Wir brauchen ein gutes Gespür für die Wirklichkeit eines Patienten, um ihm nicht durch die Einordnung in eine Kategorie alle Hoffnung auf Veränderung zu nehmen. Ich glaube jedoch, daß jeder Patient der Psychotherapie nur eine einzige Möglichkeit hat, sein Schicksal zu verändern: er muß sich den wahren Aufbau seiner Persönlichkeit klarmachen, diese Persönlichkeit annehmen und der werden, der er ist.

Es gibt noch naheliegendere Gründe für die Anwendung einer Persönlichkeitstypologie. Auf jedem Forschungsgebiet, wo man einer Vielzahl von Fällen begegnet, seien es irgendwelche Daten oder unglückliche Menschenleben, *müssen* wir generalisieren, um verstehen zu können. Irgendwelche Vergleichsmaßstäbe oder Bezugspunkte müssen gegeben sein, wenn wir nicht in der Flut der Einzelheiten jede Orientierung verlieren wollen. Persönlichkeitstypen sind ein Bezugsrahmen für das Verständnis der breiten Vielfalt von Einstellungen und Erfahrungsweisen unter den Menschen. Die angewendeten Kategorien müssen Merkmale wiedergeben, die jeder Mensch in unterschiedlichen Proportionen besitzt. Die Extreme, die eine Theorie herauslöst und beschreibt, helfen uns durch ihre Klarheit zu verstehen, was wir von verschiedenen Individuen mit wechselnden Konstellationen von Persönlichkeitsmerkmalen erwarten können.

Wichtiger ist aber vielleicht, daß wir mit einem Wissen von den Unterschieden der Persönlichkeitstypen weniger dazu neigen werden, jemandem etwas aufzuzwingen, das nicht seinem Typus entspricht. Eine Typologie kann nicht nur die Toleranz für das Anderssein des anderen fördern, sondern uns auch helfen, seinen Standpunkt zu verstehen. Vielleicht sehen wir dann deutlicher, daß viele zwischenmenschliche Probleme nichts weiter sind als Typen-Differenzen; verschiedene Menschen in Erfahrung, Ausdrucksverhalten und Orientierung. Unter dieser Perspektive braucht man keiner der streitenden Parteien mehr recht oder unrecht zu geben, muß man niemanden mehr gesund oder neurotisch, reif oder unreif nennen. In der Psychotherapie kann eine gut verstandene Typologie dem Therapeuten helfen, sich unabhängig von seinem eigenen Wertsystem der Persönlichkeit eines Patienten zu nähern.

Soll eine Typentheorie gerecht und brauchbar sein, so darf sie keine Kategorien enthalten, die die Existenz besserer und schlechterer Menschen unterstellen. Für jeden Menschen muß es akzeptierbar sein, sich in einem der beschriebenen Typen wiederzuentdecken. Es gibt soviele akzeptable Lebensweisen wie es Persönlichkeitsausrichtungen gibt. Und die Beurteilungsfrage darf nicht lauten »Welcher Typ ist er?«, sondern: »Wie sehr ist er er selbst?« Da aber zu einem Persönlichkeitstyp auch eine bestimmte Perspektive der Weltbetrachtung gehört, ist es unmöglich, einen anderen Menschen ganz ohne Vorurteile zu betrachten. Deshalb sollte man beim Lesen meiner Beschreibungen nie vergessen, sich auch über meine mögliche Voreingenommenheit Gedanken zu machen. Ich will diese Bemühungen unterstützen, indem ich mich zwischendurch immer wieder selbst entwaffne und beschreibe, was ich als meinen eigenen Persönlichkeitstyp mit seinen Stärken und Schwächen betrachte. Wer seinen eigenen Typus beurteilen und meine Verzerrungen durchschauen kann, wird Jungs Typologie als nützlich, vergnüglich und für den Umgang mit anderen Menschen befreiend empfinden.

Als die beiden fundamentalen Merkmale der Persönlichkeit nennt Jung *Extroversion* und *Introversion*. Ich möchte diese Dichotomie etwas eingehender darstellen, weil sie im landläufigen Sprachgebrauch so weit verkommen ist, daß extrovertiert nur noch erfolgreich und realistisch bedeutet, während man mit dem Wort introvertiert fast nur noch den etwas wunderlichen, linkischen

Bücherwurm verbindet. Wie viele hartnäckige Mißverständnisse ist dieses nicht deswegen so gefährlich, weil es ganz falsch ist, sondern weil es die Wirklichkeit nur knapp verfehlt.

Jung beschreibt diese beiden Typen als psychologisch gleichwertig und einander ergänzend. Extroversion und Introversion sind allgemeine Verhaltens-Dispositionen, subjektive Weisen, die Wirklichkeit zu erfassen, grundsätzliche Lebensformen. Jede dieser beiden Ausrichtungen hat natürlich ihren Schatten, eine unbewußte und kompensatorische Entsprechung im entgegengesetzten Typ, die Jung *untergeordnete Funktion* nennt.

Das ausgewogene Wechselspiel dieser beiden Seiten einer Persönlichkeit gibt dem Leben die Harmonie, die auf der Tarotkarte *Die Mäßigung* dargestellt ist. Hier sieht man den Erzengel Michael, der Lebensessenz aus dem silbernen Kelch des Unbewußten in den goldenen Becher des Bewußtseins gießt. Mit einem Fuß auf dem Land und dem anderen im Wasser, bringt er Geist und Materie so zusammen, daß sie einen Ausgleich finden, indem eins das andere mäßigt. Aufrecht verspricht diese Karte das geglückte Zusammenspiel gegensätzlicher Kräfte. Erscheint sie umgedreht, so warnt sie vor Zwiespalt, Uneinigkeit und verdeckten Konflikten.

Beginnen wir mit einer Betrachtung der reinen polaren Persönlichkeitsfunktionen.

Extroversion ist eine Seinsweise, eine Ausrichtung der Persönlichkeit, ein Lebensstil, bei dem Aufmerksamkeit, Interesse, Engagement und Reaktionsbereitschaft eines Menschen vorwiegend auf Erfahrungen und Reize gerichtet sind, die aus seiner Umgebung kommen. Am meisten wünscht er sich, an allem teilzunehmen, was um ihn herum vor sich geht; er wünscht sich Begegnungen und möchte der Welt, in der er lebt, Sinn geben und aus ihr Sinn empfangen. Er ist nach außen gewendet und von Gruppen beeinflußt. Im günstigsten Fall strahlen Wärme, Optimismus und positive Überzeugungskraft von ihm aus, wobei er wenig Interesse für sein Innenleben und seine Motive zeigt. Er kann von begeistertem Tatendrang sein, lebt mit anderen Menschen und durch sie, ein materialistischer Realist, ein Hans Dampf in allen Gassen.

Schon als kleines Kind findet sich der Extrovertierte leicht in seine Welt hinein, zeigt großes Interesse an den Leuten in seiner Umgebung und an seiner Wirkung auf sie. Er geht bereitwillig auf Menschen, Dinge und Herausforderungen ein; in seiner raschen Entwicklung zeigen sich Selbstvertrauen und Risikobereitschaft.

Beim Erwachsenen führt Extroversion dazu, daß er nicht nur leicht von Dingen und Menschen zu beeindrucken ist, sondern auch ängstlich darauf bedacht, selbst Eindruck zu machen. Er wird wahrscheinlich viele Beziehungen unterhalten und dabei immer zu Anpassung und Zugeständnissen bereit sein. Im günstigen Fall altruistisch, produktiv und gemeinschafts-orientiert, kann Extroversion andererseits auch zu Oberflächlichkeit, Anpassung an alle Moden und gängigen Meinungen und zu Aufdringlichkeit ausarten.

Introversion ist im Gegensatz dazu eine Lebensweise, die ganz um das Innenleben des Einzelnen zentriert ist. Der Introvertierte interessiert sich nicht für seine Umwelt, sondern allenfalls für seine eigene Reaktion auf Menschen, Dinge und Ereignisse. Er ist kein Mitmacher, sondern zieht sich lieber in seine innere Welt zurück. Ablenkende Geschäftigkeit mag er gar nicht, und sein Mißtrauen gegenüber den Menschen in seiner Umgebung, seine subjektive Weltsicht, erscheint dem Extrovertierten als das Kennzeichen der Eigenwilligkeit und mangelnden Anpassungsbereitschaft des Introvertierten. Wie schwer fällt es seinem Gegenstück manchmal zu begreifen, daß er einfach das Innere seines Kopfes interessanter findet als die Außenwelt.

Ich weiß noch, wie schwer ich mich zurechtfinden konnte, als ich von einer großen psychiatrischen Klinik eingestellt wurde. Ich konnte mich leichter mit den Patienten identifizieren als mit meinen Kollegen. Es gab da eine nette Cafeteria, die »Umschlagplatz« genannt wurde; dort konnte man eine Pause machen, wenn man sich vom tagtäglichen Ausmerzen des Wahnsinns erholen wollte. Wenn ich eintrat, winkte mich oft genug eine gesellig-fidele Runde von extrovertierten Psychiatern und Sozialarbeitern zu Kaffee und Plausch heran. Meistens lehnte ich ab, setzte mich lieber mit meinem Kaffee allein an einen Tisch und überließ mich meinen eigenen Gedanken und Gefühlen.

Meine Scheu ist mir schon oft unangenehm gewesen – oder man hat dafür gesorgt, daß sie mir unangenehm war. Lange Zeit kam es mir merkwürdig vor, daß ich Partys, Konversation, Bekanntschaften und gesellschaftliche Verpflichtungen nicht mochte. Ich erlebte jene Schuldgefühle, die nichts weiter sind als ein heimlicher Groll gegen alle Arten, eingespannt zu werden. Ich mochte nicht eingestehen, daß ich die Dinge nun mal auf meine Art tun und dabei von den Menschen in meiner Umgebung unbeeinflußt bleiben wollte. Jahrelang erduldete ich die sinnlose Pein eines Menschen, der sich selbst für einen erfolglosen Extrovertierten hält. Meine schroffe Art schreckte die Leute ab, und die seltsamen Dinge, die ich zu sagen hatte, wurden meistens mißverstanden. Wieviel glücklicher bin ich jetzt durch die Einsicht, daß ich kein mißratener Extrovertierter bin, sondern ein gestandener Introvertierter.

Das Problem zeigte sich schon früh. Ich war ein typisches introvertiertes Kind, nachdenklich, nach innen gekehrt, ungeschickt und langsam im Umgang mit den Dingen meiner Umgebung, und immer wollte ich alles allein und auf meine Weise machen. Meine Eltern sahen das mit Beklommenheit, denn es paßte nicht zu ihren extrovertierten Idealen. Weil sie mich liebten und wollten, daß ich glücklich war und zurechtkam »wie jeder andere«, versuchten sie, mir die Innerlichkeit auszutreiben, so daß ich jahrelang den verunglückten Extrovertierten spielen mußte. Diese Maske erstickte mich fast, stieß andere ab und tat entsetzlich weh. Jetzt trage ich mein nacktes Gesicht, und das fühlt sich so gut an, auch wenn die Augen nach innen gewendet sind. Für mich liegt die wirkliche Welt innen; das ist meine natürliche Blickrichtung und ganz in Ordnung, solange ich nicht vergesse, daß es für viele andere Menschen, die Extrovertierten, ganz anders ist. Obgleich ich aber erkenne, daß ihre nach außen gerichtete Perspektive die gleiche Gültigkeit besitzt, halte ich mich gern an die Regel: Traue niemandem außer deinen Mit-Paranoiden.

Introversion birgt aber auch wirkliche Gefahren. Auf den eigenen Trip zu gehen, sich ganz in die inneren Freuden und spirituellen Gipfelerfahrungen eines kontemplativen Lebens zu versenken, kann eine sehr schöpferische Art zu leben sein, aber auch ein mühsam sich quälendes Dasein in der Isolation. Auf diesem exotisch wuchernden Ego-Trip genießt man vielleicht Augenblicke eines selbstzufriedenen Überlegenheitsgefühls in der überkritischen, pessimistischen Beurteilung anderer, aber es ist auch eine schwere Last, sich immer bedroht und anders zu fühlen und stets von dem Gedanken verfolgt zu sein, man könne lächerlich wirken. Über die Nachteile der Extroversion weiß ich weniger. Ich nehme aber an, daß der hysterische Zwang zu reagieren, Wirkung zu haben, dabeizusein, zusammen mit der Angst, sich hilflos und ignoriert und allein zu fühlen, eine ganz gleichwertige Folter darstellen. Ein deutlicher Unterschied liegt allerdings in der zeitlichen Abfolge. Introvertierte wie ich haben es im ersten Teil des Lebens sehr schwer, in dem es darauf ankommt, mit anderen Menschen zurechtzukommen. Mich hielt nur die Hoffnung aufrecht, daß es irgendwann anders werden würde. Für Menschen wie mich ist die zweite Lebenshälfte leichter und ergiebiger, eine Zeit, in der ich mich dem Reichtum meines Innern zuwenden kann, nachdem ich meinen Weg gemacht und meinen Platz im Leben gefunden habe. Extrovertierte kommen in der Jugend anscheinend leichter voran, scheitern dann aber oft an der Tatsache, daß das Leben sinnlos zu werden scheint, wenn die äußere Arbeit getan ist. Aber ich bin sicher, daß keiner von uns die Probleme eines anderen seinen eigenen vorziehen würde.

Jung nennt Introversion und Extroversion die beiden Grundtypen der generellen Haltung und untersucht dann ihre Abwandlungen durch die Persönlichkeitsfunktionen *Urteilsbildung* und *Wahrnehmung*. Die Wahrnehmungsfunktionen (die er irreführend als »irrational« bezeichnet) sind die *Empfindung*, die uns Auskunft über äußere Reize gibt, und die *Intuition*, die uns Zugang zu den nicht unmittelbar wahrnehmbaren Implikationen sinnlich erfahrbarer Dinge gewährt. Durch konkrete Sinneswahrnehmung, von Menschen, Dingen und Ereignissen, erfahren wir, was ist, während die Intuition anscheinend weiter reicht und uns Auskunft gibt über das, was nicht sinnlich gegenwärtig ist.

Die Urteilsfunktionen (die Jung wieder irreführend als »rational« bezeichnet) sind das *Denken*, das aufgrund seiner Wertvorstellungen und Ideen urteilt, und das *Fühlen*, das den emotionalen Wert eines Ereignisses zum Ausdruck bringt. Daher sagt uns das Denken, was die Dinge bedeuten, und das Fühlen, welchen persönlichen Wert sie für uns haben.

Soll ein Mensch in allen Situationen zurechtkommen, so müssen alle vier Funktionen ausgebildet und tätig sein:

Der Empfindungsvorgang stellt im wesentlichen fest, daß etwas ist, das Denken, was es bedeutet, das Gefühl, was es wert ist, und die Intuition ist Vermuten und Ahnen über das Woher und das Wohin.[3]

Für diese vier Funktionen gilt jedoch das gleiche wie für die beiden Grundhaltungen: in jedem Menschen überwiegt eine andere. Solche wechselnden Gewichtungen führen zu den verschiedenen Persönlichkeits-Konstellationen, die wir psychologische Typen nennen. So ist also jeder Mensch nicht nur mehr oder weniger extrovertiert oder introvertiert, sondern auch ein überwiegend denkender, fühlender, empfindender oder intuitiver Typ.

Persönlichkeitsfunktionen haben stets eine Unterseite, einen Schatten. Unbewußte Züge sind um so wirkungsvoller, je weniger man von ihnen wahrnimmt. Diese *untergeordnete Funktion,* die unterdrückte Seite einer Persönlichkeit, zeigt sich unter Streß oder wenn wir mal nicht aufpassen in ganz absonderlichen, primitiven, infantilen, archaischen und unpassenden Aktionen.

Die übergeordnete und die untergeordnete Funktion gehen stets aus dem gegensätzlichen Funktionenpaar hervor (Denken und Fühlen oder Empfindung und Intuition), das für eine bestimmte Person von besonderer Wichtigkeit ist, während das andere Paar als modifizierende oder *Hilfsfunktionen* wirksam wird.

Ist eine bestimmte Person ein denkender oder fühlender Typ, so werden Intuition oder Empfindung als Hilfsfunktion entwickelt sein. Sollten bei einem anderen eine der Wahrnehmungsfunktionen (Empfindung und Intuition) überwiegen, so wird umgekehrt eine der Urteilsfunktionen (Denken oder Fühlen) die modifizierende Wirkung ausüben. Im Interesse der Übersichtlichkeit werde ich bei meiner Beschreibung die Variationen auslassen, die durch die Hilfsfunktionen gegeben sind. Bei der Darstellung der vorherrschenden Funktionen werde ich die wichtigen Oberflächenmerkmale und die Grundzüge der schattenhaften Tiefenschicht untergeordneter Funktionen hervorheben.

Ein ausgesprochen extrovertierter Typ wie Richard Nixon operiert hauptsächlich mit dem Denken. Ich verstehe ihn als extrovertierten denkenden Typ mit einem primitiven Sinn für Recht und Unrecht als untergeordneter Gefühlsfunktion und extrovertierter Intuition als Hilfsfunktion.

Die untergeordnete Funktion ist keineswegs bloß der wunde Punkt oder die persönliche »Macke« eines bestimmten Menschen. Vielmehr können wir erst dann unser ganzes Menschsein verwirklichen, wenn wir unsere Schattenseite kennenlernen, so daß die kompensatorische Natur all dessen wirksam werden kann, was sonst dem Bewußtsein verborgen bleibt. Deswegen lehren unsere Träume uns so viel, wenn wir sie verstehen, und beunruhigen uns, wenn wir sie nicht verstehen.

Ich werde die acht psychologischen Grundtypen beschreiben und die Implikationen ihrer untergeordneten Funktionen darstellen. Um irgendeinen bestimmten Menschen unter diesen Gesichtspunkten zu verstehen, müßte man nicht nur die hier ausgelassenen Hilfsfunktionen berücksichtigen, sondern auch erkunden, in welcher Weise diese Person vom reinen Typus abweicht. Diese Typenlehre schafft gewiß so viele Probleme wie sie löst. Immer wenn wir uns einbilden, eine bestimmte Seite des Menschseins ganz verstanden zu haben, begehen wir einen großen Fehler. Behalten wir diese Einschränkungen im folgenden vor Augen.

1. Der extrovertierte Empfindungstyp mit untergeordneter introvertierter Intuition:
Im schlimmsten Fall ist dieser Typ ein Nero oder ein Charles Manson, doch solche Menschen sind so extrem selten, daß sie wie Fabelwesen erscheinen. Ihre Hemmungslosigkeit, Dekadenz und Brutalität sind die pervertierten Formen aktiver sensorischer Intentionen, wie wir sie bei weniger extremen Verkörperungen dieses Typs antreffen.

Am unteren Ende des Spektrums finden sich Menschen, die ausschließlich an Dingen und konkreten Fakten interessiert sind und nicht danach trachten zu herrschen oder auszubeuten. Das reicht von einer tödlich nüchternen und überpraktischen »Für-mich-existiert-nur, -was-ich sehe«-Haltung bis hin zu hochentwickelten Formen des Feinschmecker- und Ästhetentums. Oscar Wilde ist ein interessantes Beispiel für das Letztere.

Im günstigsten Fall ist dieser Typ ein Meister im Beobachten von Details, hat einen guten Geschmack, lebt mit Genuß und verfügt über unerschöpfliche Energie. Gefahren erwachsen natürlich aus seiner untergeordneten introvertierten Intuition. Unter Streß neigen solche Menschen zu dunklen Vorahnungen über sich selbst und versinken in aberwitzigen Eifersuchtsphantasien. Dann können sie ein abwegiges Zwangsverhalten entwickeln, das als schattenhaftes Gegenstück ihrer äußerlichen Lässigkeit bereits in ihnen angelegt ist. Ganz aus dem Gleichgewicht gebracht, schwankt dieser Typ zwischen Ausbrüchen von Grausamkeit und albernen Versuchen, die Kontrolle durch Manipulation wieder in die Hand zu bekommen, zwischen dumpf brütender Angst vor Dingen, die ihm widerfahren könnten, und krampfhafter Vergnügungssucht (um eben diese dunklen Ahnungen zu überschreien).

2. Der introvertierte Empfindungstyp mit untergeordneter extrovertierter Intuition:
Die meisten anderen Menschen würden diesen Typus als »Sonderling« bezeichnen. Er geht wie in Trance (oder einfach ein bißchen blöd wirkend), doch in Wirklichkeit entgeht ihm nichts, was um ihn her geschieht. Man wird leicht dadurch irregeführt, daß dieser Typ sehr langsam reagiert und äußerst subjektiv. Wie wenn man einen Stein in einen unerwartet tiefen Brunnen wirft: lange passiert nichts, und dann plötzlich von weit, weit her das Echo des Aufschlags, ein Echo wie aus einer anderen Welt, ganz anders als das schlichte »Plumps«, das man erwartet hatte.
Die Bandbreite der Reaktionen reichen hier von hinreißender Originalität bis hin zu fast bizarren Spinnereien. Im Urlaub stolperte ich einmal über ein Exemplar dieser erfrischend kreativen Sorte. Über den extrovertierten Empfindungstyp habe ich gesagt, daß er auf den Anruf der Welt reagiert wie etwa der Bergsteiger, der einen Gipfel erklettert, »weil er halt da war«. Der Inselbauer jedoch, den ich im Urlaub traf, war ein introvertierter Empfindungstyp, bei dem ein Ruf von außen nur als ganz fernes, subjektives Echo zurückkommt. Dieser Zeitgenosse hatte sich ein Sonnenblumenbeet von etwa einer Meile Länge angelegt. Da der Ertrag offensichtlich weit über seinen Bedarf hinausgehen würde,

fragte ich ihn, weshalb er solche Unmengen von Sonnenblumen anbaute. Nach einem langen Schweigen (ich dachte schon, er hätte mich nicht gehört) sagte er: »Weil sie nicht da waren.«

Für solche Menschen ist die Wirklichkeit das, was sie sehen. Sie nehmen alle Feinheiten in ihrer Umgebung wahr und machen etwas daraus, was ihnen ihre entrückte Subjektivität eingibt, und diese Subjektivität ist ihr einziger Maßstab für die Tauglichkeit dessen, was sie da machen. Sie wundern sich oft über die erstaunten Reaktionen anderer auf ihre »ganz natürlichen« Reaktionen.

Auch solche Personen haben dunkle Vorahnungen, aber sie beziehen sich weniger auf ihre Gesundheit und dergleichen als vielmehr auf mögliche Bedrohungen durch die Menschen in ihrer Umgebung. Unter Streß kann daraus paranoider Argwohn werden, begleitet von wüsten Unterstellungen, die bei jedermann nur gefährliche und destruktive Absichten sehen. Dieser zwanghafte Argwohn ist so anstrengend, daß er oft zu Symptomen der Erschöpfung führt. Davor schützt dieser Typ sich am besten durch eine gewisse Wurstigkeit und Schrulligkeit, die ihm erlaubt, die Welt als eine Art komisches Rätselspiel zu betrachten.

3. Der extrovertierte intuitive Typ mit untergeordneter introvertierter Empfindung:

Extreme Vertreter dieses Typus sind oft anziehend leidenschaftliche, impulsive Leute, die in jede Situation Leben bringen, romantischen Schiffbruch erleiden und oft ein böses Ende finden. Weniger extreme Vertreter dieses Typs sind zwar weniger farbig, aber ebenfalls ganz von ihren intuitiven Mutmaßungen über äußere Ereignisse bestimmt. Ihre Fähigkeit, versteckte Möglichkeiten zu sehen, ihre ständige Suche nach dem Neuen, macht sie zu fähigen Organisatoren, stürmischen Aufsteigern und erfolgreichen Spekulanten.

Unseligerweise langweilt sie das Bekannte nur allzu schnell; sie sind so sehr darauf bedacht weiterzukommen, daß sie oft nicht lange genug zur Stelle sind, um ernten zu können, was sie gesät haben. Menschen, die sich in irgendeiner Weise von ihnen abhängig machen, enden oft mit dem Gefühl, daß sie sich vom falschen Charisma im Grunde unzurechnungsfähiger Psychopathen haben mitreißen lassen. Oft genug ist bei diesem Typ aber nicht böser Wille im Spiel, sondern er läßt sich einfach von dem unrealistischen Abenteuergeist seiner untergeordneten Funktion lenken. Seine introvertierte Empfindung läßt sich durch Tatsachen nicht beirren. Dieser Typ kann sich buchstäblich zu Tode arbeiten, wenn er unter Streß mit gewagten Unternehmungen ringt und dabei seine eigenen körperlichen Bedürfnisse übersieht.

Seine Orientierung auf zukünftige Möglichkeiten läßt ihn die harten Tatsachen des Lebens übersehen. Im günstigen Fall gewinnt er damit ein dramatisches Feuer, das auch zaghafteren Typen Mut einflößt. Schlimmstenfalls zieht er andere mit sich in einen sinnlosen Untergang. Mit seinen schwach entwickelten Denk- und Gefühlsfunktionen und seiner Empfindung, die nur eine untergeordnete Rolle spielt, hat dieser Typ wenig zur Verfügung, woran er seine intuitiven Strebungen überprüfen kann. Da er sich über alle Dinge in seinem Leben erhaben glaubt, kann solch ein Mann sich leicht selbst in eine vollkommen festgefahrene Beziehung zu einer Frau hineinmanövrieren; er gibt ihr die Sporen, ohne zu merken, wie sehr sie darunter leidet, und muß dafür selbst oft viele Jahre leiden. Andererseits neigt er dazu, sich selbst zu vernachlässigen und entwickelt dafür unbewußte Phobien und sonderbare hypochondrische Ideen.

4. Der introvertierte intuitive Typ mit untergeordneter extrovertierter Empfindung:
Dieser Typ ist beseelt von den archetypischen Erfahrungen, die aus der Tiefe seines Unbewußten aufsteigen. Medien und Mystiker, Propheten und Dichter, Schamanen, Seher und Erlöser gehören in diese Kategorie. Zweifellos bin auch ich ein Vertreter dieses Typs und stehe in einer Reihe mit Heilanden und Spinnern. Ich überlasse es dem Leser, mich irgendwo in diesem charismatischen Kontinuum einzuordnen.

Es ist kein Wunder, daß ich so gern Geschichten erzähle, denn der Drang, anderen die Reisen durch den inneren Raum zu beschreiben, ist ein Kennzeichen dieses Typs. Unser Desinteresse für die äußere Wirklichkeit führt uns zu hemmungsloser Ausschmückung der Wahrheit, da unsere Berichte im Dienst einer »höheren«

inneren Wahrheit stehen. Oft werde ich gefragt, ob ich eine Geschichte einfach erfunden hätte. Dann kann ich nur sagen, daß alles, was ich erfinde, absolut wahr ist.

Die Visionen des introvertierten intuitiven Typs sind für ihn alles andere als Hirngespinste. Sie geben den Fragen über die richtige Lebensform einen symbolischen Gehalt und locken natürlich Menschen an, die eine Leidenschaft für das Charismatische haben. Die symbolische Sprache eines Rufers in der Wüste verleitet ihn selbst und seine Anhänger dazu, ihn größer zu machen, als er ist, und ernster zu nehmen, als er verdient. An solch einem Angelpunkt der Macht lauert stets auch die Gefahr der Korruption. Weitere Gefahren liegen natürlich im unvorhersehbaren Auftreten der untergeordneten Funktion, also der extrovertierten Empfindung. Maßlose Instinkt-Exzesse sind hier die Regel. Ich selbst bin glücklicherweise mit einer leichten Freßsucht und Hypochondrie davongekommen. Als ich in meiner Jugend mit Drogen experimentierte, hütete ich mich von Anfang an vor Heroin, denn ich wußte, daß ein Versuch genügt hätte, mich zum totalen Junkie zu machen. Die überwältigenden Sinneswahrnehmungen dieses Typs überrennen leicht alle Bewußtseinsbarrieren und münden in ekstatische sensorische Erfahrungen, die mystischen inneren Reisen durchaus vergleichbar sind. Das kann bei manchen Vertretern dieses Typs auch auf andere Weise geschehen, indem sie eine asketische Ader entwickeln (Fasten und dergleichen), die sie in eine Sucht nach tranceartigen Visionen hineintreibt. Drogen sind überall da verlockende Hilfsmittel, wo zwanghafte Bindungen an innere oder äußere Objekte bestehen.

Aus dieser Beschreibung der Typen, die von »irrationalen« Wahrnehmungsfunktionen bestimmt sind (also durch extrovertierte oder introvertierte Empfindung und Intuition), dürfte hervorgehen, daß die Gefahren vor allem in den untergeordneten Funktionen lauern: dunkle Vorahnungen bei den Empfindungs-Typen und halsbrecherische Mißachtung der Tatsachen bei den intuitiven Typen. Bei den »rationalen«, urteilenden Typen werden wir sehen, daß die destruktiven Tendenzen ihres Schattens sich als starrer Dogmatismus zeigen (bei den Gefühlstypen) und als überwältigende negative Stimmungen (bei den denkenden Typen). Untergeordnete Funktionen, die im günstigen Fall als kreativer Rückhalt dienen können, zeigen sich als Schwachstellen, wenn etwas schiefläuft. Wer seine innere Zerrissenheit überwinden will, muß das gefährliche, primitive Potential seiner untergeordneten Funktion erkennen und akzeptieren.

Kommen wir nun zu den Typen, die überwiegend durch ihre Urteilsfunktionen bestimmt sind.

5. Der extrovertierte Gefühlstyp mit untergeordnetem introvertiertem Denken:

Es gibt eine Tendenz, Männer eher den denkenden oder Empfindungs-Typen zuzuordnen und Gefühl und Intuition eher den Frauen zuzuschreiben. Das scheint eine Quelle für Fehlurteile und Verwirrung zu sein, und die unterdrückenden gesellschaftlichen Mythen über die Rollen von Mann und Frau unterstützen diese Vermutung. Ich finde aber, daß sexistische Vorurteile vor allem deswegen eine Gefahr darstellen, weil sie Halbwahrheiten sind. Wären sie ganz falsch, dann wären wir schnell mit ihnen fertig. Sie sind aber nur Verzerrungen von Beobachtungen tatsächlicher Unterschiede.

In der folgenden Beschreibung des extrovertierten Gefühlstyps wird vielleicht deutlich, weshalb gerade Frauen oft in diese Schublade geschoben werden – ob es ihrem tatsächlichen Grundtypus entspricht oder nicht.

Dieser Typ paßt sich leicht an, ist umgänglich, schließt gern Freundschaften und legt großen Wert darauf, von anderen geliebt, geschätzt und anerkannt zu werden. Liebenswürdig und immer bereit, andere zu akzeptieren, fühlt er sich glücklich, wenn er andere glücklich machen kann. Unabhängiges Denken meidet er möglichst, weil er fürchtet, sich dabei zu verhaspeln. Dieser Typ mag zwar ein wenig manipulativ theatralisch wirken, doch seine Opfer für andere sind echt und haben oft keine tieferen Beweggründe als die, seinen positiven Gefühlen Ausdruck zu geben und eine gewisse Neigung zur Melancholie auszugleichen.

Wo diese Neigung überhand nimmt, treffen wir auf Unaufrichtigkeit und das tiefsitzende Gefühl, unglücklich zu sein. Solche Menschen lassen zwar ihren Gefühlen freien Lauf, doch oft vermißt man dabei ein persönliches Element, so daß Außenstehende hier weniger eine freie Beweglichkeit der Gefühle sehen als vielmehr übertriebene und sprunghafte Stimmungsumschwünge. Sehr oft zeigt sich auch eine beharrliche Weigerung, irgend etwas zu Ende zu denken. Und wenn sich das introvertierte Denken der untergeordneten Funktion durchsetzt, wird die Logik dieses Typs oft vollkommen negativ, besteht nur noch aus Kritik an demjenigen, der gerade mit in den Kampf verwickelt ist – infantil und scheinbar mehr von Trotz als von Vernunft geleitet. Alles ist jetzt schwarz oder weiß und »nichts anderes als« dies oder jenes. Zusammen mit den hohltönenden Gefühlsergüssen wird das zur klassischen Hysterie in ihrer entmutigendsten Form.

Für solch einen Gefühlstyp besteht der einzige Selbstschutz darin, die meist unbewußten negativen Gedanken zu erkennen und sich stets vor Augen zu halten. Andernfalls sind solche Menschen bereit, ihre Seele für den ständigen tröstlichen Beifall andere zu verkaufen, um sich nicht mit der Traurigkeit und Wut auseinandersetzen zu müssen, die ihr heimliches Gefühl der Wertlosigkeit und Hoffnungslosigkeit begleiten.

6. Der introvertierte Gefühlstyp mit untergeordnetem extrovertiertem Denken:

Dieser Typ ist für mich am schwierigsten zu beschreiben, und gewiß nicht nur deshalb, weil ich mit einer Vertreterin dieses Typs verheiratet bin. Wenn man sagt: »Stille Wasser gründen tief«, dann ist meist dieser Typ gemeint. Es sind stille Menschen, schwer zu verstehen, weil sie sich anderen nur indirekt zu erkennen geben. Die Leute in ihrer Umgebung sind meist tief beeindruckt von der Atmosphäre, die sie mit ihrer kaum merklichen Gegenwart verbreiten, doch sie selbst wirken scheu, unzugänglich, sind selten bereit zu erklären, was in ihnen vorgeht.

Meine Frau ist die Seele der Familie. Wir übrigen setzen uns scheinbar über ihren Einfluß hinweg und tun die Dinge so, wie wir sie für richtig halten, doch in Wahrheit ist ihre machtvolle, unmerkliche Ausstrahlung in allen Dingen gegenwärtig und bestimmt die ethische und emotionale Grundstimmung unseres Lebens. Ich bramarbasiere laut mit meinen metaphorischen Botschaften über die Bedeutung, die wir alle füreinander haben, doch ihre stille Loyalität ist in allem, ohne je die Aufmerksamkeit auf sich zu lenken. Und wenn ich sie, die mir allein durch ihre Art zu leben so viel gibt, um ausdrückliche Bestätigung meines Charisma angehe, dann sagt sie unbeeindruckt: »Nein, ich gebe dir genug; das wäre doppelt gemoppelt.«

Solche Menschen fallen manchmal ihrem extrovertierten Denken zum Opfer. Sie lassen sich dann von allen Details viel zu vieler äußerer Tatsachen tyrannisieren und gehen in der Flut der Dinge unter. Notizen und Listen helfen vorübergehend als Damm gegen Verwirrung und Depression, doch wenn die negativen Gefühle nicht gelegentlich mit despotischer Rechthaberei abreagiert werden oder sich in befreienden Ausbrüchen Luft machen können, steht am Ende eine Art emotionale Erschöpfung.

Als selbsternannter Schamane faszinieren mich natürlich die geheimen Kräfte, mit denen solch eine im Verborgenen wirkende Zauberin arbeitet. Ich spüre ihr heimliches Wirken, ihre unauffällige poetische Feinfühligkeit, ihre geheimen Sehnsüchte, aber kaum jemals höre ich eine direkte Äußerung darüber. Anscheinend kommt es ganz darauf an, ihr vollkommen zu vertrauen, ohne daß ich jemals erfahre, was es ist, dem ich mich da ergebe.

7. Der extrovertierte denkende Typ mit untergeordnetem introvertiertem Fühlen:

Im günstigen Fall ist dieser Typ ein fähiger, realistischer, klar denkender Organisator, dessen Überzeugungen auf objektiven Normen ruhen. Männer dieser Art haben oft hohe Verwaltungsposten inne und setzen bei ihren ehrgeizigen Unternehmungen modernste wissenschaftliche Methoden ein. Ihre strenge Präzision kann durch theoretische Beschäftigung mit sozialen Reformen und durch Altruismus gemildert sein.

Wenn bei diesem Typus die Gefühle zu sehr unterdrückt werden, führt das bei einigen zu sturem, aggressivem, rücksichtslosem und tyrannischem Verhalten, während andere trostlos materialistisch, pedantisch und überkonventionell werden. In beiden Fällen besteht auch die Gefahr, daß die untergeordnete Funktion sich in dem Gefühl niederschlägt, absolut recht zu haben; hier können wir dann dem Menschenschinder begegnen, der sich über jeden Zweifel erhaben glaubt. Mit seinem unterentwickelten Gefühl für Recht und Unrecht schreckt dieser Typus vor keiner Brutalität und keiner Heimtücke zurück, um seine Feinde zu besiegen.

8. Der introvertierte denkende Typ mit untergeordnetem extrovertiertem Fühlen:

Auch diesem Typ gehen Ideen über Gefühle, aber seine Aufmerksamkeit ist nach innen gerichtet und läßt abstrakte, theoretische und analytische Spekulationen von oft großer Originalität entstehen. Solche Menschen mögen höflich wirken, sind aber tatsächlich nicht allzu sehr an anderen Menschen interessiert und werden deswegen oft mißverstanden. Albert Einstein ist ein positives Beispiel für diese Persönlichkeitskonstellation. Über ihn erzählt man sich die Geschichte, daß alle Autofahrer ihre Wagen anhielten, sobald er irgendwo auftauchte und mit der Nase in einem Buch oder ganz in Gedanken versunken daherspazierte; jedermann wußte, daß er selbst verkehrsreiche Straßen einfach überquerte ohne auch nur wahrzunehmen, wo er war.

Der zerstreute Professor scheint ein kindlicher Misanthrop zu sein, ärgerlich, wenn er aus seinen Grübeleien aufgeschreckt wird und offen nur gegenüber guten Freunden, die seine intellektuellen Interessen teilen. Kommt sein untergeordnetes extrovertiertes Fühlen ins Spiel, so entwickelt er die emotionale Überempfindlichkeit des intellektuellen Eremiten oder verfällt auf abenteuerlich irrationale Beziehungen zu Dingen und Menschen: Einstein und Israel, Whitehead und seine Liebe zu einem Universum, das aus freundlichen kleinen Stücken von pulsierendem Bewußtsein besteht, der Professor und seine kopflose Liebe zu einem Kabarettmädchen in dem Film »Der blaue Engel«.

Solche abstrakten und weltfremden Menschen sind immer in der Gefahr, unwillentlich Unglück über sich selbst und andere zu bringen.

Es gibt viele faszinierende Abwandlungen, die nicht nur vom psychologischen Typus eines bestimmten Menschen abhängen, sondern auch von seiner Abweichung von diesem Grundtyp und von den sekundären Konstellationen, die durch die Hilfsfunktionen ins Spiel gebracht werden. Viele Konflikte zwischen grundsätzlich verschiedenen Leuten (die einander natürlich anziehen), lassen sich unter diesen Gesichtspunkten verstehen. Kommt es zwischen zwei gegensätzlichen Typen zum Streit, so ist *ein Hauptirrtum, der dabei regelmäßig passiert . . ., daß man sich bemüht, einen Irrtum im Schluß nachzuweisen, anstatt die Verschiedenheit der psychologischen Prämisse anzuerkennen.*[4]

Die Vor- und Nachteile solcher Typenmischungen beschrieb mir einmal eine junge Künstlerin, die mit einem Psychiater verheiratet ist. Sie ist ein introvertierter Empfindungstyp, er ein introvertierter Denker. Zur Auseinandersetzung kam es im Zusammenhang mit der Ausgestaltung des neuen Heims. Sie schlägt ungewöhnliche Farbzusammenstellungen vor, die dann tatsächlich oft wunderschön aussehen, aber er stimmt nur widerwillig und unter Protest zu, denn sie kann ihm auf keine Art und Weise vorher erklären, wie es dann später aussehen wird. Andererseits kauft sie bedenkenlos viel zu teure und extravagante Einrichtungsgegenstände, ist aber inzwischen so weit gewitzt, daß sie hellhörig wird, wenn er anfängt, sich über die Finanzen Sorgen zu machen. Anstatt in solchen Fällen mit dem Kopf durch die Wand zu gehen, hat sie gelernt, seinen Ordnungssinn bezüglich der Finanzen zu respektieren. Aber, sagt sie, »ich weiß immer erst dann, daß es Zeit ist, sich Sorgen zu machen, wenn er sich Sorgen macht.«

DER TEUFEL

VIII

Die Kräfte
des Dunkels

Und die Seele,
soll sie sich erkennen,
muß in die Seele schauen:
der Fremde und der Feind, wir sahen ihn im Spiegel.
Giorgos Seferis, Argonauten

»*Die Schöne und das Tier*«[1] ist eine reizende Märchenvariation
über das ewige menschliche Thema der Verschmelzung von Ge-
gensätzen. Die Aussage dieses Märchens ist manchmal so weit
verwässert worden, daß nur noch diese seichte Sentimentalisierung
übrig blieb: »Ein gutes Herz ist besser als Schläue oder ein schönes
Äußeres.« Die intuitive Reaktion meiner eigenen dunklen Seele
sagt mir jedoch etwas über eine andere bleibende Wahrheit: daß
jeder Unschuldige das Tier in sich selbst entdecken und annehmen
muß.

Denken Sie zurück an die Zeit, als Sie noch nicht zu reif und zu
rational waren, um all diese wundervollen Geschichten zu glauben.
Wissen Sie noch, daß die Schöne die jüngste von drei Töchtern
eines reichen Kaufmanns war? Die anderen Töchter waren hoch-
mütig und eitel, die Schöne still und bescheiden. Die anderen
Töchter wollten adelige Ehemänner, während die Schöne sich noch
zu jung zum Heiraten fand und lieber bei ihrem Vater leben wollte.

Als der Kaufmann sein Vermögen verlor, mußte die Familie alles aufgeben und in einem kleinen Landhaus wohnen. Von den Kindern konnte nur die Schöne dieses Schicksal demütig hinnehmen. Sie arbeitete schwer, ohne sich zu beklagen, während die anderen Töchter lange schliefen und ansonsten nichts taten. Schließlich kam nach langer Zeit noch ein mit Waren beladenes Handelsschiff des Kaufmanns an und er machte sich auf den Weg in die Hafenstadt. Die anderen Töchter äußerten maßlose Wünsche, während die Schöne nichts für sich selbst erbat. Ihr Vater wollte ihr aber unbedingt etwas mitbringen, und da wünschte sie sich eine Rose.

Auf dem Rückweg, es war mitten im Winter, hatte der Kaufmann zwar die Geschenke für die älteren Töchter bei sich, konnte aber keine Rose für die Schöne finden. Als er einmal hungrig und frierend durch die Nacht irrte, kam er mitten im Wald an ein großes Schloß. Niemand schien da zu sein. Er trat ein, fand den Tisch für eine Person gedeckt und aß, fand eine vorbereitete Schlafkammer und legte sich schlafen. Als er am Morgen aufwachte, lagen anstelle seines alten abgerissenen Anzuges neue Kleider neben seinem Bett bereit. Er dachte, er müsse wohl im Schloß einer guten Fee sein.

Nach dem Frühstück wollte er aufbrechen, und als er im Garten an einem Rosenbeet vorbeikam, brach er einen Zweig für die Schöne ab. Im gleichen Augenblick hörte er einen furchtbaren Lärm und sah ein so schreckliches Tier auf sich zustürzen, daß er beinahe das Bewußtsein verlor. Das Tier war wütend, weil er seine Gastfreundschaft mißbraucht und Rosen gestohlen hatte, und sagte ihm, er werde dafür sterben müssen. Als der Kaufmann erklärte, weshalb er die Rose unbedingt brauchte, sagte das Tier, er dürfe gehen, wenn er dafür eine seiner Töchter brächte. Wenn nicht, so müsse er nach drei Monaten zurückkehren und sein Leben lassen. Er versprach es, und dafür gab ihm das Tier eine Truhe mit, die er im Schloß mit kostbaren Dingen füllen durfte.

Als er zu Hause alles erzählte, gaben die anderen Töchter der Schönen alle Schuld an dem Mißgeschick. Sie sagte nur: »Da das Ungeheuer eine deiner Töchter annehmen will, werde ich mich ihm ausliefern, und ich bin glücklich, meinem Vater dadurch zu beweisen, wie zärtlich ich ihn liebe.« Aller Widerspruch des Vaters nützte nichts, und nach drei Monaten brachen die Schöne und ihr Vater zum Schloß des Tieres auf. Die anderen Töchter heuchelten große Trauer (sie halfen mit Zwiebeln nach).

Im Schloß angekommen, wurden die beiden gut bewirtet. Das Tier erschien und fragte die Schöne, ob sie freiwillig gekommen sei. »Ja«, antwortete sie. »Ihr habt ein gutes Herz«, sagte das Tier, »und ich bin Euch sehr dankbar.« Dann befahl es dem Vater, am nächsten Morgen aufzubrechen und niemals wiederzukommen. Traurig gingen die beiden zu Bett, doch in der Nacht sah die Schöne im Traum eine schöne Dame, die sagte: »Ich freue mich über dein gutes Herz; daß du dein Leben für das deines Vaters geben willst, soll nicht unbelohnt bleiben.«

Anderntags brach der Kaufmann auf, und die Schöne sah sich das Schloß an. Zu ihrem großen Erstaunen fand sie ein prachtvoll eingerichtetes Gemach, das, wie eine Aufschrift an der Tür zeigte, ihr zugedacht war, und da wußte sie, daß das Tier ihr nichts tun würde. Sie und das Tier lernten sich bald besser kennen, und sie mußte zwar zugeben, daß es wirklich sehr häßlich war, fand es aber auch sehr freundlich und gut. Das Tier fügte hinzu, es sei nicht nur häßlich, sondern auch alles andere als klug, eben ein Tier. Die Schöne erwiderte, dumme Leute wüßten nichts von ihrer Dummheit.

Angesichts seiner Freundlichkeit vergaß die Schöne die Häßlichkeit des Tiers immer mehr. »Es gibt viele Menschen«, sagte sie, »die schlimmere Ungeheuer sind als Ihr, und ich habe Euch lieber mit Eurer Gestalt als jene, die hinter einem menschlichen Antlitz ein falsches, verlogenes, undankbares Herz verbergen.« Als das Tier sie aber fragte, ob sie seine Frau werden wolle, sagte sie entsetzt, aber wahrheitsgemäß: »Nein.« Das Tier wurde nicht zornig, seufzte aber, daß der Palast erzitterte. Mit der Zeit schloß die Schöne das Tier immer mehr ins Herz und sehnte immer häufiger die abendliche Stunde herbei, in der es ihr Gesellschaft leistete. Sorge bereitete ihr nicht nur, daß das Tier sie immer wieder bat, seine Frau zu werden, sondern auch ihr Vater, der sich über den Verlust der Tochter gewiß zu Tode grämen würde. Sie fragte das Tier, ob sie ihn besuchen dürfe und erhielt die Erlaubnis. Wenn sie aber nach einer Woche nicht zurück sei, sagte das Tier, dann würde es sterben. Sie versprach, pünktlich wieder da zu sein.

Sie war sehr froh, ihren Vater wiederzusehen, zugleich war sie daheim aber auch wieder den alten neiderfüllten Angriffen ihrer Schwestern ausgesetzt. Sie verleiteten sie dazu, länger als eine Woche zu bleiben, aber da hatte die Schöne eines Nachts einen Traum, in dem sie das Tier sterben sah. Sie schreckte aus dem Schlaf und kehrte mit Hilfe ihres Zauberrings augenblicklich ins Schloß zurück. Sie fand das Tier im Palast nicht, erinnerte sich aber, daß sie es im Traum im Garten hatte liegen sehen. Dort fand sie es wie tot hingestreckt. Sie vergaß seine Häßlichkeit und warf sich an seine Brust. Das Herz schlug noch, und sie holte Wasser, das sie ihm über den Kopf goß. Das Tier schlug die Augen auf und sagte:

»Ihr habt Euer Versprechen nicht gehalten. Aus Kummer über Euren Verlust wollte ich den Hungertod leiden, aber ich sterbe zufrieden, da ich die Freude habe, Euch noch einmal zu sehen.«

»Nein, mein liebes Tier, Ihr dürft nicht sterben«, sagte die Schöne; »Ihr sollt leben, um mein Gatte zu werden. Ach! Ich glaubte, nur Freundschaft für Euch zu empfinden, aber mein Herz zeigt mir, daß ich ohne Euch nicht leben kann.«

In dem Augenblick verwandelte sich alles. Das Schloß erstrahlte wie zu einem großen Fest, und zu ihren Füßen lag jetzt ein schöner Prinz, der ihr dankte, daß sie den Zauber einer bösen Fee gebrochen hatte. Diese hatte ihn in das häßliche Tier verwandelt, und er mußte diese Gestalt so lange behalten, bis ein schönes Mädchen einwilligte, ihn trotz seiner Häßlichkeit und Geistlosigkeit zu heiraten. Die Schöne hatte ihn weder nach seinem Aussehen noch nach seinen geistigen Fähigkeiten beurteilt, sondern nur nach seinem Herzen, und deshalb war er jetzt wieder frei.

Übersehen wir aber nicht, daß die Schöne nicht nur das Tier erlöst. Denn indem sie die häßliche Tiernatur akzeptiert, überwindet sie auch ihre eigene, ach so herzensgute jungfräuliche Bereitschaft, die eigenen Sehnsüchte jederzeit anderen aufzuopfern. Sie entdeckt in sich die Liebe zum primitiven, ungezähmten Wesen des Tiers und gewinnt damit ein positives Verhältnis zu den machtvollen Instinktkräften in sich selbst. So ist sie am Ende eine Frau aus Fleisch und Blut und bekommt einen virilen Tier-Mann, der ihr ganz allein gehört. Nicht mehr Papas kleines Mädchen. Unschwer zu erraten, was jetzt passieren wird.

Das Tier dieses Märchens ist ein archetypisches Motiv, eine Metapher für die unterdrückte dunkle Seite unserer Heldin, eine Seite, die bedrohlich und furchterregend scheint, doch nur, solange ihre wahre Natur im Dunkel des Nicht-Ich verborgen bleibt, im Reich der Schatten.

Im Tarot ist dieser Schatten-Archetypus auf der Teufelskarte dargestellt. Ein Mann und eine Frau, beide gehörnt und geschweift, stehen an einen Halb-Kubus (den Thron des Halbwissens) gekettet, auf dem Satan sitzt. Dies ist die Karte der schwarzen Magie, die vom Aufsteigen dunkler Mächte und von revolutionärer Gewalt kündet. Erscheint diese Karte umgekehrt, so verspricht sie Heilung und den Beginn spirituellen Begreifens.

Der Schatten ist das Negativ der Persönlichkeit, nicht unbedingt eine schlechte oder abstoßende Seite, sondern all jene Aspekte des Selbst, die nicht in das idealisierte Bild passen, das sich jeder von sich selbst macht, um sich das Leben als unvollkommener Mensch ein wenig angenehmer zu machen. Jung selbst hat noch etwas von jenem provinziellen Moralismus seiner Kindheit im elterlichen Pfarrhaus an sich, gegen den er rebellierte und den er in vieler Hinsicht auch überwand. Deshalb kommt der positive Wert des Schattens bei ihm nicht recht zum Ausdruck. Immerhin hat er uns aber das Gesicht des Schattens sehr lebhaft dargestellt und unmißverständlich klargemacht, daß jeder sich mit der dunklen Seite seiner Person, die er am liebsten nicht wahrhaben möchte, auseinandersetzen und einigen muß.

Unglücklicherweise gibt es keinen Zweifel an der Tatsache, daß der Mensch im Ganzen genommen weniger gut ist, als er sich einbildet oder zu sein wünscht. Jedermann ist gefolgt von einem Schatten, und je weniger dieser im bewußten Leben des Individuums verkörpert ist, um so schwärzer und dichter ist er.[2]
Es hat etwas Furchtbares an sich, daß der Mensch auch eine Schattenseite hat, welche nicht nur etwa aus kleinen Schwächen und Schönheitsfehlern besteht, sondern aus einer geradezu dämo-

nischen Dynamik ... ein delirierendes Ungeheuer ... Blutrausch der Bestie ... Aus dumpfer Ahnung von diesen Möglichkeiten der menschlichen Schattenseite verweigert man dieser die Anerkennung. Man sträubt sich blind gegen das heilsame Dogma der Erbsünde ...[3]

Mit anderen Worten, es liegt, im Bereich der Möglichkeit, daß man das Relativ-Böse seiner Natur erkennt, wohingegen es eine ebenso seltene wie erschütternde Erfahrung bedeutet, dem Absolut-Bösen ins Auge zu sehen.[4]

Jung hält uns das Böse, zu dem wir alle fähig sind, sehr deutlich vor Augen. Besonders hilfreich finde ich seine Ausführungen aber da, wo er die viktorianische Perspektive überwindet, die auch Freud so sehr im Weg gestanden hat. In solchen erleuchteten Augenblicken erinnert Jung mich daran, daß nichts Menschliches mir fremd sein sollte, daß es nicht einfach darum geht, das Böse wie das Gute zu akzeptieren, sondern bescheiden und liebevoll mit dem umzugehen, *was ist*, ohne darauf zu schauen, ob es sich mit irgendeiner Morallehre verträgt. Darauf weist er mit diesen Worten hin:

Wenn die verdrängten Tendenzen des Schattens nichts als böse wären, so gäbe es überhaupt kein Problem. Aber der Schatten ist in der Regel nur etwas Niedriges, Primitives, Unangepaßtes und Mißliches, und nicht absolut böse. Er enthält auch kindische und primitive Eigenschaften, die in gewisser Weise die menschliche Existenz beleben und verschönern würden.[5]

Im folgenden gebe ich eine Reihe von Träumen wieder – Episoden eines Kampfs gegen die verlockenden Seiten des Schattens –, die eine Frau während ihrer psychotherapeutischen Pilgerschaft mitteilte:

Im Traum befand ich mich auf dem Freizeitgelände eines Urlaubshotels; ich trug einen langen, engen Rock, der vorn geteilt war, so daß man meine Beine sehen konnte. Ein Freund meines Vaters war da und musterte mich genüßlich. Wie ich ihn verachtete! Er besaß mehr Bildung und Ellenbogen als mein Vater, und obgleich sie als Ingenieure im Staatsdienst beide eine ähnliche Arbeit taten, erkletterte der andere die Stufenleiter seiner Karriere sehr viel behender. Sie mochten einander zwar in gewisser Weise, doch mein

Vater hatte auch einen heftigen Widerwillen gegen diesen Mann, was er nur mir allein anvertraute.

Ich gab mich so verführerisch wie möglich und zweifelte nicht daran, daß er mich wollte. Ich ging auf sein Zimmer und badete. Da ich keine Utensilien bei mir hatte, benutzte ich Seife, Schwamm, Badeöl und Handtücher der Frau, die bei ihm war. Es machte mir Spaß, die Sachen zu benutzen; sie hatten einen angenehmen Pink-Ton und gehörten einer Frau, deren dummer, fetter, alter Kerl mich wollte. Als ich in der Wanne saß, kam eine Freundin herein, zu der ich einmal eine sehr enge sexuelle und emotionale Beziehung gehabt hatte. Wir lachten über meine Verführung und amüsierten uns ganz besonders darüber, daß ich sogar die Sachen seiner Frau benutzte. Dann kam ein junger Mann herein. Ich stieg aus der Wanne und ging auf ihn zu. Ich schmiegte mich sanft ganz nah an ihn, es war ein Gefühl liebevoller Zärtlichkeit. Ich weiß nicht, wer er war, aber es kann durchaus ein junger Mann aus einer der Therapiegruppen gewesen sein, für den ich wirklich so empfinde.

Danach zog ich mich an und ging ins Schlafzimmer. Da hatten sich inzwischen viele Leute versammelt und feierten eine Party. Ich fühlte mich schön. Dann trat Stille ein und jemand kündigte eine Verlobung an. Es war die Verlobung des dummen, fetten Kerls mit dieser Frau. Sie trug ein grelles, pinkfarbenes Satinkleid; ihre Haarfarbe war Salz und Pfeffer; und sie war ebenfalls dick. Ich empfand Verachtung für beide, ich fühlte mich haushoch überlegen; ich war schön und beobachtete selbstgefällig, daß der Mann mich begehrte und nicht sie.

In derselben und den folgenden Nächten träumte ich von Hochzeiten, bei denen ich die Braut in Weiß war; und dann hatte ich Familie und viele Kinder. Ganz seltsam war in diesen Träumen das Gefühl, daß eigentlich nichts Aufregendes oder Bewegendes geschah. Ich heiratete, ich hatte Familie, alles war, wie es sein sollte – und es war sterbenslangweilig.

Sie kämpft mit dem Schatten ihrer eigenen ungezügelten Sinnlichkeit, dargestellt in der Gestalt des auftrumpfend aggressiven älteren Mannes, dem mit Widerwillen akzeptierten Schatten ihres Vaters, einem Gefährten, den er zwar brauchte, ohne sich aber ganz mit ihm identifizieren zu können. Während sie ihr Schatten-Selbst erkundete, mußte sie ihr Idealbild von sich selbst vorübergehend immer wieder durch die langweiligen Hochzeits- und Familienträume erneuern. Eines Tages wird sie ganz sein, sich ihren Schatten zu eigen machen und ihr ganzes liebenswertes Selbst leben.

Ich möchte jetzt die Geschichte der Begegnung einer Frau mit einem Kind erzählen – mit einem Kind, das ihr eigenes geheimes Selbst ist. Vielleicht kann ich damit den Schatten so zeigen, wie er ohne den lähmenden Moralismus aussieht, in dem wir alle aufgewachsen sind. Anns unerwartete Begegnung mit ihrem Kind-Schatten fand während eines Psychotherapieseminars statt, das ich allwöchentlich leite.

Ich versuche schon seit langem, die Therapie-Überwachung zu humanisieren. Die Schulmeinung der heutigen Psychotherapie sieht folgende Rollenverteilung vor: unglückliche Menschen werden »kranke Patienten« genannt, ihre spirituellen Gurus heißen »Ärzte«; wenn letztere darüber beraten, was zwischen den Kranken und den Ärzten vor sich geht, dann ist das eine »Fallkonferenz«. Jahrelang habe ich meine Therapieseminare als Fallkonferenzen abgehalten. In jeder Gruppe von Therapeuten begannen wir mit einer Erörterung der Gruppenprozesse und gingen dann zu Tonbandaufzeichnungen von Einzel- und Familientherapiesitzungen über. Nach einer Weile fand ich, die Achtung vor dem Patienten, um den es jeweils ging, erfordere, daß er anwesend sei und teilnehme. Es stellte sich heraus, daß dabei sowohl die Therapeuten als auch die Ausbilder menschlicher wurden.

Schließlich waren bei den Besprechungen immer zwei bis vier Patienten anwesend und es wurde ein Rahmen, in dem wir uns alle auf erregende, wenn auch manchmal etwas mulmige Art entwickeln konnten. Zuerst war ich von der neuen Idee so beflügelt, daß ich alles im Sturm nehmen wollte. Doch als wir einander immer mehr vertrauten, sahen wir ein, daß auch Durststrecken zum Miteinander der Therapeuten und Patienten gehören. Wir konnten alle beobachten, was der andere wirklich tat und mußten einander nichts mehr darüber weismachen, was wir zu tun glaubten.

Jetzt stellten die Therapeuten nicht mehr Fälle vor, sondern Therapeut und Patient kamen als ein »Paar«, das einfach lernen wollte, wie es aus seiner gemeinsamen Zeit mehr machen konnte. Die Patienten waren am Anfang dieser Sitzungen ängstlich und verwirrt, aber nachher waren sie meist auf eine Weise berührt, die ihnen weiterhalf. Und ich habe von ihnen viel gelernt. Sie waren wunderbare Berater; sie durchschauten die festgefahrene Lage zwischen einem anderen Patienten und dessen Therapeuten aus einer Perspektive heraus, die wir Therapeuten allzu oft verlieren. An diesem Tag sollte die Therapeutin Ann eine Patientin mitbringen. Diese Patientin erschien aber nicht. Ann war schon seit einigen Wochen Mitglied der Seminargruppe. Von Anfang an hatte sie einen verängstigten Eindruck gemacht. Sie wollte so gern eine gute Therapeutin sein, sie wollte geben und anerkannt werden. In den folgenden Bericht sind ihre und meine Eindrücke eingeflossen:

Als ich das erstemal im Seminar war, dauerte es nur Minuten, bis Shelly bei einem Thema war, das er das Abwehrspiel meiner Angst nannte. Er fragte mich, was ich von ihm wollte. Ich sagte ihm, ich wollte zäher als ein Therapeut sein. Er sagte, das würde ich möglicherweise nie schaffen. Er sagte, ich müsse hart kämpfen, um mir in der Gruppe einen Platz zu schaffen und zu bekommen, was ich wollte. Ich hatte das Gefühl, man hörte mir zu und nahm auf, was ich sagte.

Zu den nächsten Sitzungen brachten andere Therapeuten Patienten mit. Ich trug fast nichts bei. Shelly sagte mir, es sei ihm egal, ob ich mitmachte oder mich weiter im Hintergrund hielt. Jack sagte, er sehe mich lieber weiterhin im Hintergrund; da sei ich seiner Mutter so ähnlich, und das gefalle ihm. Das war bitter, und umso mehr, als er meinem Sohn, meinem toten Bruder und meinem toten Vater so ähnlich sieht. Barry sagte, er mochte es gar nicht, wenn ich mich so zurückhielt; er erwartete von mir auch was. Gerry sagte, ich sei vermutlich eine gute Therapeutin, aber noch ganz verschlossen. Auch Marcia stellte meinen Selbstzweifel in Frage. Will, mein Ko-Therapeut, sagte, daß er schon seit eineinhalb Jahren mit mir zusammenarbeitet, aber mehr von Jane bekommt, mit der er noch nie gearbeitet hatte. Ich fühlte mich schließlich wie versteinert und völlig festgefahren.

Dann war ich an der Reihe, eine Patientin mit ins Seminar zu bringen. Ich hatte das so lange hinausgezögert, wie es ging. Ich lud eine junge Frau ein, mit der ich nicht weiterkam. Der Tag und die Stunde kamen. Sie nicht. Sie sagte mir später, sie sei zehn Minuten zu spät gekommen und habe nicht zu klopfen gewagt.

Ihre Sitzung wurde meine. Barry war es, glaube ich, der auf den Gedanken kam, ich hätte jemanden bestellt, von dem ich wußte, daß er nicht kommen würde.

Tatsächlich hatte ich mir Sorgen gemacht, ob die Patientin kommen würde. Ich bestritt, daß ihr Ausbleiben mich unsicher machte. Im Wartezimmer war ich wegen eines Patienten in unserer Gruppe über Will hergezogen. Mir war nicht aufgefallen, wie heftig ich ihn angegriffen hatte. Ich war wütend über die Wendung, die unsere Arbeit mit diesem Patienten genommen hatte. Aber ich setzte mich nicht direkt mit diesem Zorn oder meiner Angst wegen des Seminars auseinander.

Als Shelly von diesem Problem erfuhr, nannte er mich gemein, niederträchtig und herrschsüchtig. Er sagte Will, er müsse mich nicht behalten, er könne mich auch abschieben. Mir scheint, du hast sie nur mitgebracht, damit sie dir mal nicht mehr im Genick sitzt (Shelly zu Will). Jack sagte zu Will auch was über die Zickigkeit »seiner Frau«.

Jane sagte, ihr sei nicht ganz wohl bei der Sache. Anscheinend hackten alle auf mir herum, weil meine Patientin nicht gekommen war. Shelly fragte, ob alle gemerkt hätten, wie ich alles auf den Kopf gestellt hatte. Ich hatte selbst noch keine Ahnung, was ich getan hatte. Etwas harte Frotzelei gegenüber Will, das war alles, was ich wußte.

Shelly fragte Will, weshalb er sich mich nicht vorknöpfte, wenn ich gemein war. Will sagte, er traue sich nicht recht; immer wenn er es tue, bekomme er selbst was ab.

Shelly hielt mir noch einmal vor, wie herrschsüchtig ich sei. Er sprach über das Übertragungselement in der Haltung meiner Patientin gegenüber Will und nannte meine Haltung dazu »Über-Kontrolle«. Ich konnte ihm nicht sagen, daß ich mit der Übertra-

gung gearbeitet hatte, daß ich sogar entschlossener als sonst gehandelt zu haben glaubte. Ich konnte all das nicht sagen und fühlte mich nur verwirrt, weil er meine Gefühle nicht verstand. Derweil war Shelly bei meinem ungenauen Gebrauch von Worten angekommen: ich »brachte sie in die Gruppe«, ich »nahm sie mit in die Gruppe« und schließlich ich »bat sie, in die Gruppe zu kommen«. Er fragte, weshalb ich mit meinen Haaren spielte. Ich gab eine ausweichende Antwort. Er sagte, daß ich durch Fragen Kontrolle ausübe.

Ich war verletzt und durcheinander. Zudem konnte ich nicht bestreiten, daß er recht hatte. Daß ich »gemein« war, tat mir am meisten weh. Ich war immer stolz darauf gewesen – etwas zu selbstgerecht, wie ich jetzt sehe – daß ich nicht gemein bin. Jetzt war ich also gemein. Ich konnte Will nicht anschauen. Ich brachte es nicht fertig zuzugeben, daß ich mich entsetzlich mies fühlte. Statt dessen sagte ich, ich sei Gott sei Dank stark genug, um Kritik ertragen zu können. Daß ich verletzt war, sagte ich nicht.

Barry wollte wissen, weshalb ich nicht weinte, wenn ich verletzt war. Ich sagte, ein andermal würde ich vielleicht weinen, aber ich hätte die ganze Woche geweint und würde deshalb jetzt nicht weinen. Jack fragte mich, wie viele Chancen wie diese (mit Shelly und der Gruppe zu arbeiten und dabei für mich selbst etwas zu gewinnen) ich wohl kriegen würde. Nur ein paar, sagte ich. Grund genug, drauf zu pfeifen, meinte er.

Du hast doch auch gesehen, daß sie bis an den Rand gegangen und dann stehengeblieben ist, sagte Jane zu Jack. (Zu mir:) Ich bin ganz schön sauer auf dich, weil du einfach nicht weitergehst.

Ich war ein Gefühlsknäuel aus Schmerz, Wut, Verwirrung und dem Vorsatz, dem Zusammenprall mit Shelly nicht auszuweichen. Ich wendete mich wieder zu ihm hin. Es ist zuviel für mich, sagte ich. Shelly: Das ist das erste Mal, daß du etwas Aufrichtiges sagst. Er sah mich an und wartete.

Ich weiß nicht weiter.

Das weiß ich.

Ich möchte was von dir, und ich weiß nicht was. Pause. Ich achte dich und möchte deine Hilfe. Keine Antwort. Ich war verzweifelt. Dieser Mann wollte etwas aus der Mitte meiner Seele hören.

Wieder Pause! Gerry rauchte seine Pfeife und dann: Du gehst die
Sache an, als wäre es etwas, das du aus einem Buch lernen könntest.
Im übrigen glaube ich, daß du weißt, was du willst.
Shelly mit leiser, freundlicher Stimme: Du hast soviel Sehnsucht.
Das gefällt mir am besten an dir.
Den Tränen nahe. Verstanden zu werden, machte mir Angst. Ich
kämpfte mich weiter: Ich mag dich, und ich möchte, daß du mich
auch magst.
Warum formulierst du es so unverbindlich? sagte Shelly.
Kein Ausweg. Trotzdem schwer, es auszusprechen. Ich liebe dich,
und ich möchte, daß du mich auch liebst.
Liebst du mich wirklich?
Tränen. Nicken.
Und du möchtest, daß ich dich liebe?
Ja. Ich kann nichts dagegen machen.
Ich wußte nicht, daß du das weißt.
Wieder Tränen.
Du mußt mir ermöglichen dich kennenzulernen. Seine Stimme war
jetzt weicher. Hast du Sehnsucht nach deiner Mutter oder deinem
Vater? fragte er.
Nach meinem Vater.
Wo ist er?
Tot.
Wo ist er begraben?
Shenandoa . . . Virginia – ich brachte es kaum heraus.
Ich möchte, daß du deinen Vater so laut rufst, daß er dich hört, und
du mußt ihn bitten, dich zu lieben.
Und ich rief meinen Vater, tot, in einem Tal in Virginia. Bitte, hab
mich doch lieb!
Ich weiß nicht, was dann kam. Ich erinnere mich nur noch an Qual
und Tränen. Ich glaube, dann sagte Shelly, daß die Gruppe aus
Respekt so still war.
Shelly bat mich, die Gruppe um etwas zu bitten.

Endlich war sie bereit zu sagen, was sie in der Gruppe suchte. Es
war wie ein Geständnis, als sie sagte: »Ich mag dich, und ich
möchte, daß du mich auch magst.« Und das war ein ziemlich

direktes Bekenntnis für jemanden, der so schüchtern war. Als ich ihr sagte, sie drücke es zu unverfänglich aus, fühlte sie sich in die Enge gedrängt; ihr wurde aber klar, daß sie eigentlich nicht über »mögen« sprach, sondern über »lieben«. Sie versuchte das als eine heutzutage ganz normale Reaktion auf einen Lehrer-Guru zu verstehen. Ich wußte, daß es eine Übertragungsreaktion war, eine sehr alte: ein kleines Mädchen möchte von ihrem Vater akzeptiert werden. Anfangs gab es damit eine Menge Gruppeninteraktion, denn es war eine sehr starke Übertragung. Ich dirigierte die Aufmerksamkeit gezielt von mir weg zu einem anderen Therapeuten, zu Jack, einer starken männlichen Gestalt in der Gruppe, zu dem sie ähnliche Gefühle hatte, während die Übertragung hier nicht so stark zu sein schien. Schließlich wollte ich ja keine Therapie anfangen. Nach einigem Sträuben sagte sie, daß sie Hilfe von Jack wolle; sie wünschte sich, daß er auf sie einging.

Ich wandte mich Jack zu. Ich spürte, daß es nicht leicht sein würde, ihn zu bitten. Jack erinnert mich in seiner Blondheit an meinen Sohn, der mich eine Woche zuvor angerufen und mir mitgeteilt hatte, daß seine Frau bei ihrem ersten Kind eine Fehlgeburt gehabt hatte. Ich trauerte immer noch, teilte den Schmerz meines Sohns und meiner Schwiegertochter, trauerte um meinen Enkel, um die Gelegenheit, noch einmal Mutter zu sein, diesmal aber offener, ehrlicher direkter, mehr als die Person, die ich zu sein hoffte und leider nicht war – die ich auch an diesem Tag Jack gegenüber im Warteraum nicht gewesen war. Ich hatte nicht verstanden, weshalb er in der vergangenen Woche nicht an dem Fachkongreß in New York teilgenommen hatte. Er schwieg sich darüber aus, und anstatt ihn zu fragen, was er gemacht hatte, machte ich eine schnippische und hochnäsige Bemerkung, wie es mir oft passiert, wenn ich unsicher und ärgerlich bin. Als ich hörte, daß seine Frau, die kurz vor der Entbindung ihres ersten Kindes stand, ihn gebeten hatte, in der Stadt zu bleiben, schämte ich mich.
Also entschuldigte ich mich erst mal bei Jack: Was ich vorhin gesagt habe, tut mir leid. Ich möchte dich gern kennenlernen, und ich möchte, daß du mich kennenlernst.
Keine Antwort.

All der Schmerz, die Sehnsucht und die Trauer dieses Tages war wie ein Knoten in mir. Ich bat darum, daß jemand mich hielt.
Nichts.
Schließlich lehnte ich mich den Tränen nahe zurück. Ich wollte gehalten werden.
Keine Antwort.

Ich war tief bewegt von der Frage, wohin diese Frau wohl gelangen würde – ihr Kampf war offen, intensiv, wichtig. Da dies aber ein Lehr-Seminar war, wollte ich versuchen, über diese Erfahrung hinaus noch etwas zu vermitteln. In diesem Stadium, wo sich alle Mitglieder einer Gruppe emotional auf eine intensive menschliche Interaktion eingelassen haben, kann man so intellektuell oder lehrhaft werden, wie man will, es tut der Gefühlsbasis keinen Abbruch.

Ich erklärte eine Gruppentechnik, die ich anderswo beobachtet hatte und die man hier ausprobieren konnte, um die festgefahrene Lage zu überwinden.

In New York gibt es ein Drogen-Rehabilitationszentrum, das sich Daytop Village nennt; hier kümmern sich Ex-Junkies um Süchtige, die für die Zeit der Behandlung auch im Zentrum wohnen. Es hat den Ruf, recht effektiv zu sein, ist aber vermutlich auch der üblichen Kritik ausgesetzt, daß hier eine Abhängigkeit gegen eine andere ausgetauscht wird. Neben harten Konfrontationsmethoden nach Art des »Synanon-Game«, bei denen die Leute einander vernichtend kritisieren, um Abwehrmechanismen zu durchbrechen, wird bei Daytop auch eine andere Technik praktiziert, von der ich jetzt meinem Seminar berichten wollte.

Daytop unterhält eine wandernde Theatertruppe, um seine Finanzen aufzubessern und Einblick in seine Arbeitsweise zu geben. Ihre Stücke, jedenfalls das eine, das ich sah, werden von Absolventen des Therapieprogramms konzipiert und aufgeführt. Gegenstand des Stückes, das ich in Washington sah, waren die Erfahrungen einiger Süchtiger in ihren therapeutischen Gruppen. Zuerst kommen die unvermeidlichen Ausreden: »Es ist nicht meine Schuld«, »In meiner Lage ist es doch klar, daß ich an der Spritze hänge«, »Übrigens ist das alles doch gar nicht so schlimm«. All die hirnlosen Ausflüchte, die die Leute immer wieder machen, um weiter spritzen und ihr Leben wegwerfen zu können.

Ein neues Mitglied in solch einer Gruppe findet sich irgendwann mit dem Rücken an die Wand gedrängt. Die Gruppe stößt ihn auf die Tatsache, daß er in Wirklichkeit nur von jemandem geliebt werden möchte, aber bezweifelt, daß irgendwer einen Menschen wie ihn lieben kann. Die Gruppe gibt ihm zu verstehen, daß er möglicherweise hier Liebe finden könnte, wenn es das ist, was er wirklich will. Er müsse sich aber der Gruppe verständlich machen, wenn er eine Reaktion auslösen wolle.

Dann folgte ein qualvolles Feilschen, bei dem der Festgenagelte zunächst sagt: »Na klar, ich hätte gern, daß jemand mich liebt.« Die Gruppe erwidert, das könne man einem, der so blöd rumquatscht, nicht glauben, und er fragt: »Na, wie soll ich's dann machen?« »Du wirst wohl richtig darum bitten müssen.« Er sagt: »O. K., also, könntet ihr mich bitte lieben?« Jemand sagt: »Was?« und er sagt: »Würdest du mich bitte lieben.« Dann sagt wieder einer: »Mensch, man versteht dich ja nicht.« Schließlich kommt es, wie es kommen muß; der Kerl auf der Streckbank läßt alle Abwehr fahren, zeigt seine Qual offen, bietet sich völlig schutzlos dar und fleht aus tiefster Seele: »Bitte, habt mich doch lieb! Kann nicht einer mich bitte, bitte liebhaben?« Schafft er es so, die Leute wirklich zu bewegen, so daß sie von innen heraus reagieren, dann kann er bekommen, was er sucht.

Ich beschrieb also all das meinem Seminar als mögliche Gruppentechnik. Man sollte annehmen, daß die Gruppe in dieser Lage kaum fähig sein dürfte, auf die Beschreibung einer technischen Strategie einzugehen. Es geschah aber doch, und ich weiß nicht, ob es daran lag, daß solche Techniken einfach etwas emotional Mitreißendes an sich haben... oder ob ich einfach ein guter Geschichtenerzähler bin und die Gruppe meinen Bericht gar nicht als Vortrag verstand, sondern als Einladung zu einem Trip. So ging die Sitzung weiter:

Shelly hat eine Geschichte erzählt. Bei Daytop bitten die Drogensüchtigen um Liebe, und wenn sie sich deutlich genug äußern, bekommen sie vielleicht auch Liebe.

Ich sprach Jack wieder an. Ich möchte, daß du mich liebhast.
Ich weiß.
Ich bitte dich, mich zu lieben. Mein Unvermögen, um das zu
bitten, was ich wirklich wünschte, begann als Wut in mir hochzu-
steigen. Himmel, ich kann nun mal nicht bitten!
Komm nächste Woche wieder, sagte er und wendete sich ab.
Das Gruppengespräch nahm eine andere Richtung. Wer über was
sprach, weiß ich nicht mehr. Ich spürte nur noch Verzweiflung. Ich
versuchte es noch einmal. Bist du noch da?
Er sah mich an.
Ich bitte dich, mich zu lieben. Jetzt war es eine Bitte. Ich setzte die
Kaffeetasse ab und wiederholte in brennendem Schmerz: bitte,
bitte, hab mich doch lieb.
Er streckte seine Hand aus und hielt mich. Ich weinte und weinte
und weinte. Soviel Trauer um soviele Verluste, soviel Erleichterung
in dem Gefühl, daß Shelly und Jack mich akzeptierten, in der
Hoffnung, daß auch andere mich akzeptieren und lieben konnten.
Alles in Ordnung, sagte er, und ich verstand: du bist in Ordnung.
Ich zwang mich, mit dem Weinen aufzuhören. Möchtest du noch
weinen, fragte er, und ich tat es, der Schmerz ließ nach, und der
Trost nahm zu. Ich ging zurück zu meinem Platz auf dem Sofa und
Barry hielt für den Rest der Sitzung meine Hand. Ich weinte nicht
mehr, war aber immer noch unfähig zu sprechen. Ich konnte nur
zuhören, manchmal in dumpfer Verwirrung; zum Beispiel als Jack
zu Shelly sagte: danke, ich probiere gern neue Sachen aus, und
Shelly erwiderte, er wisse, daß er sich auf Jacks Arbeit verlassen
könne. Noch eine innere Drehung hin zu kafkaesker Groteske,
doch das Gefühl sagte nein, was sie gegeben haben, ist echt.
Während ich weinte, hatte Shelly mir gut zugeredet; ich bekam das
alles nur halb mit: Du hast heute viel Kritik einstecken müssen und
sicher schauderhafte Zustände ausgehalten. Und: jetzt freue ich
mich schon auf die nächsten Seminarsitzungen. Worte, die mein
Verstand nicht mehr weiß, aber mein Gefühl nicht vergessen
hat.

Wir nahmen diesen Faden auf, und die Gruppe (vor allem Jack)
machte Ann immer wieder klar, daß sie entweder auf ehrliche

offene und deutliche Art äußern mußte, daß sie etwas von der Gruppe wollte, oder zumindest dafür sorgen mußte, daß das Kind in ihr erreichbar und verletzlich blieb. Und wenn sie das nicht schaffte, würde sich keiner einen Dreck um sie scheren.

Ich forderte Ann auf weiterzumachen und sagte Jack, er solle sich nicht zu schnell zufriedengeben. Er hatte so etwas auch noch nicht mitgemacht und neigte dazu, sofort nachzugeben, wenn sie darum bat, wenn sie *verlangte*, geliebt, gehalten, beachtet zu werden. Der mütterliche Heiler in ihm (der Archetypus, der seine Art zu arbeiten ausmacht) war immer bereit zu sagen: »In Ordnung, du kannst alles sofort haben.« Ich hielt ihn jedesmal davon ab, bis Ann wirklich nicht mehr weiterwußte. Sie hatte sich stocksteif gemacht und versuchte den Schatten des Kindes in ihr hinter berechtigten Ansprüchen zu verstecken. Aber zum Glück wich sie nicht von der Stelle, kämpfte um ihren Kind-Schatten, bis sie endlich so rufen konnte, daß es uns alle berührte und jeder von uns irgendwo in der Leere seines eigenen Herzens getroffen war.

Als ihr Schmerz so heftig wurde, daß von vorschnellem Nachgeben nicht mehr die Rede sein konnte, war Jack zur Stelle und sagte »Na klar«, als sie darum bettelte, gehalten zu werden. Sie kletterte auf seinen Schoß, und er hielt sie solange sie weinte. Aber eigentlich weinten wir alle, ein wenig für sie und ein wenig für uns selbst.

Ann erzählte uns später, sie sei da erst wirklich ein Mitglied der Gruppe geworden. Sie ließ uns alle ihre Dankbarkeit sehen und spüren. In ihrem ganzen Leben veränderte sich jetzt vieles. Sie ging selbst wieder als Patientin in die Therapie, um die Unordnung in ihrem Leben aufzuräumen und soviel für sich zu gewinnen, wie sie konnte. Wir freuten uns für sie und für uns selbst.

Als ich aufhörte zu weinen, sagte Shelly, meine Sturheit sei meine Stärke. Ich hatte nie zuvor erlebt, was Sturheit bewirken konnte, und ich hatte sie nie als potentielle Stärke betrachtet. Er sprach über meinen Zorn mit mir. Ich hatte vorher nicht gewußt, daß Bitten erst richtiges Bitten wird, wenn man den Zorn aufgibt.

Shelly dankte mir für mein Vertrauen.

Ich sei es wert, daß man mit mir kämpfte, sagt er mehrmals.

Kostbare Worte.

Alle umarmten mich, als die Sitzung zu Ende war. Barry sagte, sie stünden Schlange, um mich zu umarmen. Ich fuhr die dreißig Kilometer zu meiner Praxis zurück, tränenüberströmt. Verstanden und geliebt werden, verstehen und lieben. Was gibt es sonst noch?

In der nächsten Woche sagte ich Shelly, ich sei sehr verwirrt. Ich hoffe, das bleibt so, sagte er. Ich versuchte zu erklären, wie anders mein Leben und meine Arbeit mir jetzt erschien. Er fragte, was ich eigentlich sagen wolle. Natürlich war es danke und ich liebe dich.

Dann hatte ich einen Traum und fühlte mich Shelly viel näher, weil ich ihn getötet hatte. Ich weiß nicht mehr wie, das Gedächtnis setzt hier aus. Er lag aufgebahrt auf einer polierten schwarzen Steinplatte. Kopf und Gesicht waren mit einer Art Skimütze und Maske bedeckt. Ich konnte nicht ertragen, daß er tot war. Ich brachte ihn wieder zum Leben. Wir saßen dann als Kollegen zusammen und unterhielten uns. Ich weiß noch, wie angenehm das war. Wir sprachen über meine Reise, meine nächste Station. Wir befanden uns im dritten Stock eines Bürogebäudes oder vielleicht auch im siebten wie Shellys Praxis. Er sagte, die einzige Art weiterzukommen, sei für mich jetzt, aus dem Fenster zu springen. Das ist doch Irrsinn, sagte ich und sprang. Unten stand ein Baum, ein wunderschöner Baum mit einem starken Ast. Ich griff mit einer Hand nach dem Ast, hielt mich fest, schwang und fühlte mich leicht und frei. Dann schwebte ich sanft zu Boden.

Shelly sagte, er wolle den Traum nicht analysieren. Er nahm ihn als Geschenk. Ich freute mich maßlos. Ich hatte ihm etwas schenken wollen. Ich hatte erkannt, daß der Traum viele gute Dinge für mich enthielt, aber mir war entgangen, daß er auch für Shelly ein Geschenk war.

Wir alle müssen uns den Dämonen in uns selbst stellen, müssen den ganzen Weg gehen, ohne etwas zu verstecken, zu beschönigen oder zu verstehen. Jede Erfahrung bietet uns eine Gelegenheit, mit den archaischen Dingen in uns in Berührung zu kommen. Besonders berührt war ich, als Ann einige Wochen später ein Manuskript von mir gelesen hatte und mir ein Gegengeschenk machen wollte.

Als ich das Manuskript zurückbekam, fand ich darin die Fotokopie eines Gedichts mit dem Titel *Ithaka*. Den Autor, Konstantin Kavafis, kannte ich bis dahin noch nicht, aber dieses Gedicht schien genau das zu sein, wonach ich gesucht hatte, ohne zu wissen, das es existierte. Ich freute mich, daß gerade Ann mit der Sensibilität ihrer dunklen Natur erfaßte, daß dieses Gedicht für mich genau das richtige war. Es enthält viel von dem, was ich in diesem Buch sagen möchte: über die Notwendigkeit, die ganze Pilgerschaft des Lebens auf sich zu nehmen, mit all ihren Schatten- und Sonnenseiten:

Wenn du zur Fahrt aufbrichst nach Ithaka,
So bete, daß ein weiter Weg es werde
Voller Umschwünge, voller Einsichten.
Die Laistrygonen oder die Kyklopen,
Den zornigen Poseidon fürchte nicht,
Dergleichen triffst du nie auf deinem Weg,
Solang dein Denken hoch bleibt und erlesne
Erregung dir an Geist und Körper rührt.
Den Laistrygonen oder den Kyklopen,
Dem wütigen Poseidon wirst du nicht begegnen,
Wenn du sie nicht in deiner Seele schleppst,
Wenn deine Seele sie nicht vor dich stellt.

So bete, daß ein weiter Weg es werde.
Mögen der Sommermorgen viele sein,
Wo du – oh wie mit Dank, oh wie mit Freude! –
Einfährst in Häfen, die du siehst zum ersten Mal.
Mögest du halten an den Handelsplätzen
Phönikiens und die schöne Ware kaufen:
Perlmutter und Korallen, Ebenholz und Amber
Und jeder Art erregende Duftflüssigkeit,
Je reichlicher du kannst, erregende Duftflüssigkeit.
Mögest du gehn in viele Städte nach Ägyptenland.
Damit du lernst – und lernst von Eingeweihten.
Behalte stetig Ithaka in deinem Geist.
Die Ankunft dort ist deine Vorbestimmung.

Doch haste mit der Reise nimmermehr.
Besser, sie daure vieler Jahre Lauf,
Und auf der Insel ankerst du als Greis,
An allem reich, was auf dem Wege du erwarbst,
Niemals erwartend, daß dir Reichtum schenke Ithaka.

Ithaka schenkte dir die schöne Reise.
Zu ihm allein bist du hinausgefahren.
Verlange andre Gaben nicht von ihm.

Findest du's arm, Ithaka trog dich nicht,
So weise, wie du wurdest, so erfahren,
Erkanntest du nun wohl, was Inseln Ithaka bedeuten.[6]

Die Mitglieder meiner Seminargruppe waren offen für ihren eigenen dunklen Schatten, und deshalb erzählte ich ihnen einen Traum, der zu einem Wegweiser auf meiner eigenen wunderlichen Pilgerschaft geworden ist.

Ich träumte, ich sei am Cape Ann, das ist das Nordkap der Boston Bay. Meinen Sommerurlaub verbringe ich am Cape Cod, dem Südkap mit seinen lieblichen Inseln. Das Südkap ist warm und weich und grün – ganz anders Cape Ann. Ich bin dort gewesen, und es gibt manches, was mich wieder hinzieht, aber im Grunde ist es doch ein Ort, den ich lieber meide. Cape Ann ist eine dunkle, schroffe, zerklüftete Landschaft, dünn mit windzerzaustem Gestrüpp bewachsen – ein Ort von düsterer, windumtoster, bedrohlicher Schönheit.

Mein Traum begann damit, daß ich aus einer kleinen, windschiefen Strandhütte trat, wie es sie am Cape Ann geben mochte. Draußen war es Nacht. Ich weiß nicht, wohin ich wollte, aber ich ging langsam durch die offene, kahle Wildnis, eine weite Tundra. Ich folgte schmalen Spazierwegen; Straßen gab es nicht. So ging ich eine Weile und war schon ziemlich weit von der Hütte weg.

Plötzlich wurde die Nacht noch schwärzer. Ich weiß nicht mehr, ob ich das im Traum sah oder ob es mir später als Erklärung eingefallen ist; der Mond schien plötzlich hinter dichten Wolken verschwunden zu sein. Als ich da in völliger Dunkelheit stand und den Weg nicht mehr ausmachen konnte, überflutete plötzlich ein Stück meiner täglichen Angst den Traum, die Angst vor unverhofft auftretenden Gleichgewichtsstörungen, eine Folge meiner Gehirnoperation. Ich neige dann zum Stolpern, kann die Wucht meiner eigenen Bewegungen nicht mehr abschätzen. Bei Licht kann mein Körper diese Störungen ausgleichen; es kostet zwar viel Kraft, aber ich komme zurecht. Doch in solcher Dunkelheit, ohne visuellen Halt, brauche ich entweder eine Lampe oder eine Hand, die mich führt. (Mich an jemandes Hand zu halten, war eine Zeitlang eine schwierige und peinliche Sache für mich, die ich ablehnte. Heute nehme ich diese Hilfe an.)

Im Traum, in dieser tiefen Dunkelheit, kam ich mir plötzlich wie ein Narr vor und sagte zu mir selbst: »Was zum Teufel treibst du hier draußen ohne Taschenlampe? Was für ein Blödsinn, einfach so aus dem Haus zu gehen.« Einen Augenblick blieb ich stehen und machte mir Vorwürfe. Dann sagte ich mir, daß ich zum Haus zurück und eine Lampe holen müßte, weil ich so einfach nicht zurechtkommen würde. Ich hatte Angst, ich würde stolpern und mich verletzen oder noch schlimmer, mich in dieser dunklen Weite verirren.

Ich tastete mit den Füßen herum, um den Weg zu finden, mußte aber feststellen, daß es so nicht ging. Also ließ ich mich auf alle Viere herunter und tappte mit den Händen nach dem Weg.

Während ich so am Boden herumsuchte, spürte ich, daß ich nicht allein war. Zuerst dachte ich an einen Hund. Ich habe zwar keine ausgesprochene Angst vor Hunden, bin aber doch ein wenig unsicher und springe deshalb rauher mit ihnen um, als eigentlich nötig wäre. Wenn es ein Hund war, dann war es jedenfalls nur ein Hund, nichts, was mich ernsthaft ängstigen konnte.

Aber ich paßte genau auf und merkte, daß das Tier näherkam. Bald sah ich das Glühen seiner gelben Augen. Und da wußte ich, daß es kein Hund war, sondern ein Wolf. Ich reagierte, wie ich im Wachzustand reagieren würde. Mein erster Gedanke war: »Aha, jetzt muß ich also diesen Wolf töten.« Doch dann geschahen Dinge, die nur im Traum geschehen konnten. Ich sah mich selbst plötzlich auf andere Weise und dachte: »Das ist doch absurd. Verrückt. Wie soll ich mit bloßen Händen einen Wolf töten – auf seinem Terrain, im Stockfinstern und zu einer Zeit, wo ich mich selbst kaum auf den Beinen halten kann?«

Und dann die erschreckende Einsicht: Ich muß mit diesem Wolf Freundschaft schließen.

An dieser Stelle wachte ich auf – und spürte, daß sich eine Tür zu einem noch unerforschten Teil meines Lebens geöffnet hatte. Ich weiß nicht, wohin die Reise geht. Ich hoffe und fürchte, diesem Wolf wieder zu begegnen, der meine eigene wilde Seele ist, mein heimlicher Schatten. Und doch *muß* ich lernen, meine Kriegerpose aufzugeben, dieses Gefühl, daß ich alles unter Kontrolle habe, weil ich mit meinem Entsetzen selbst fertigwerden kann. Ich muß dem Entsetzen nachgeben, es annehmen, mich mit ihm anfreunden, ich muß auch diesen Rest von mir lieben lernen, wenn ich wieder einmal dem Wolf begegne, der mein eigener dunkler Bruder ist.

Die Frage stellt sich: sollen wir denn nicht das Böse fürchten? Dietrich Bonhoeffer, der das Böse im Nazideutschland aus erster Hand kennenlernte, gibt eine einleuchtende Antwort. Anfangs verschrieb er sich einem pietistischen Pazifismus, sah aber bald ein, daß diese Form des Gutseins eine Flucht vor dem Bösen war. Er schloß sich der Widerstandsbewegung an und bezahlte dafür mit jahrelanger Haft, monatelanger Internierung in einem Konzentrationslager und schließlich mit dem Tod durch Erhängen. In seinen »Briefen und Aufzeichnungen aus der Haft« beschreibt er, wie Dummheit dem Bösen Vorschub leistet:

Dummheit ist ein gefährlicherer Feind des Guten als Bosheit. Gegen das Böse läßt sich protestieren, es läßt sich bloßstellen, es läßt sich notfalls mit Gewalt verhindern, das Böse trägt immer den Keim der Selbstzersetzung in sich, indem es mindestens ein Unbehagen im Menschen zurückläßt. Gegen die Dummheit sind wir wehrlos. Weder mit Protesten noch durch Gewalt läßt sich hier etwas ausrichten; Gründe verfangen nicht; Tatsachen, die dem eigenen Vorurteil widersprechen, brauchen einfach nicht geglaubt zu werden – in solchen Fällen wird der Dumme sogar kritisch –, und wenn sie unausweichlich sind, können sie einfach als nichtssagende Einzelfälle beiseitegeschoben werden. Dabei ist der Dumme im Unterschied zum Bösen restlos mit sich selbst zufrieden; ja, er

wird sogar gefährlich, indem er leicht gereizt zum Angriff über-
geht. Daher ist dem Dummen gegenüber mehr Vorsicht geboten als
gegenüber dem Bösen. Niemals werden wir mehr versuchen, den
Dummen durch Gründe zu überzeugen; es ist sinnlos und gefähr-
lich.

Um zu wissen, wie wir der Dummheit beikommen können, müssen
wir ihr Wesen zu verstehen suchen. Soviel ist sicher, daß sie nicht
wesentlich ein intellektueller, sondern ein menschlicher Defekt ist.
Es gibt intellektuell außerordentlich bewegliche Menschen, die
dumm sind, und intellektuell sehr Schwerfällige, die alles andere als
dumm sind. Diese Entdeckung machen wir zu unserer Überra-
schung anläßlich bestimmter Situationen. Dabei gewinnt man
weniger den Eindruck, daß die Dummheit ein angeborener Defekt
ist, als daß unter bestimmten Umständen die Menschen dumm
gemacht werden, bzw. sich dumm machen lassen. Wir beobachten
weiterhin, daß abgeschlossen und einsam lebende Menschen diesen
Defekt seltener zeigen als zur Gesellung neigende oder verurteilte
Menschen und Menschengruppen. So scheint die Dummheit viel-
leicht weniger ein psychologisches als ein soziologisches Problem zu
sein. Sie ist eine besondere Form der Einwirkung geschichtlicher
Umstände auf den Menschen, eine psychologische Begleiterschei-
nung bestimmter äußerer Verhältnisse. Bei genauerem Zusehen
zeigt sich, daß jede starke äußere Machtentfaltung, sei sie po-
litischer oder religiöser Art, einen großen Teil der Menschen mit
Dummheit schlägt. Ja, es hat den Anschein, als sei das geradezu ein
soziologisch-psychologisches Gesetz. Die Macht der einen braucht
die Dummheit der anderen. Der Vorgang ist dabei nicht der, daß
bestimmte – also etwa intellektuelle – Anlagen des Menschen
plötzlich verkümmern oder ausfallen, sondern daß unter dem
überwältigenden Eindruck der Machtentfaltung dem Menschen
seine innere Selbständigkeit geraubt wird und daß dieser nun –
mehr oder weniger unbewußt – darauf verzichtet, zu den sich
ergebenden Lebenslagen ein eigenes Verhalten zu finden. Daß der
Dumme oft bockig ist, darf nicht darüber hinwegtäuschen, daß er
nicht selbständig ist. Man spürt es geradezu im Gespräch mit ihm,
daß man es gar nicht mit ihm selbst, mit ihm persönlich, sondern
mit über ihn mächtig gewordenen Schlagworten, Parolen etc. zu

*tun hat. Er ist in einem Banne, er ist verblendet, er ist in seinem
eigenen Wesen mißbraucht, mißhandelt. So zum willenlosen Instrument geworden, wird der Dumme auch zu allem Bösen fähig
sein und zugleich unfähig, dies als Böses zu erkennen. Hier liegt die
Gefahr eines diabolischen Mißbrauchs. Dadurch werden Menschen
für immer zugrunde gerichtet werden können.*[7]

Was Bonhoeffer als das soziologische Problem der Beziehung
zwischen der Dummheit der Vielen und der monströsen Bösartig-
keit eines Hitler beschreibt, sehe ich als Analogie eines psychologischen Problems: das törichte Ableugnen des unbewußten Bösen
in jedem von uns. Und in diesem psychologischen Bereich gilt wie
auf der soziologischen Ebene, *»daß nicht ein Akt der Belehrung,
sondern allein ein Akt der Befreiung die Dummheit überwinden
könnte.«*[8] Meine Patienten beschreiben das, was sie tun, oft als
neurotisch oder irrational, lies »dumm«. Solch ein Patient sagt, sein
Verhalten verletze zwar die Menschen, die er liebt, aber er könne
nun mal nicht anders, weil unbewußte Bedürfnisse oder Zwänge
dahinterstehen oder weil er eine unglückliche Kindheit hatte. Er
möchte ja wirklich das Richtige tun und hat sich lange bemüht,
seine Dummheit, seine Neurose zu überwinden, aber ohne Erfolg.
Er möchte sich noch mehr anstrengen und sucht sich einen Therapeuten, der ihm dabei helfen soll.
Zu seiner Bestürzung nenne ich das, was er tut, nicht neurotisch,
sondern böse. Nicht genug damit, schlage ich ihm auch noch vor,
sich nicht so sehr mit der Überwindung dieser Dinge zu plagen,
sondern ihnen lieber nachzugeben, das heißt, sie als seine eigenen
Wünsche anzuerkennen, ihnen wann immer möglich Ausdruck zu
geben, sie zu übertreiben und sogar zu genießen. Gegen solch
satanische Unterstützung sträubt er sich natürlich ganz entschieden.
Eine Möglichkeit, diesen Widerstand zu überwinden, ist die
Phantasiereise. Ich sage dem Patienten, er brauche sich um den
Verlauf der Reise keine Sorgen zu machen, denn er könne ja
niemandem wehtun; nur wir beide würden erfahren was geschieht,
und im übrigen sei es ja nur ein Experiment. Wenn in unserer
therapeutischen Gemeinschaft genug Vertrauen herrscht und der

Patient nicht zu ängstlich ist, bitte ich ihn jetzt, sich vorzustellen, daß er andere nicht gegen seinen Willen verletzt, sondern weil die Dinge, die er tut, eben die Dinge sind, die er tun möchte. Nehmen wir zum Beispiel einen Mann, der heimlich außereheliche Affären hat. Er sagt, er kann nicht anders, weil er einfach zwanghafte sexuelle Bedürfnisse hat. Er bedauert es und fühlt sich schuldig, weil es sich nicht mit seiner Loyalität gegenüber seiner Frau verträgt, und er fürchtet ihren Zorn, falls sie ihm doch einmal auf die Schliche kommt. Ich interpretiere sein Schuldgefühl als Groll gegen unerwünschte Verpflichtungen. Dann fordere ich ihn auf, sich vorzustellen und mir zu beschreiben, wie solche Abenteuer aussehen würden, wenn er ihnen völlig unbeschränkt nachgehen könnte und sie so lustvoll wären, wie er es sich nur wünschen kann – und er soll sie auf eine Art beschreiben, die für mich auch interessant und unterhaltsam ist. Er beginnt und stellt bald fest, daß er im Grunde nicht so viele oder so wüste Affären hat, wie er sich wünscht. Seine Phantasiewünsche gehen weit über seine tatsächlichen Missetaten hinaus. Sein tiefes Vergnügen daran, wenigstens in dieser Hinsicht seinen eigenen Weg zu gehen, hilft ihm, sich seine sexuelle Genußsucht einzugestehen.

Erst dann können wir die andere Seite der Sache angehen, seine Treulosigkeit gegenüber seiner Frau. Diese zweite Phase des Bösen erreichen wir, wenn ich ihn auffordere, mir in allen Einzelheiten und möglichst übertrieben (damit ich mir kein falsches Bild mache) zu beschreiben, was seine Frau alles unternimmt, um *ihn* zu verletzen. Wenn er sich auf diese Gefühle einläßt – wie sehr er die Ehe oft als Falle empfindet, wie sehr sie seine sexuellen Bedürfnisse beschneidet –, werden seine Verletztheit und seine Wut sich heftig Luft machen.

Ich gehe dann gern auf seine Erfahrung der Machtlosigkeit ein, sein Gefühl, daß seine Frau ihren Willen durchsetzt und er seinen nicht. Dann eine schnelle Rückblende zu seinem Vergnügen an seinen Affären unter besonderer Betonung der Tatsache, daß sie in diesem Fall wohl ihren Willen nicht bekommt, oder? Die Erkenntnis, daß vielmehr er selbst hier seinen Willen durchsetzt, führt oft zu einem spitzbübischen Lächeln oder gar einem boshaften Lachen. Wir kichern wie ungezogene Kinder, und an diesem Punkt kann ihm klarwerden, daß er seine Frau mit seinen Abenteuern verletzt (oder verletzen könnte, falls sie dahinterkommt), weil er genau das will. Er kann ihr gegenüber nicht seinen Willen durchsetzen und sorgt deshalb wenigstens in seiner Phantasie dafür, daß sie nicht bekommt, was sie will.

Jetzt können wir die Frage nach seiner »Untreue gegenüber seiner Frau« neu stellen, nämlich in Entgegensetzung zu der Frage nach seiner Treue zu sich selbst. Der Patient wird dabei schnell herausfinden, daß er diese Probleme nicht länger als neurotische Symptome definieren kann. Er sieht, daß er einfach seinen versteckten Wünschen Ausdruck gibt, sich sexuell auszuleben und den erbitterten Kampf mit seiner Frau zu gewinnen. In diesem Ehekrieg kann er, wenn er will, ein mieser Hund sein, und meinetwegen kann er es sogar genießen; er muß es nur zugeben, damit zwischen uns Klarheit herrscht und er wirklich Vergnügen daran finden kann. Doch einsichtsvoll beobachtetes Verhalten ist etwas anderes als das gleiche Verhalten, wenn es nur naive Torheit ist. Oft genug genießt der Patient jetzt sein Verhalten für kurze Zeit bewußt, um es dann aufzugeben und sich in direktem und offenem Dialog mit seiner Frau auseinanderzusetzen. Dann wird er seine Energie direkt auf Dinge lenken, die ihn wirklich ärgern und die er vielleicht sogar ändern kann (oder mit denen er wenigstens leben kann, ohne daß sie ihn ständig bedrohen oder bedrängen).

Auch »neurotische Symptome«, die nicht als Fehlverhalten gewertet werden, können durch Einsicht solch eine Metamorphose zu erkanntem und genossenem Bösem erfahren. Eine Frau, die mich vor einiger Zeit konsultierte, klagte über plötzliche Tränenausbrüche, völlige Verwirrung und Vergeßlichkeit. Ich konnte aus ihrer Beschreibung nicht entnehmen, was für eine Art von Person sie war; ich merkte nur, daß sie sich große Mühe gab, sich mit einer möglichst klaren Symptombeschreibung als gute Patientin zu qualifizieren. Sie hatte keine Ahnung, was diese Symptome hervorrief und in welcher Beziehung sie zu ihrem Leben standen. Ich ließ sie erzählen, wie sie vor dem Auftreten dieser Symptome war, und zum Vorschein kam das Bild eines »netten Mädchens«, auf das jeder sich verlassen konnte und das niemals einen anderen mit seinen Problemen belästigte. Wir sprachen ein wenig über die Ähnlichkeit ihrer Ehe mit ihrer Beziehung zu ihren Eltern; hier wie da sagte man ihr oft, wie gut sie doch sei, und daß sie sich keine Sorgen machen solle (so brauchte niemand sich klarzumachen, wie elend sie sich tatsächlich fühlte).

Ich sagte, es sei doch sicher schrecklich, daß sie jetzt, wo ihr Unglück jedem offensichtlich geworden sei, zu verwirrt war, um unabhängig sein zu können, daß sie andere umHilfe bitten mußte und wegen ihrer Vergeßlichkeit nicht mehr der zuverlässige Erfüller aller Wünsche sein konnte. Das sei in der Tat schrecklich, sagte sie, und davon wolle sie geheilt werden. Sie war in äußerster Sorge, weil all das gewiß eine große Last für ihre Familie sein mußte. Als ich andeutete, es könne auch eine Art Heimzahlung sein, war sie absolut entsetzt, vor allem, weil ich dabei lachte. Nun gut, fragte ich weiter, wenn das nicht ihre Art war, ihrer Familie etwas heimzuzahlen, wie machte sie es dann bei ihrem Mann? »Oh, indem ich nicht mit ihm rede und nicht mit ihm schlafe.«

Dazu setzte sie ein boshaftes Grinsen auf und zum erstenmal blitzte so etwas wie Vitalität und Triumph in ihren Augen auf. Wir kicherten darüber, daß er keine Möglichkeit hatte, sie davon abzuhalten. Nun waren aber neue Zwänge in ihr Leben gekommen und diese Form der Heimzahlung reichte nicht mehr aus – daher ihre »neurotischen Symptome«. Ich würde jetzt gern erzählen, wie ich ihr half, diese »Dummheit« als das Böse in sich zu erkennen, zu akzeptieren, zu genießen und zu überwinden. Doch dazu kam es nicht.

Abgesehen von diesem kurzen, genüßlichen Eingeständnis ihres passiven Widerstands bestand sie darauf, sich als rundum gut darzustellen. Hätte das Böse nicht wenigstens einmal durchgeschimmert, dann hätte ich sie als völlig ungeeignet für eine Psychotherapie gehalten, eher ein klinischer Fall, der nur auf Bestätigung und Pillen anspricht. Jedenfalls mochte ich aber ihre Art von Güte gar nicht, ganz abgesehen von der Tyrannei, die sie unter dem Deckmantel übergroßer Empfindlichkeit ausübte. Sie gab zuwenig und forderte zuviel, und deshalb sagte ich ihr, daß ich an einer Zusammenarbeit nicht interessiert sei. Ich bot ihr die Namen einiger anderer Therapeuten an, aber sie stand mit dem

Ausdruck unschuldigen Gekränktseins auf, sagte: »Nein, vielen Dank«, und verließ schmollend meine Praxis.

Ich war froh, sie nicht mehr auf dem Hals zu haben. Als junger Therapeut konnte ich das Gefühl nicht gelten lassen, daß es Patienten gab, die ich nicht mochte und mit denen ich nicht arbeiten wollte, selbst wenn ich ihnen hätte helfen können. Wenn ich mich dann gemäß dieser Dummheit (mit der viele Therapeuten behaftet sind) verhielt, verblüffte mich immer wieder, wie erfolglos meine Bemühungen waren und wie schnell die Patienten das Weite suchten. Immer wieder versuchte ich, der gute Therapeut zu sein, der zuerst an die anderen denkt. Rückblickend und durch meine Erfahrung als ausbildender Therapeut gewitzt, erkenne ich, wie der gute Therapeut, der nicht im Traum daran denkt, einen Patienten abzuwimmeln, genau das tut, indem er unbewußt üble Winkelzüge macht, die nach außen hin darauf angelegt sind, dem Patienten zu helfen. An diesem Punkt entscheide ich mich bewußt dafür, böse zu sein; dadurch erspare ich mir, daß ich mich später dabei ertappe.

Die verborgenen Kräfte in uns sind nur gefährlich, wenn wir uns ihrer nicht bewußt sind. Auch aus den dunkelsten Ecken kann noch Licht kommen, wenn der Patient sie erst ausgemacht hat und nicht mehr wegschaut. Die Unterscheidung von Gut und Böse bleibt oberflächlich und willkürlich, solange sie nicht an die Frage geknüpft ist, ob man bereit ist, sich das Böse einzugestehen, das in einem selbst liegt. Rabbi Jaakob Jizchak von Lublin sagt uns dazu:

Ich liebe den Bösen, der weiß, daß er böse ist, mehr als den Gerechten, der weiß, daß er gerecht ist. Von den Bösen aber gar, die sich für gerecht halten, ist das Wort gesagt: »Noch an der Schwelle der Unterwelt kehren sie nicht um.« Denn sie wähnen, man führe sie zur Hölle, damit sie Seelen aus ihr erlösen.[9]

Wie ist es möglich, wird man vielleicht fragen, daß die Anerkennung des Bösen zum Guten führen kann? Nehmen wir als Beispiel die osteuropäische Kultur der »Schtetl«-Juden. Unter diesen Leuten ist heftiger Streit ein wichtiger Bestandteil des gemeinsamen Lebens. Bei diesen Streits werfen sie einander unbekümmerte jede erdenkliche Sünde vor – jede außer einer.

Mag der Zorn bei einem Streit auch noch so heftig werden, niemals darf man die eine Sache erwähnen, die dem Gegner die Schamröte ins Gesicht treiben würde. Man darf ihm unbedenklich den Verlust aller Zähne bis auf einen, der wehtut, an den Hals wünschen, man darf die abenteuerlichsten Anschuldigungen aussprechen; nur das eine, das den Gegner ernsthaft beschämen würde, spricht man niemals aus.

Wenn man also weiß, daß er ein uneheliches Kind hat oder sein Bruder vom Glauben abgefallen ist oder seine Ehe unglücklich ist, dann wird man dies *nicht* sagen. Jeder mag den Kampf kämpfen, den er für gerecht hält, doch man schlägt den Gegner nicht unter die Gürtellinie. Man kennt die Achillesferse des Gegners, und deshalb kämpft man zwar erbittert, doch niemals grausam, niemals ohne Achtung vor dem anderen.

Nicht das allzu menschliche zornige Streiten ist böse; hätte aber einer ein Gefühl der Erhabenheit über den anderen, das ihm erlaubt, ihn niederzustrecken als hätte er selbst keine verwundbaren Stellen, dann wäre das ein Ausdruck des Bösen.

Ich selbst bin gewiß ein armseliger Therapeut, wenn ich mir manchmal einzubilden versuche, daß ich besser bin als andere. Dann helfe ich meinen Patienten sogar noch, sich selbst zu quälen, stimme ihnen zu, daß sie nicht gut genug sind, daß sie an ihrem Unglück selbst schuld sind, daß sie sich bestimmt bessern könnten, wenn sie es nur wirklich versuchten. Wenn ich mir aber meiner Grenzen und des Bösen in mir bewußt bin, kann ich meine Patienten akzeptieren und sehe sie einfach als Menschen, die sich irgendwie durchkämpfen.

Dann höre ich ihnen auch ganz anders zu und erkenne, wieviel von ihrem Unglück einfach darin besteht, daß sie zuviel von sich verlangen. Ich bringe ihnen nahe, daß jeder Gedanke und jedes Gefühl erlaubt ist, daß keine Handlung jenseits des Vorstellbaren liegt, solange ein Mensch nur bereit ist, die Konsequenzen auf sich zu nehmen. Die festgeschriebene Moral ist ein Spiel; echtes ethisches Empfinden ist an die jeweilige Situation gebunden: jede Handlung ist danach zu beurteilen, welchen Sinn sie für eine bestimmte Person zu einer bestimmten Zeit hat. In Steintafeln eingemeißelte Gesetze helfen uns dabei nicht weiter. Wie Nietzsches Zarathustra bestärke ich meine Patienten bei ihren Expeditionen ins Dunkel ihrer Seele mit den Worten: »Sie werden euch Zerstörer der Moralität nennen, doch ihr seid nur die Entdecker eurer selbst.«

Oft stelle ich fest, daß meine Patienten viel zu hart gegenüber sich selbst sind. Sie kommen in der Erwartung, daß ich sie wäge und für zu leicht befinde, daß ich ihnen beibringe, diszipliniert und gut zu sein. Das sind zum Teil ihre eigenen Projektionen, liegt aber wohl auch an meinem Ruf, ein rücksichtsloser Konfrontationstherapeut zu sein. In der Tat, meine derbe Art ist mir im Leben wie bei der Arbeit oft ein guter Rückhalt.

Vor einiger Zeit brachte ich mich selbst in eine Zwickmühle, aus der ich lange nicht herauskam. Wegen meiner Krankheit und verkürzten Lebenserwartung wollte ich meine Honorare erhöhen. Dazu brauchte ich aber eine Genehmigung der Tarifkommission und konsultierte einen Anwalt, um sie zu bekommen. Er riet mir zu den Argument, daß meine berufliche Qualifikation im Lauf meiner beruflichen Entwicklung gewachsen war und ich deshalb einen Anspruch auf bessere Entlohnung hatte.

Die Bürokraten, die über solche Dinge zu entscheiden haben, verwarfen meine Argumente für die gestiegene Qualität meiner Dienste und regten statt dessen an, ich solle mich einem Prüfungsausschuß von sogenannten Fachleuten stellen und könne dadurch ein Diplom erwerben, das meine höheren Ansprüche rechtfertigte. Das erschien mir absurd, denn ich hatte schon vor langer Zeit beschlossen, mir gerade dieses Diplom nicht zu holen. Jetzt brauchte ich Geld, fühlte mich meiner Krankheit ausgeliefert und stand vor der Notwendigkeit, mit den Wölfen zu heulen, um zu bekommen, was ich wollte – und das, nachdem ich es so lange hatte vermeiden können.

Die Leute, die mich da beurteilen sollten, würde ich nicht mal als Auszubildende annehmen. Sie nehmen sich furchtbar wichtig und lassen sich in alle Prüfungsausschüsse wählen, die mit der Vergabe von Titeln zu tun haben. Gar nicht die Art von Leuten, die ich mag. Jetzt sollte ich also solche Menschen um etwas anbetteln, worauf ich einen Anspruch zu haben glaubte. Ich fand, daß ich mich dabei selbst verkaufen würde. Meine Frau half mir dadurch, daß sie überhaupt keine Hilfe war. Sie sagte, wir kämen auch ohne höhere Honorare aus, und das ganze sei bestimmt zuviel für mich, und ich sollte mich doch nicht unnötig mit solchen Sachen verausgaben. Damit hatte ich das Problem wieder ganz allein auf dem Hals.

In jener Nacht hatte ich einen Traum. Ich war zum Papst gewählt worden. Das Problem schien darin zu bestehen, ob ich Borgia oder Innozenz genannt werden sollte. Dieses kurze, konfliktbeladene Traumfragment erschien mir zuerst gar nicht so schlecht. Immerhin hatte ich in meinem letzten Traum dieser Art entdeckt, daß meine eigentliche Lebensaufgabe darin bestand, Gott zu sein. Der einzige mildernde Umstand dieses Traums hatte darin bestanden, daß ich als Gott wenigstens auf Urlaub war.

Der jetzige Traum hinterließ einen sehr faden Geschmack auf meiner Zunge. Ich nahm die Bruchstücke am nächsten Tag mit zur Arbeit, und es dauerte keine Stunde, da erzählte ich den Traum einer Patientin, die ich schon lange kannte. Sie meinte, ich mache die ganze Sache viel zu extrem und müsse vielleicht gar nicht zwischen zwei so diametral entgegengesetzten Dingen entscheiden – der politische Manipulator Borgia auf der einen und der skrupulös moralische Innozenz auf der anderen Seite. Diese Interpretation half mir weiter und führte schließlich zu der Frage, ob ich es überhaupt nötig hatte, mir den Mantel päpstlicher Unfehlbarkeit umzuhängen.

Als ich das erkannt hatte, gab ich die Absicht auf, mich einem psychiatrischen Inquisitionstribunal zu stellen, um ein höheres Diplom zu bekommen. Ich konnte den Rat meiner Frau annehmen, sah ein, daß die ganze Sache zu der Zeit zu schwierig für mich war, gab sie auf und vergab mir selbst dafür.

Na gut, ich bin also schlecht; aber nur so schlecht und so gut wie andere Leute. Um mich außer Gefahr zu bringen und in Frieden mit mir selbst zu leben, brauche ich nur meinen Schatten, meine dunkle Seite deutlich zu sehen. Alles an mir ist zu irgend etwas gut, auch das Böse. Die dunklen Mächte können eine Quelle der Kraft sein, solange man seine Skrupel nicht aufbauscht und sich voller Selbstmitleid schlechter macht, als alle anderen sind. Betrachten wir unser Sündenregister genau, nehmen wir die Verantwortung für unsere bösen Impulse in die eigene Hand, und verlernen wir nicht zu lachen, wenn wir uns selbst allzu ernst nehmen.

Es gibt eine chassidische Geschichte, die das zu illustrieren scheint:

Der Raw von Kolbischow weilte einst in Mesritsch und sah, wie ein alter Mann zum Maggid kam und ihn bat, ihm eine Sündenbuße aufzuerlegen. »Geh heim«, sagte der Maggid, »schreib alle deine Sünden auf ein Blatt Papier und bringe es mir.« Als der Mann es ihm brachte, warf er nur einen Blick darauf, dann sagte er: »Geh nur wieder heim, es ist gut.« Später aber sah der Raw, wie Rabbi Bär das Blatt las und bei jeder Zeile laut auflachte. Das verdroß ihn: Wie kann man über Sünden lachen! Jahrelang konnte er die Erinnerung nicht überwinden, bis er einmal diesen Spruch des Baalschemtow anführen hörte: »Es ist bekannt, daß niemand eine Sünde begeht, es sei denn der Geist der Narrheit in ihn gefahren. Was tut aber der Weise, wenn ein Narr zu ihm kommt? Er lacht über all seine Narrheiten, und wie er lacht, kommt der Hauch der Mildigkeit über die Welt, die Strenge schmilzt, und was lastet, wird leicht.« Der Raw besann sich. »Nun verstehe ich das Lachen des heiligen Maggids«, sprach er in seiner Seele.[10]

DER STERN

IX

Mutter des Kummers

Der Leser wird erraten, worin mein Hauptproblem mit den Frauen besteht: in meiner Eigensinnigkeit. Obgleich ich es besser weiß, gebe ich nie ganz den Gedanken auf, daß ich irgendwann herausbekomme, was eine Frau wirklich ist. Wohlgemerkt, ich bin kein männlicher Chauvinist. Ein wenig weiß ich darüber, wie es ist, eine Frau zu sein, und das wenige hat mich meine Frau gelehrt. Sie findet auch, ich sei in bezug auf die Rechte der Frau der freieste Mann, den sie kennt – ein Mann, der Frauen als ganz gleichwertige Menschen betrachtet. In Zeiten, wo meine Aufgeklärtheit nicht recht zum Tragen kommt, hält sie allerdings auch nicht mit der Meinung hinterm Berg, daß ich in meinem Mißverstehen dessen, was eine Frau ist, genauso vernagelt bin wie andere Männer.

Wenn ich klug genug bin, suche ich direkt bei den Frauen Aufklärung über diese Dinge. Und sie klären mich auf, allerdings auch darüber, daß manches von dem, was ich lernen will, über mein Begriffsvermögen geht. Solche Entmutigungen gehen nicht nur von den militanten Advokatinnen der Frauenrechte aus, wie etwa von den Führerinnen der Frauenbefreiungsbewegung oder Schriftstellerinnen von Simone de Beauvoir bis Sylvia Plath. Eine einfache, unpolitische Abessinierin gibt die folgende niederschmetternde Beschreibung von konkreter weiblicher Erfahrung.

Wie soll ein Mann wissen, was das Leben einer Frau ist? Das Leben

*einer Frau ist ganz anders als das des Mannes. Gott hat es so
gewollt. Ein Mann bleibt sich gleich von der Zeit seiner Beschnei-
dung bis ins Alter. Wenn er das erste Mal bei einer Frau war, ist er
nachher derselbe wie vorher. Doch wenn eine Frau ihre erste Liebe
erlebt, wird sie eine andere. Und sie bleibt eine andere. Der Mann
verbringt eine Nacht bei der Frau und geht dann weg. Sein Leben
und sein Körper bleiben sich immer gleich. Die Frau empfängt. Als
Mutter ist sie ein anderer Mensch als die Frau ohne Kind. Sie trägt
die Frucht der Nacht neun Monate lang in ihrem Körper. Etwas
wächst. Etwas wächst in ihr Leben und verschwindet nie mehr
daraus. Sie ist Mutter. Und sie bleibt Mutter, auch wenn ihr Kind
stirbt, auch wenn alle ihre Kinder sterben. Denn einmal hat sie ihr
Kind unter dem Herzen getragen. Und es verläßt ihr Herz nie
wieder. Nicht einmal wenn es tot ist. All das weiß der Mann nicht.
Er weiß nichts.*[1]

Wie soll ich es also anfangen, dieses Wesen zu begreifen, das meine
Welt vervollständigt und durcheinanderbringt, das mir so ähnlich
ist und doch so ganz anders? Ich habe offen gesagt die Neigung,
Frauen einfach zur Befriedigung meiner Bedürfnisse zu benutzen,
ohne lange mit der schweren Verantwortung zu ringen, mir immer
vor Augen halten zu müssen, daß sie auch menschliche Wesen mit
einer heiligen Seele sind. Ich würde gern sagen, daß ich dieser
Neigung nicht oft nachgebe, weil ich so tiefe Achtung vor dem
Anderssein der Frauen habe. Leider kann ich nur sagen, daß ich
Frauen vorwiegend deswegen nicht benutze, weil ich sonst selbst
in die Gefahr gerate, benutzt zu werden. Die Illusion der Überle-
genheit kostet auf die Dauer mehr, als sie einbringt.

*Zu Beginn meiner Praxis habe ich Männer behandelt, die Prostitu-
ierte »benutzten«. Sie brauchten diesen Frauen nur Geld zu geben
und konnten dann alles von ihnen verlangen, was sie wollten. Sie
konnten die Huren nicht nur zu jedem sexuellen Trick veranlassen,
sondern auch dazu, nett zu ihnen zu sein. Wenn sie Liebe auch
nicht kaufen konnten, so doch wenigstens mieten. Die Frauen
brauchten das Geld, die Männer hatten es. Die Frauen mußten
nachgeben, die Männer waren verächtlich, überlegen, hatten sie
unter Kontrolle. Später habe ich auch Strichmädchen und Strippe-
rinnen behandelt. Sie erklärten mir, die Typen, mit denen sie zu tun*

hätten, seien Gimpel. Man brauche ihnen nur ein bißchen Sex zu geben, und schon rückten sie ihr ganzes Geld raus. Männer seien so leicht zu lenken. [2]

Die entwürdigende gegenseitige Ausbeutung in der Prostitution ist nur die auffälligste Art und Weise, in der Männer und Frauen einander benutzen. Viel weiter verbreitet sind die kaum wahrnehmbaren, tödlichen Dinge, die wir einander antun. Im Mikrokosmos der jüdischen Schtetl-Kultur verbrachten die Männer viel von ihrer Zeit mit dem Talmudstudium; sie erforschten die Gesetze des Heiligen, während den Frauen die häuslichen Dinge überlassen waren. Mit vielen taktischen Winkelzügen wird ein Anschein von Achtung vor der Rolle des anderen erzeugt, doch darunter gähnt ein Abgrund von Verachtung.

In Wahrheit glauben die Männer, daß die Frauen zu unwissend, zu dumm und zu engstirnig sind, um die heiligen Schriften würdigen zu können. Sollen sie Dienerin des Mannes sein, wie Gott es wollte, sollen sie kochen und putzen, ohne zu denken oder zu fühlen. Die Frauen wiederum zeigen sich zwar nach außen hin unterwürfig, fühlen sich aber tatsächlich als Lenkerinnen der wirklichen Welt, während die Männer nur im Wolkenkuckucksheim ihrer Ideen schweben wie kleine Jungen beim Spiel.

Doch das Fehlen eines Partners, den man achten und dem man vertrauen kann, ist das kleinere Übel. Viel schlimmer ist der Verlust eines Teils vom eigenen Selbst.

Ich erinnere mich noch gut an eine wunderschöne junge Frau, die ich vor etlichen Jahren behandelte. Sie war eine Dirne, aber kein billiges Strichmädchen, sondern ein Callgirl, das man nicht unter hundert Dollar für eine Nacht als Gefährtin und Geliebte haben konnte. Doch abgesehen von ihrem gesellschaftlichen Status, war die emotionale Dynamik identisch – eine Hure ist eine Hure. Sie kam, weil sie deprimiert war, weil sie in sich die typische Leere und Sinnlosigkeit aller Dirnen empfand. Sie war ein eigenwilliger, scheinbar genußsüchtiger und emotional unbeteiligter Mensch, der Sex einfach als Dekoration benutzte, als Quelle des Profits, als Waffe, mit der sie Männer erniedrigte (ohne zu bemerken, daß sie dabei stets selbst erniedrigt wurde).

Monatelang lief unsere Arbeit gut und sie erreichte, was sie wollte, die nächsthöhere Stufe dieser Art von Arbeit. Sie wurde Barmädchen, bot nach wie vor Verführung für Geld feil, manipulierte, hielt sich selbst innerlich aus allem heraus. Meist erschien sie so aufgedonnert, wie sie bei der Arbeit war, während einer Pause in meiner Praxis; für gewöhnlich trug sie ein elegantes, aber etwas zu auffälliges bodenlanges Samtkleid. An einer Seite bis fast zur Hälfte hinauf geschlitzt, kam darunter ein langes, ansehnliches Bein in Netzstrumpf und hochhackigem Silberschuh zum Vorschein. Im Haar trug sie ein übertriebenes Diadem aus künstlichen Steinen, Krönung ihrer stark geschminkten und mit Kostümschmuck behängten Erscheinung. Aber wenn sie meine Praxis betrat, ließ sie sich wie ein kleines Mädchen in einen Ledersessel fallen und sagte: »Das ist der einzige bequeme Sessel in dieser ganzen lausigen Stadt. Kann ich meine Schuhe ausziehen?« Dann kuschelte sie sich zurecht, und wir sprachen über ihr früheres und jetziges Leben. Oft weinte sie.

Sie arbeitete hart, und als sich die ersten Erfolge zeigten, fand sie sogar einen Freund – kein Kunde, sondern jemand, den sie wirklich gernhatte. Selbstverständlich geriet sie in dieser Übergangszeit an jemanden, der selbst Probleme hatte, ein älterer, verheirateter Mann, der sie schließlich mit seiner eigenen Frau »betrog«. Sie war verletzt und wütend. Sie hatte sich eine Blöße gegeben, zum erstenmal, und mußte prompt einen Schlag einstecken.

An diesem Tag verließ sie meine Praxis mit einem Racheschwur; irgendwie würde sie es ihm heimzahlen. Ein paar Tage später kam sie zur nächsten Sitzung, stinkwütend, diesmal aber auf mich. Sie sagte, ich hätte alles ruiniert; früher sei sie allein zurechtgekommen, jetzt nicht mehr.

Sie hatte ihren Liebhaber ein letztes Mal in ihre Wohnung gelockt und wollte erreichen, daß er sich genauso hilflos fühlte wie sie. Sie beschrieb, wie sie ihn ins Bett gelotst hatte, um ihn bis zur Ekstase zu erregen und dann rauszuschmeißen. Sie machte ihn so richtig heiß, wie sie es in tausend anderen Betten gelernt hatte. Alles lief wie geplant, und dann – sie sah mich direkt an und schimpfte: »Sie sind schuld, Sie mieser Hund mit Ihrer verdammten Therapie! Sie haben alles ruiniert. Als ich ihn genau da hatte, wo ich ihn haben wollte, bin ich selber scharf geworden!«

Um einen anderen Menschen zu »benutzen«, muß man offenbar einen Teil von sich selbst aufgeben. So sei es! Versuche ich, Frauen zu benutzen, so stellt sich heraus, daß ich damit nichts Erstrebenswertes erreiche. Welche anderen Möglichkeiten habe ich denn? Ich bin versucht, dahin zurückzuschauen, wo alles begann, zu der ersten Frau in meinem Leben, meiner Mutter. Auf meinem mühsam erkämpften Weg durch diese komplizierte männlich/weibliche Welt hat es sich tatsächlich als hilfreich erwiesen, meine frühen Mutter/Kind-Erfahrungen zu untersuchen, die Überreste dieses Teils meiner Geschichte auszugraben und klar zwischen den Auswirkungen dieses unerledigten Geschäfts und der gegenwärtigen Realität meiner Beziehung zu Frauen zu unterscheiden. In meinem Leben wirken jedoch noch andere mütterliche Kräfte, die nicht aus jenem weit zurückliegenden Kampf mit meiner toten, manchmal vermißten, guten/schlechten leiblichen »Bronx«-Mutter herrühren. Es sind die archaischen, dunklen Bilder, die aus dem Unbewußten heraufschäumen, das ich mit allen Menschen teile: die archetypischen Bilder der Großen Mutter.

Eine Seite der Großen Mutter erscheint auf der Tarotkarte *Der Stern*. Ein nacktes Mädchen gießt aus zwei Krügen die Wasser des Lebens. Aufrecht fordert diese Karte zu Hoffnung auf und verspricht, daß große Liebe gegeben und empfangen wird. Erscheint sie umgedreht, so spricht sie von Zweifel und Pessimismus, vom drohenden Verlust der Liebe.

In schweren Zeiten, in denen Angst oder Schmerz oder Müdigkeit unerträglich werden, sehne ich mich nach der Zuflucht, die eine gute Mutter sein könnte. Viele von uns möchten zwar diese zärtliche Sehnsucht in sich lieber nicht wahrhaben, aber in den schwärzesten Augenblicken steigt sie in jedem von uns auf. Für manche ist das der Widerhall einer wunderbaren Zeit, in der die liebende Mutter wirklich da war und für alles sorgte, was man sich nur wünschen konnte. Aber viele haben diese mütterliche Fürsorge nie erlebt, konnten sich nie einsfühlen mit einem Wesen, das Frieden und Freude für sie bedeutete. Dennoch sehnen wir alle uns so heftig nach etwas, das der Angst und dem Schmerz ein Ende macht, als suchten wir etwas, das wir einmal besessen haben. Wie ist es aber möglich, daß ein Mensch sich nach etwas zurücksehnen kann, das es in seinem persönlichen Leben nie gegeben hat? Wie kann ihm etwas fehlen, das er nie besaß? Unsere leibliche Mutter hat stets große Bedeutung für die Gestaltung unseres Lebens, doch sie formt nicht nur durch ihre Persönlichkeit und ihr Verhalten das kleine Kind, das jeder einmal war, sondern ist auch Trägerin unserer archetypischen Erfahrung der Großen Mutter. Keine Mutter, sei sie liebevoll oder grausam, verläßlich oder nicht, wird von ihrem Kind ausschließlich so erfahren, wie sie sich ihm gegenüber verhält, sondern stets schwingen dabei auch die ambivalenten Reaktionen des Kindes auf die gegensätzlichen Aspekte der archetypischen Großen Mutter mit, die zugleich liebevoll und erschreckend ist.

Jedes Kind sieht seine leibliche Mutter durch ein Kaleidoskop von Bildern der Großen Mutter hindurch.[3] Diese Ausschmückung der blassen Gestalt unserer »wirklichen« Mutter vertieft das Erleben jedes Kindes und spukt durch die Imagination jedes Erwachsenen. Toby Tates unveröffentlichtes Gedicht »Mutter des Kummers« ist solch ein Kaleidoskop dunkler, archaischer Bilder:

Kind
Schwester
Geliebte
Mutter
Herrin des Erbarmens
Königin des Friedens
Tor des Himmels
Thron der Weisheit
Spiegel der Gerechtigkeit
Zuflucht der Sünder
Trösterin der Betrübten
hält sie ihre beiden Brüste in den Händen
hält sie eine Brust und deutet auf ihre Lenden
die Arme geöffnet
hält sie eine Schlange
hält sie eine Blume
reitet sie einen Stier
steht sie schwanger

kauert sie gebärend
hält sie ein Kind an ihre Brust
umtollt von Tieren
gekrönt mit den Mauern einer Stadt
Mutter des Kummers

Für viele von uns ist die fundamentale Bedeutung der Großen Mutter nicht mehr erkennbar. Geformt von der jüdisch-christlichen Kultur des Westens, stehen wir unter dem Einfluß eines Schöpfungsmythos, in dem der Große Vater alles, auch den Menschen, erschuf. In der Genesis spielt die Frau nur die Rolle der Spielgefährtin und Dienerin des Mannes.

Es gibt jedoch frühere Schöpfungsmythen, in denen die Große Mutter als Ursprung aller Dinge dargestellt wird. So etwa in einem alten akkadischen Schöpfungsbericht, dessen Hauptmotiv in patriarchalisch verzerrter Form in der biblischen Erzählung von Eva und der Schlange wiederzuerkennen ist:

Am Anfang war die Welt gestaltlos und leer. Und unsere Große Mutter stieg nackt aus dem Abgrund herauf, sah sich um und fand, daß sie allein war. Sie tanzte im Dunkel und durch ihr Tanzen geriet die Luft in Bewegung. Der Wind blies ihr von Norden ins Gesicht. Sie nahm ihn in die Hände und rieb ihn und gab ihm die Gestalt einer gefleckten Schlange.

Dieser Schlange gelüstete nach unserer Mutter, und sie schlang sich um ihren Körper und erkannte sie.

Die Zeit verging. Unsere Mutter nahm die Gestalt einer Taube an, und über dem Wasser gebar sie ein großes Ei. Die Schlange wand sich um dieses Ei, um es auszubrüten. Es brach auf, und so wurden alle Dinge erschaffen.[4]

In allen primitiven Mythen wird eher das Weibliche als das Männliche als lebenspendendes Prinzip dargestellt.

Die Sehnsucht nach der Geborgenheit im Schoß der Großen Mutter ist nur eines von vielen komplexen Themen, die mit dem Mutter-Archetypus zusammenhängen. Aber es ist das erste Thema und steht daher am Beginn der Betrachtung. Der Wunsch nach

Rückkehr zur Großen Mutter drückt sich oft als spirituelle Sehnsucht nach mystischen Erfahrungen aus, bei denen der Einzelne wieder zu einem unablösbaren Teil des Universums wird. Einssein mit dem Kosmos ist Vereinigung mit der Großen Mutter, ein Zustand der Ganzheit und vollkommenen Zufriedenheit. Alles löst sich auf im Unbewußten, totale Abhängigkeit, von keinem Zweifel durchbrochene Seligkeit. Wir alle werden von solchen Sehnsüchten heimgesucht. In jedem von uns lebt der Taoist, der Fisch sein möchte, um sich im Wasser zu verlieren.

Meine eigene Orientierungslosigkeit zwischen den verschiedenen Kräften der biologischen Mutter-Kind-Beziehung und ihres archetypischen Hintergrunds ließen mich zu einem Mitglied der familientherapeutischen Bewegung der letzten Jahrzehnte werden. Die Familie war als ein soziales System erkannt, in dem das als »Patient« identifizierte Mitglied nur stellvertretend eine ihm zugewiesene Rolle spielte. Es lag daher auf der Hand, die Familie als Ganzes zu behandeln und nicht nur das Bruchstück seiner emotionalen Ökonomie, das mir als Neurotiker vorgeführt wurde.

Eine Zeitlang behandelte ich also ganze Familien, manchmal einschließlich der Großeltern, Onkel, Nichten und so weiter. Ich besprach mit ihnen, in welcher Beziehung die Einzelnen zueinander standen, welchen Platz jedes Mitglied im emotionalen Kalkül der Familie einnahm und in welcher Weise die Symptome einer bestimmten Person nur ein Abbild vom Wirrwarr des Ganzen waren.

Ich erlebte vermutlich soviele Erfolge und Fehlschläge wie jeder Anfänger in der Familientherapie. Als aber der Reiz des Neuen verflogen war, merkte ich, daß mein Interesse doch mehr bei der Psychotherapie mit Einzelnen lag.

Heute besteht meine Arbeit fast nur auch aus der Beziehung zwischen einzelnen Patienten und mir. Natürlich befassen wir uns auch mit den Beziehungen des Patienten zu anderen Mitgliedern seiner Herkunftsfamilie, doch meist lassen wir die Akteure, wo sie sind, und gehen anhand der Erfahrungen, der Phantasien, Wünsche, Einstellungen und Sehnsüchte des Patienten vor. Eine Ausnahme bilden verheiratete Patienten: Da ich die Ehe für eine der wichtigsten Einflußgrößen im Leben der Menschen halte, bestehe ich bei Verheirateten darauf, den Ehepartner wenigstens einmal zu sehen, um die Beziehungen zu klären und dieser Person Gelegenheit zu geben, mich kennenzulernen; manchmal ergibt sich für das Paar dann die Möglichkeit, gemeinsam an einer Gruppentherapie teilzunehmen.

In den letzten Jahren habe ich mich auf das Abenteuer einer neuen Strategie eingelassen. Wenn ich mit erwachsenen Einzelpatienten arbeite, bitte ich sie manchmal, wenn es geboten scheint und durchführbar ist, die Eltern oder einen Elternteil zu einer einmaligen Begegnung mitzubringen. Manchmal ist das einfach eine Abkürzung des langen und mit Widerständen übersäten Wegs des Patienten zu unwiderruflichem Erwachsenwerden, zum endgültigen Abschied von Eltern und Kindheit.

Bei den ersten Versuchen stolperte ich regelmäßig über mein eigenes Bedürfnis, in dieser Stunde irgend etwas Besonderes passieren zu lassen. Meist ging alles schief: es geschah nicht nur nichts Besonderes, sondern nicht einmal das, was vielleicht hätte geschehen können, wenn ich den Dingen ihren Lauf gelassen hätte. Seit ich gelernt habe, weniger zu lenken, erlebe ich viel häufiger produktive Einmal-Sitzungen mit Patienten und deren Eltern. Manchmal leben die Patienten und ihre Eltern noch in der gleichen Gegend. Dann hat der Patient meist ohnehin ein Bedürfnis nach Kontakten dieser Art, weil er noch in den Familienzusammenhang eingebettet ist (auch wenn er selbst vielleicht sagt, daß er die Eltern nur alle paar Monate mal sieht und sie ihm nicht mehr viel bedeuten).

In anderen Fällen muß man den Besuch oder die Durchreise der Eltern ausnutzen, und es kommt sogar vor, daß Patienten sich zu der Bitte oder Forderung an die Eltern durchringen, selbst von einem ganz anderen Ende dieses großen Landes herzukommen, wenigstens einmal, damit sie sich klar äußern können, feststellen, wo sie stehen, und damit die Eltern Gelegenheit bekommen zu sagen, wie der Patient früher war und wie sie ihn jetzt sehen. Oft hat der Patient die Hoffnung, daß irgendwie alles ins Lot kommen wird, daß endlich die Nähe und Einmütigkeit erreicht wird, von der er schon immer träumt. Ich versuche ihm rechtzeitig klarzumachen, daß sich wahrscheinlich überhaupt nichts tun wird, betone aber, daß es gewiß trotzdem ein aufschlußreiches Erlebnis wird.

Bestenfalls wird der Patient (und vielleicht sogar die Eltern) die Dinge so sehen wie sie sind, wird sich ein Bild von möglichen kleinen Veränderungen machen und vor allem sehen und akzeptieren, daß manche Dinge einfach nicht zu ändern sind. Dann erkennt der Patient vielleicht, wo er festsitzt, wie er sich befreien kann, und was das für den Rest seines emotionalen Lebens bedeutet. Neuerdings gewinne ich immer mehr die Überzeugung, daß die Hauptwirkung dieser Arbeit darin besteht, daß der Patient klar und ein für allemal den Unterschied sieht, der zwischen seiner besonderen und zeitlichen Erfahrung seiner biologischen Eltern und den überpersönlichen und zeitlosen Ängsten und Sehnsüchten besteht, die mit der dunklen Kraft archetypischer Elternbilder zusammenhängen.

Als Beispiel will ich eine Begegnung zwischen einer Mutter, einer Tochter, mir und der Großen Mutter beschreiben. Ich behandle jetzt schon eine ganze Weile eine Frau in den Dreißigern, die eine zweite Ehe schloß, sieben Kinder hat und immer sehr hart gegenüber sich selbst war. Sie ist eine anziehende, phantasievoll kreative Frau, die anderen viel gibt und selten etwas für sich selbst verlangt. Dieser Charakterpanzer wird immer wieder von Ausbrüchen gesprengt, in denen sie irrationale Ansprüche stellt und verbissen um ihre Erfüllung kämpft, ohne jedoch jemals mehr zu bekommen als ein märtyrerhaftes Gefühl, im Recht zu sein. In langer und bitterer Arbeit an ihrer Trauer und Wut hat sie sich ein wenig Selbstachtung erkämpft, geht realistischer an die Erfüllung ihrer Bedürfnisse, schafft sich Freiräume und baut allmählich ihre destruktiven Ausbrüche ab, die für sie und andere so schmerzhaft waren.

Diese Frau ist das Kind taubstummer Eltern. Sie wuchs in der erdrückenden Stille eines Hauses auf, in dem niemand sie hörte, wenn sie weinte, in dem keine Stimme ihren Namen rief und ihr damit zu verstehen gab, daß sie dazugehörte und wichtig war. Sie bekam ein Radio, und das wurde der Gefährte, an den sie sich klammerte, der einzige, der menschliche Laute von sich gab – doch auch er hörte ihre Stimme und ihr Weinen nicht. Nach ihrer ersten Beschreibung der Umstände, unter denen sie aufgewachsen war, konnte ich es nicht fassen, daß sie vor allem daran dachte, wie schwer es für ihre Eltern gewesen sein mußte. Gewiß, ihre Eltern hatten ein tragisches Schicksal, angesichts dessen es einem schwer fallen mochte, eigene Wünsche zu äußern; doch diese Frau konnte mit dem Schaudern nichts anfangen, mit dem ich daran dachte, wie diese Situation für sie als Kind gewesen sein mußte. Sie war dazu erzogen, nicht an sich selbst zu denken. Als wir schließlich doch dahin kamen, *ihre* Erfahrung näher zu betrachten, weinte sie immer wieder, doch jedesmal verschwand ihr eigener Schmerz wieder unter dem Gefühl, daß sie vielleicht nicht genug getan hatte, daß sie nur besser, aufmerksamer und fürsorglicher hätte sein müssen, und alles wäre leichter gewesen.

Wir kamen gut voran. Irgendwann fühlte sie sich stark genug und gerüstet, ihre Mutter einzuladen, damit wir eine gemeinsame Stunde verbringen konnten. Ich sah dem Ereignis mit gemischten Gefühlen entgegen, denn schließlich bin ich ja Therapeut, ein Mann, der durch Zuhören Kontakt aufnimmt und mit den Metaphern seiner Sprache heilt. Ich konnte keine Zeichensprache, und die Mutter der Patientin las nicht gut von den Lippen ab.

An dem Nachmittag, an dem die beiden kamen, hatte ich gleich ein sehr deutliches Gefühl, daß ich wahrscheinlich einen Fehler gemacht hatte. Die Mutter, die mit primitiven Abwehrmechanismen ausgerüstet war, um nur ja niemals aus ihrer stummen Welt herauszumüssen, hatte keine Ahnung, was Psychotherapie eigentlich war. Sie schien darin eine Art medizinische Behandlung für körperliche Gebrechen zu sehen. Die Patientin hatte sich bereiterklärt zu dolmetschen.

Ich begann, wie ich bei solchen Begegnungen meistens beginne. Ich erklärte der Mutter, weshalb ich sie hierher eingeladen hatte, und versuchte herauszubekommen, was für Erwartungen sie selbst hatte. Die Patientin gab alles weiter, aber es kam nichts dabei heraus. Verzweifelt versuchte ich jetzt, ganz konkret darzustellen, was los war, und sagte zu meiner Patientin: »Sagen Sie Ihrer Mutter, daß ich Sie sehr gern hab und daß ich mir Sorgen mache, weil Sie zu wenig für sich selbst in Anspruch nehmen.«

Es fiel ihr sehr schwer, so direkt mit einer Mutter zu sprechen, mit der sie all die Jahre nur fragmentarische, enttäuschende und unpersönliche Kontakte gehabt hatte, aber sie tat ihr Bestes. Mutter erwiderte mit Zeichen, auch sie mache sich Sorgen über die Patientin. Na endlich! Vielleicht kamen wir jetzt zusammen und konnten einiges aufarbeiten. Dann stellte sich aber heraus, daß Mutters Sorge sich nur auf die Tatsache bezog, daß Tochter nicht genug schrieb und nicht genug für sie tat. Ihr Kummer über Tochter war einfach ein Kummer über ihre eigenen unbefriedigten Bedürfnisse.

Na gut, ich wandte mich also der Frage zu, wie ärgerlich sie doch sein mußte, daß Tochter nicht genug für sie tat, aber nein, sie war gar nicht böse, denn Tochter hatte ja mit den Kindern so viel zu tun. Ich forderte die Patientin auf, ihrer Mutter zu sagen, was wirklich los war, daß sie nämlich so selten kam, weil es einfach frustrierend war, daß sie das Gefühl hatte, für Mutter keine Rolle zu spielen; daß sie also nicht zu beschäftigt war, sondern einfach keinen Kontakt wollte. Mutter verstand nicht recht und meinte, nein, nein, es liege einfach daran, daß Tochter keine Zeit habe. Wieder war der Karren festgefahren.

Ich machte immer neue Anläufe, aber es kam nichts. Schließlich blieb mir nichts anderes mehr übrig, als Mutter zu sagen, sie sei eine Lügnerin, sie sei ganz gewiß verärgert. Ihr Ärger war deutlich an ihrer Haltung, den gekreuzten Armen, den zusammengepreßten Kiefern abzulesen, doch sie beharrte, nein, ich irre mich, alles sei in Butter, ihre Tochter sei sehr beschäftigt, und sie wisse nicht, wovon wir redeten. Tochter sei ganz gewiß nicht wirklich in Bedrängnis.

Auch der Patientin dämmerte jetzt, wo das Problem lag und immer gelegen hatte: nicht die Taubheit war schuld daran, daß ihre Mutter nicht hörte, sondern sie *wollte* einfach nicht hören. Allmählich begann die Patientin durch die Zorntränen ihrer Enttäuschung hindurch zu erkennen, daß ihr die Mutter selbst dann nichts gegeben hätte, wenn sie nicht taub gewesen wäre; schlimmer noch: daß alles ganz anders geworden wäre, hätte sie eine liebevolle taube Mutter gehabt. Sie hätte dann erfahren, wie es ist, umsorgt zu werden, und hätte jetzt ein gutes Gefühl zu sich selbst.

Als die Mutter gegangen war, hielt ich die Patientin lange, während sie auf eine neue, bittere und abschließende Art weinte. Die

Vergangenheit schien ihr nun wirklich vergangen. Das Gesicht der leiblichen Mutter war jetzt klar von der Gestalt der Großen Mutter zu unterscheiden. Jetzt konnte sie mit ihrem eigenen Leben weiterkommen, weniger behindert durch den Mutterkomplex, der jener taubstummen Mutter ihrer Kindheit soviel Macht gegeben hatte; die hinter ihrer Taubheit verschanzte alte Dame würde an Bedeutung verlieren. Vielleicht konnte meine Patientin sich auch von der Rolle der besonders guten Mutter befreien; abgelöst vom Mutter-Archetypus, verlor ihre Mutter an Bedeutung, und so bestand kein Anlaß mehr zu dem neurotischen Versuch, die Mutter zu sein, die Mama nicht war.

Die Große Mutter kann man nicht besiegen! Solange die biologische Mutter im Leben eines Erwachsenen eine allzu große Rolle spielt, verwechselt er ihre begrenzte Bedeutung mit der überwältigenden Kraft dunkler Bilder aus der Tiefe seiner Psyche, mit den Schatten des kollektiven Unbewußten. Diese Gefühle sind uns allen gemeinsam, welcher Herkunft wir auch sein mögen.

Wenn der Patient während der Therapie gegenwärtige Einstellungen im Licht unbewältigter Kindheitssehnsüchte untersucht, lenke ich seine Aufmerksamkeit gelegentlich auf seine Hilflosigkeit gegenüber der Großen Mutter. Er sucht nach einem abschließenden Urteil über sein Verhältnis zu seiner Kindheit, und ich sage einfach: »Ob es Ihnen paßt oder nicht, Mutter hat gewonnen, und Sie haben verloren!« Solch eine Konfrontation mit der Hilflosigkeit ist ihm an diesem Punkt oft unerträglich. Noch mehr entsetzt es ihn, wenn er sieht, daß selbst seine Art, gegen diese Hilflosigkeit anzukämpfen (mit Unterwerfung oder Rebellion), von Mutter bestimmt war. Was fängt er nun mit dieser Niederlage gegen die allmächtige Mutter an, wo er doch schon eingesehen hat, daß Mutter auch nur ein Mensch ist, der selbst von einer guten/schlechten Mutter großgezogen wurde?

Nur wenn er allen Mut und alle Aufmerksamkeit aufbietet, kommt er weiter. Er muß die schreckliche Ungewißheit des Erwachsenendaseins auf sich nehmen, wenn er frei sein will. Abkehr von der Hoffnung auf Wiedervereinigung mit der Großen Mutter bedeutet, daß er seine Probleme von nun an und jeden Tag aufs Neue selbst lösen muß. Das kostet Kraft und niemand wird je ganz frei sein von dem Wunsch zurückzukehren. Doch das Bewußtsein dieser Tatsache ist die einzige Möglichkeit, dem Sirenenruf des Unbewußten, dem Zug zur Rückkehr in den Schoß der Großen Mutter standzuhalten. Ein Mann muß den Weg des Helden gehen. Er erwacht zum Bewußtsein, indem er dem Ruf des Abenteuers folgt, sich von magischen Helfern führen läßt und all jene meidet, die ihn zum Aufgeben überreden wollen. Er muß seine Prüfungen bestehen, den Drachen töten, in die Unterwelt absteigen und endlich mit seinem neugefundenen Wissen zurückkehren.[5]

Der Kampf einer Frau um die Ablösung von der Großen Mutter (und gegen die Männer, die ihre Bemühungen zunichtemachen wollen) verläuft analog, doch in mancher Hinsicht auch ganz anders. Erich Neumanns Analyse des Mythos von *Amor und Psyche* beleuchtet dieses Ringen um Freiheit.[6]

Psyche ist wie Schneewittchen, ihr Märchen-Gegenstück, eine Sterbliche von so makelloser Schönheit, daß sie von allen geliebt wird und jeder Mann sie bewundert. Die Leute vergleichen sie unwillkürlich mit der Göttin Venus (Aphrodite), nur daß sie das Mädchen begehrenswerter finden. Venus, die mythische Repräsentation des Mutter-Archetypus, Göttin der Schönheit und alles Weiblichen, ist wie Schneewittchens Stiefmutter überaus eitel, eifersüchtig und besitzergreifend. Als sie erfährt, wie die sterbliche Psyche verehrt wird, macht sie voller Zorn ihren Sohn Amor (Eros) zum Werkzeug ihrer Rache und gibt ihm den Auftrag, dafür zu sorgen, daß Psyche sich in den abscheulichsten aller Menschen verliebt. Psyche erfährt durch ein Orakel von ihrem Schicksal. Sie unterwirft sich ihrem Los, entdeckt, daß sich dadurch neue Möglichkeiten ergeben, und lebt schließlich ein luxuriöses Palastleben zusammen mit einem unsichtbaren Ehemann, der nur im Dunkel der Nacht zu ihr ins Bett kommt.

Dieser anonyme Geliebte ist natürlich Amor, den ihre Reize zu sehr bezaubern, als daß er es fertigbrächte, Mutters Auftrag auszuführen. Doch er nimmt sie in jener blinden Männlichkeit, für die Raub und Vergewaltigung am Anfang einer Ehe stehen müssen. In instinktiver Unterwerfung, die das Schicksal der noch nicht befreiten Frau ist, verliebte Psyche sich unwissentlich in die Liebe. Psyches neidische Schwestern erscheinen auf der Szene und drängen sie, Amors Identität gegen seinen ausdrücklichen Willen zu lüften, um sicherzugehen, daß sie nicht mit einem Ungeheuer zusammenlebt, wie es prophezeit war. Die Schwestern sind Psyches eigener Schatten, ihr Wunsch, von männlicher Herrschaft frei zu sein. Sie geht mit einer Öllampe zum Bett des schlafenden Amor und entdeckt, daß er durchaus kein Ungeheuer ist. Sie erkennt ihn als einen Gott, den sie aber jetzt nur noch als einen schönen Mann betrachtet, nachdem sie es gewagt hat, ihm zu trotzen und das Licht ihres erwachenden Bewußtseins in die Beziehung zu tragen. Diese Entwicklung eines höheren weiblichen Bewußtseins erfordert die Mithilfe ihrer Schwestern, genauso wie in den Bewußtseinserweiterungs-Gruppen von heute. Indem Psyche eine aktivere Rolle annimmt, gewinnt sie Selbstbewußtsein und wird zum archetypischen Vorbild aller Frauen, die um Befreiung kämpfen.

Doch als Psyche zu entdecken sucht, wer Amor ist (und wer sie selbst geworden ist), verbrennt sie ihn mit einem Tropfen des heißen Öls aus der Lampe ihres neugefundenen Bewußtseins und ritzt sich selbst versehentlich an einem Pfeil aus seinem Köcher. Durch diese doppelte Verwundung zerreißt das ursprüngliche unbewußte Band zwischen den beiden, und sie erleben sich zum erstenmal als zwei getrennte Wesen. Doch in dieser Trennung, mit der der lange Weg zur Selbstfindung beginnt, liegt auch die Chance für wirkliche Liebe.

Verletzt und zornig geht Amor heim zur Großen Mutter Venus. Psyche will ihren Geliebten wiederhaben, und Venus gerät außer sich vor Zorn. Um sich zu retten, muß Psyche heroische Aufgaben auf sich nehmen, die Venus ihr stellt. Eine Frau kann sich nicht damit begnügen, die Herrschaft des Mannes abzuschütteln; sie muß weitergehen und ihre Weiblichkeit auf neue und schwierige Art verwirklichen. Sie muß große Dinge vollbringen, mutig und allein, aber so, daß sie nicht einfach wie ein Mann handelt, sondern die weiblichen Kräfte in sich freisetzt.

Psyche wird von der Großen Mutter auf den Weg geschickt, und sie besiegt das Böse, indem sie es in sich selbst akzeptiert (anders als der Mann, der den Drachen erschlagen muß). Sie versöhnt feindliche Göttinnen, getrennte Aspekte der Großen Mutter, und vereinigt damit die Gute Mutter und die Schlechte Mutter, stellt die

Einheit ihrer eigenen weiblichen Kraft wieder her und findet ihren Geliebten in einer ganz neuen Liebesbeziehung wieder. Sie wird unabhängig, enthüllt dadurch Amors sterbliche Seite, erhält selbst von der Großen Mutter göttliche Aspekte und bringt ein menschlich/göttliches Kind zur Welt, ein Symbol für die zwei Gesichter der Beziehung zwischen Mann und Frau.

Für mich bleibt die ganze verzwickte Beziehung zwischen Mann und Frau eine doppelbödige Sache, was ebenso reizvoll wie ärgerlich sein kann. Militante Kämpferinnen für die Frauenbefreiung behaupten, es gebe zwischen Mann und Frau keine wirklichen Unterschiede in Fähigkeit und seelischer Grundverfassung. Alle Rollen und Einstellungsunterschiede sind erlernt (können also auch verlernt werden), die scheinbaren Geschlechtsunterschiede sind von Männern erfunden worden, damit sie die Frauen besser ausbeuten können, und wer etwas anderes sagt, ist ein männlicher Chauvinist. Ich bin überzeugt, daß die Rechte der Frau entschieden unterstützt werden müssen, und deswegen wird es vermutlich sehr unpassend wirken, wenn ich jetzt behaupte, daß es sehr wohl unaufhebbare, grundsätzliche Geschlechtsunterschiede geben kann. Auf die Gefahr hin, daß ich mißverstanden werde (oder tatsächlich anderen unwissentlich Gewalt antue), will ich jetzt einige Dinge diskutieren, die, wie ich glaube, Männer und Frauen voneinander unterscheiden. Diese Unterschiede konstituieren den ganz eigenen Wert beider Seiten, aber auch die Gefahr, die sie füreinander darstellen.

In den letzten Jahren wurde eine Menge gute Aufklärungsarbeit auf dem Gebiet der weiblichen Sexualität geleistet. Jeder hat die Möglichkeit, sich zu informieren: über die Entsprechung der erotischen Vorlieben von Männern und Frauen, über die Rolle des klitoralen Orgasmus, über das Recht, keine unerwünschten Kinder zu bekommen, über die Tatsache, daß der Bauch der Frau *ihr* gehört. Wo solche Aufklärung Ungerechtigkeiten beseitigen hilft, wird nicht nur die Frau, sondern letztlich auch der Mann Vorteile davon haben. Bleiben dann überhaupt noch Unterschiede, die ergänzende und erfüllende Beziehungen zwischen den Geschlechtern begründen könnten? Ich glaube nach wie vor, daß Männer und Frauen nicht bloß biologische Varianten einer Spezies sind, nicht bloß durch marginale Einzelheiten unterschieden, die lediglich der Erhaltung der Art dienen. Ich sehe zwischen Männern und Frauen Unterschiede in Einstellung und Lebensweise, durch die sie einander auf sehr kreative Art ergänzen – auch wenn diese Entsprechungen sehr viel Konfliktstoff enthalten. In dem folgenden Schöpfungsbericht aus den Upanishaden, der von Trennung und Vereinigung des Männlichen und Weiblichen erzählt, verstehe ich Sexualität als Metapher für Kreativität:

Am Anfang war hier nur das Selbst (Âtman); es war wie ein Mensch. Es blickte um sich und sah nichts anderes als sich selbst. »Das bin ich«, war sein erstes Wort. Daher erhielt es den Namen »Ich«. Darum sagt auch jetzt jemand, der begrüßt worden ist, zuerst, »ich bin der« und nennt dann den andern Namen, den er führt.

Weil es aller Welt zuvor alle Übel verbrannte, darum ist es ein »purusha« (das wahre Selbst). Der, wer so weiß, verbrennt wahrlich den, der ihm voraus sein will.

Es fürchtete sich. Darum fürchtet sich einer, der allein ist. Er überlegte: »Wenn es nichts anderes gibt als mich, vor wem fürchte ich mich denn da?« Da wich seine Furcht; denn vor wem hätte es sich fürchten sollen? Man fürchtet sich doch nur vor einem Zweiten.

Es empfand keine Freude. Darum empfindet ein Einsamer keine Freude. Es wünschte sich einen Zweiten. Es war so groß wie Mann und Frau bei der Umarmung.

Es ließ sich in zwei Teile zerfallen. So entstanden Gatte und Gattin. »Darum sind wir beide hier nur wie ein Halbstück«, sprach Yâjna-valkya. Darum wird dieser Raum durch die Frau ausgefüllt. Er nahte ihr. Darauf entstanden die Menschen.

Sie überlegte: »Wie kann er mir nahen, nachdem er mich aus sich selbst geschaffen hat? Wohlan, ich will mich verbergen.«

Sie wurde eine Kuh, er ein Stier. Wieder nahte er ihr, darauf entstanden die Rinder.

Sie ward zu einer Stute, er zu einem Hengste, sie zu einer Eselin, er zu einem Esel. Wiederum nahte er ihr. Darauf entstanden die Einhufer.

Sie wurde eine Ziege, er ein Bock; sie eine Schafmutter, er ein
Widder. Wieder nahte er ihr, darauf entstanden Ziegen und Schafe.
In dieser Weise erschuf es alles, was sich paart, bis hin zu den
Ameisen . . .
Wenn sie nun hier in bezug auf den einzelnen Gott sagen, opfere
»diesem oder jenem«, so ist der nur eine Einzelschöpfung von ihm;
denn es begreift alle Götter in sich . . .[7]

Hier werden Mann und Frau durch Teilung der Ursprünglichen
Einen Seele erschaffen, und Zeugung ist eine schöpferische Wiedervereinigung, geboren aus dem Bedürfnis, zusammenzukommen
und wieder vollständig zu sein. Leider steht diese Geschichte im
Zeichen aggressiver männlicher Sexualität und weiblicher Sehnsucht, genommen zu werden – männliches Besitzergreifen und
weibliche Unterwerfung. Es scheint sich um ein männliches Er-
zeugnis zu handeln, wenn es auch weniger Verzerrungen enthält
als spätere patriarchalische Schöpfungsmythen. In den Upanishaden ist die Tatsache noch nicht verwischt, daß der Mann die Frau
so sehr braucht wie sie ihn, und daß sie nicht benutzt, sondern mit
Achtung behandelt werden will.
Wenden wir uns noch einmal C. G. Jungs Archetypen zu, diesmal
den beiden Gestalten *Anima* und *Animus*. Im Unbewußten jedes
Mannes wohnt seine Anima, die Frau in ihm, und in jeder Frau hält
sich ein Animus verborgen, jene unbekannte Seite an ihr, die
männlich ist. Die Unterschiede zwischen Mann und Frau sind also
wohl doch nicht so unüberbrückbar weit; vielleicht liegen nur
einige Dinge den Frauen näher und andere den Männern. Um
Frauen jemals verstehen zu können, um alles zu bekommen, was
sie zu lehren und zu geben haben, werde ich wohl die Frau in mir
selbst akzeptieren müssen.
Yin und Yang sind die uralten chinesischen Lebensprinzipien des
Universums, polare Grundkräfte, die den Spannungszustand des
Lebens erhalten und es zur Harmonie bringen, wenn sie Hand in
Hand arbeiten. Yin ist das weibliche Prinzip und Yang das männliche. Laotse beschreibt dem Konfuzius seine Reise zum Weltenan-
fang so:

Den Geist verdunkelt das, was er dort erfährt; die Lippen schließen
sich und können nicht sprechen. Ich will jedoch versuchen, dir einen
Eindruck von dem zu geben, was ich sah. Ich sah Yin, die weibliche
Kraft, in ihrer bewegungslosen Herrlichkeit; ich sah Yang, die
männliche Kraft, in feuriger Bewegung. Die bewegungslose Herr-
lichkeit kam über die Erde; die feurige Bewegung brach aus dem
Himmel hervor. Die beiden durchdrangen einander, verschmolzen
untrennbar, und aus ihrer Vereinigung wurden die Dinge der Welt
geboren.[8]

Ursprünglich war keine dieser beiden Kräfte wichtiger als die
andere; sie waren wie die beiden Ufer eines Flusses. Dann bekamen
sie allmählich einander ergänzende Merkmale wie Dunkelheit und
Licht, die nur im Unterschied zum anderen überhaupt einen Sinn
haben. Yang, das männliche Prinzip, wurde sonnenartig, hell, fest
und schöpferisch. Yin vertrat die Erde, den Mond, das Dunkle,
Nachgiebige und Erhaltende.
Anfangs waren das äquivalente Urkräfte, beide unverzichtbare
Aspekte des Seins. Manche radikalen Feministinnen vertreten die
Ansicht, daß das Leben mit dem Weiblichen beginnt und die
früheste hochentwickelte Kultur eine matriarchalische Gesellschaft
war und erst später sich das Patriarchat gewaltsam in den Vordergrund drängte. Die Vorstellungen von Yin und Yang mögen einem
ähnlichen Einfluß ausgesetzt gewesen sein.
Die früheste bekannte chinesische Kultur, in der sie auftreten, ist
die Shang-Dynastie. Die Menschen dieser Zeit, anfangs Jäger,
später Hirten, glaubten an eine Welt voller Geister. Wichtig ist in
diesem Zusammenhang, daß diese Gesellschaft ein totemistisches
Matriarchat war, in dem das Weibliche als das Prinzip galt, das
Erneuerung und Wandel herbeiführen konnte. Doch die weibliche
Macht der Stute mußte der männlichen Macht des Drachen weichen, als im 12. vorchristlichen Jahrhundert die Chou, ein
steinzeitliches Volk aus dem Westen, in das Gebiet der Shang
eindrangen und die Macht an sich rissen. Vielleicht wurden auch
hier wie anderswo die Gestalten im Pantheon des besiegten Volks
(in diesem Fall die Göttinnen) auf niedere Ränge in der spirituellen
Hierarchie der Besieger verbannt. Während der Chou-Dynastie

wurde Yin immer mehr zum Negativen, Schwachen und Bösen abgedrängt, während Yang immer deutlicher positive Züge erhielt.

Bisher habe ich nur einige Grundeigenschaften von Yin und Yang erwähnt. Eine sehr viel reichere Bilderwelt bietet das *I Ging*, das dreitausend Jahre alte chinesische *Buch der Wandlungen*. Wie die Bibel ist dieses Buch als Orakel benutzt worden, und wie die Bibel sollte man es lieber als Führer betrachten.

Yin wird im *I Ging* durch unterbrochene Linien dargestellt, Yang mit durchgezogenen. Zu Hexagrammen zusammengestellt, symbolisieren diese Linien das wechselnde Zusammenspiel weiblicher und männlicher Kräfte. Die aus drei Linien bestehende Grundfigur des Männlichen (Schöpferischen) wird Kiën genannt, die des Weiblichen (Empfangenden) Kun.

Kiën, die konzentrierte Yang-Kraft, bedeutet Vater und *beinhaltet die Vorstellungen Himmel, Kreis, Lineal . . . Jade, Metall, kalt, Eis, Tiefrot, ein gutes Pferd, ein schlankes Pferd, ein Schecke, Obst von Bäumen. Eine offene Tür. In Kiën kämpft Gott.*

Kun bedeutet dagegen Mutter und *beinhaltet die Vorstellungen Erde, Tuch, Kessel, Sparsamkeit, sich drehende Töpferscheibe, Kalb, Vielfalt, Menge, Halt und Stütze, Schwarzes. Kun ist aufnehmend und Antwort auf Kiën. Kun vollendet, was Kiën beginnt. Denk an eine geschlossene Tür.*[9]

Diese alternierenden Urzustände, Yin und Yang, das weibliche und das männliche Prinzip, expandieren und kontrahieren, wachsen und schwinden, kommen und gehen wie Nacht und Tag, denn früher oder später läuft alles auf sein Gegenteil hinaus. So wechseln die kalten und warmen Jahreszeiten ab. Wer wollte sagen, eine sei wichtiger als die andere? Leider ziehen viele Menschen das eine dem anderen vor. Deshalb wird jeder, der das Buch der Wandlungen befragt, daran erinnert, daß *das Jahr im Februar kurz vor der Tag-und-Nacht-Gleiche des Frühjahrs beginnt. Das ist der Anfang der sechs Monate schöpferischer Aktivität, die im Zeichen der Yang-Kräfte steht. In dieser Zeit überwiegen die männlichen Tätigkeiten wie Landwirtschaft, Jagen, Bauen und Heiraten. Die Yang-Phase überschreitet im Juni kurz vor der Sonnenwende ihren Gipfel, wird dann schwächer und weicht schließlich immer mehr den Yin-Kräften, deren Herrschaft vor der Tag-und-Nacht-Gleiche des Herbstes beginnt. Während der zweiten Jahreshälfte stehen die stilleren, die weiblichen Tätigkeiten im Vordergrund: Weben, Erholung, die Planung des nächsten Jahres, Geburt.*[10]

Trotz einer gewissen Herabminderung des Weiblichen scheint mir die taoistische Lehre von Yin und Yang einige Grundwahrheiten zu enthalten. Das Konzept der gegenseitigen Ergänzung, also ihrer gleichwertigen Bedeutung inmitten bedeutender Unterschiede, ist für mich nicht nur das Modell meiner Beziehung zu Frauen, sondern allgemein der Beziehungen, die ich als Mensch zu allen anderen Menschen habe.

Gewiß gibt es Unterschiede zwischen Mann und Frau, doch vielleicht sind wir einander gerade in unseren sexuellen und menschlichen Unterschieden am ähnlichsten. Die taoistische Lehre von Unterschieden und Ähnlichkeiten, auf der das Wechselspiel von Yin und Yang beruht, wird sehr deutlich in der alten Parabel von den »Drei am Morgen«:

Es war einmal ein Mann, der hielt Affen. Eines Tages sagte er seinen Affen, er müsse die Eicheln rationieren: jeder Affe werde am Morgen drei und am Abend vier Eicheln bekommen. Die Affen tobten. Deshalb sagte er: »Seht mal, ich lasse ja mit mir reden. Wir machen es anders. Jeder von euch bekommt vier Eicheln am Morgen und drei Eicheln am Abend.« Und damit waren die Affen sehr zufrieden.[11]

Meine starken Gefühle beim Schreiben der letzten Seiten machen mir deutlich, daß hier mein Zentrum liegt. Jeder einzelne Unterschied zwischen den Geschlechtern, den ich beobachten mag, bewegt mich weniger (und den Leser vermutlich auch) als mein Gefühl der Isolation in dieser Welt der Menschen. In der Trennung von Mann und Frau empfinde ich die Einsamkeit, das Entsetzen und die Leere am deutlichsten. Und so wird mir erst jetzt beim Schreiben klar, wieviel von meiner Sehnsucht, Frau zu sein, dem Weiblichen in mir Geltung zu verschaffen, nichts anderes ist als mein Wunsch, weniger allein zu sein, weniger gefangen in der trennenden Schale meiner eigenen Haut.

In unserer Kultur, das leite ich aus meiner Erfahrung als Psychotherapeut ab, kommen das Männliche und das Weibliche am häufigsten in der Form des männlichen Zwangscharakters und der hysterischen Frau zusammen. Er ist positiv als logisch, nachdenklich, verläßlich und beherrscht zu beschreiben, und er hat Sinn für Details und vorausschauende Planung. Seine Frau wird klagen, er sei zu vernünftig, stur, abweisend, kalt und gefühllos, er gehe nicht auf sie ein und nörgele gern. Die hysterische Frau kann andererseits positiv als warm, gefühlsbetont, phantasievoll und zu tiefen Gefühlsbeziehungen fähig beschrieben werden. Ihr Mann wird klagen, sie beanspruche ihn gefühlsmäßig zu sehr, übertreibe ihre Beschwerden maßlos, sei labil und unzuverlässig und habe nicht die Spur von Logik.

So ergibt sich aus dem Zusammentreffen scheinbar geschlechtsspezifischer Unterschiede die Vervollständigung des einen durch das andere. Leider führt diese Vermischung zugleich auch zu tiefen Mißverständnissen und scheinbar unlösbaren Konflikten. Als Familientherapeut oder bei meiner Arbeit mit Ehepaaren habe ich einen Vorteil auf meiner Seite. Meine eigene Ehe kann man nämlich besser als die Verbindung einer etwas zwanghaften Frau mit einem hysterischen Mann beschreiben. In guten Momenten habe ich soviel Zugang zu der Frau in mir, daß ich kaum dazu neige, mich auf die Seite des Mannes zu schlagen, denn dann habe ich wenig Bedarf an Logik, bin viel mehr auf Gefühle aus und vertraue sehr viel mehr auf intuitives Erfassen als auf wissenschaftliche Zergliederung.

Wie dem auch sei, es empfiehlt sich jedenfalls, Partner zu suchen, die unser eigenes mehr oder weniger schiefes und unvollständiges Bild vom Menschsein ergänzen. Die Ehe kann als ein Versuch betrachtet werden, die andere (wenn schon nicht die »bessere«) Hälfte zu finden. Sie bietet die Möglichkeit, im anderen den Ausgleich für unsere Einseitigkeit zu finden. Es kann natürlich auch darum gehen, jemanden zu finden, dem man für alles die Schuld in die Schuhe schieben kann, doch auch das gehört zu unserem schwierigen Weg als einzelne, isolierte und nur unvollständig entwickelte Bewohner dieser Welt.

Wir können versuchen, unser Verständnis für die Unterschiede zwischen Mann und Frau durch eine Betrachtung des homosexuellen Verhaltens zu vertiefen. Auch hier könnten die Unterschiede natürlich zum Teil Resultat eines jahrhundertelang wirksamen kulturellen Einflusses sein, doch sehen wir zu, was wir finden können.

Zunächst fällt auf, daß homosexuelle Beziehungen zwischen Männern sehr oft kurze, gesichtslose Begegnungen sind, Augenblicksbekanntschaften, an irgendwelchen Treffpunkten geschlossen, rein sexuelle Kontakte, bei denen die Beteiligten oft nicht einmal den Namen des anderen erfahren. Ich habe auch den Eindruck, daß »feste« Beziehungen zwischen männlichen Homosexuellen kürzer dauern als die lesbischer Frauen. Es könnte durchaus sein, daß männliche Homosexuelle weniger Zusammengehörigkeitsgefühl, Nestinstinkt und nichtsexuelle Gefühle in ihre Beziehung einbringen.

Ich stütze diese Vermutung auf meine Beobachtungen in Gefängnissen und Besserungsanstalten. Bei den Männern gibt es eine typische Rollenverteilung zwischen dem »Wolf« auf der einen und dem »Punk« auf der anderen Seite. Der Wolf ist der aggressive, besitzergreifende Homosexuelle, der den jüngeren, eher passiven Punk einschüchtert und sich gefügig macht. Der Wolf bietet dem Punk Schutz und Belohnung für dessen Kooperation und droht mit brutalen Strafen, wenn er sich sträubt. Solche Beziehungen sind meist unpersönlich und rein sexuell.

Bei Frauen in gleicher Lage sind die homosexuellen Beziehungen dauerhafter und vielfältiger. Oft bilden sich sogenannte Familien mit allen »Verwandtschaftsgraden«, in denen großer Wert auf das Zusammenleben gelegt wird. Die Mitglieder lernen einander besser kennen und haben engere Gefühlsbeziehungen als die Männer untereinander.

All diese Beobachtungen passen im großen und ganzen zu dem Verhältnis von Yin und Yang und zu der verbreiteten Vorstellung, daß Männer eher stark, aktiv und aggressiv sind und die Frauen schwach, passiv und unterwürfig. All das stimmt wieder mit der Auffassung überein, daß Männer dazu neigen, Frauen einfach sexuell zu benutzen, während Frauen darunter leiden, weil sie Liebe als die Basis der Sexualität brauchen. Weiter unterstützt werden diese stereotypen Beschreibungen dadurch, daß Männer als logisch, abstrakt und von Gefühlseinflüssen unberührt denkende Instrumente des Logos betrachtet werden und Frauen als emotionale und intuitive Mittler des Eros. Frauen leben also nach dieser Meinung in engerem Kontakt mit ihrem Unbewußten und den elementaren Dingen des täglichen Lebens; sie lassen die Natur durch sich hindurchströmen, anstatt wie die Männer zu versuchen, sie unter ihre Gewalt zu bringen.

Diese Geschlechter-Vorurteile sind vermutlich nicht nur deswegen so schwer abzubauen, weil sie dem Mann bei der Unterdrückung der Frau so gute Dienste leisten, sondern auch, weil sie nicht *ganz* falsch sind. Sie gehen so haarscharf an den tatsächlichen Unterschieden zwischen den Geschlechtern vorbei, daß sie zwar Verwirrung stiften können, aber nie so klar erkennbar werden, daß man sie durchschauen und überwinden könnte.

Ich möchte andere Beschreibungen der Unterschiede zwischen den Geschlechtern vorschlagen und kann nur hoffen, daß dabei nirgendwo der Eindruck entsteht, eine Seite sei der anderen überlegen. Die beste Arbeit über dieses Thema, der ich in letzter Zeit begegnet bin, stammt von einer sehr klugen Frau, die nach ihrer Zeit als Ehefrau und Mutter seit vielen Jahren als Psychotherapeutin der Jungschen Richtung arbeitet. Irene Claremont DeCastillejo beschreibt in ihrem tiefgründigen Buch *Knowing Women* einige der Unterschiede zwischen Männern und Frauen als Ausdruck verschiedener Arten des Bewußtseins (womit sich auch das verbreitete Vorurteil, Frauen seien weniger bewußt, von selbst erledigt). Ihre eigene Art zu schreiben ist ein lebhaftes Beispiel für weibliches Bewußtsein, etwa wenn sie die Gabe der Frau, *sich verbunden zu fühlen,* in den lebendigen Ausdrücken unmittelbarer Erfahrung darstellt. Sehr einprägsam arbeitet sie den Unterschied zwischen der »diffusen Bewußtheit« der Frau und dem »ausgerichteten Bewußtsein« des Mannes heraus:

Alles wird als Ganzes akzeptiert, begrüßt oder gehaßt. Sie fühlt sich gleichermaßen eins mit den Sternen oder einem Tautropfen, einer Rose oder einem Grashalm. Sie möchte sie weder analysieren noch irgend etwas mit ihnen anfangen. Sie nimmt einfach auf. Für den Mann (und ich meine die extreme Männlichkeit) reicht der Duft der Rose nicht aus. Er muß alles darüber in Erfahrung bringen, er muß die Pflanze beschneiden und veredeln, um noch bessere Rosen zu bekommen. Keine Frau tut aus sich selbst heraus solche Dinge. Sie kommen ihr nicht in den Sinn.[12]

Ich selbst bin vor einiger Zeit durch einen Zufall auf eine ganz ähnliche Spur gekommen. Mein mittlerer Sohn, David, ist ein sehr geschickter Debattierer, und einmal trieb er mich während einer Diskussion derart in die Enge, daß ich Zuflucht bei einem alten und etwas verstaubten wissenschaftstheoretischen Begriffspaar suchte: nomothetisch und ideographisch (= seine und meine Grundhaltung). Als ich später ein altes Buch aus meiner Intellektuellenzeit hervorkramte, um nachzusehen, was ich da eigentlich gesagt hatte, fand ich, daß die Dichotomie nomothetisch/ideographisch auch eine gute Metapher für die Unterschiede zwischen Mann und Frau ist.

Dem nomothetischen Ansatz, so verriet mir das Buch, folgen die Naturwissenschaften und einige Sozialwissenschaften, denn hier geht es darum, abstrakte allgemeine Gesetze für wiederholbare Ereignisse und Prozesse zu formulieren. Es ist der strikt logische Versuch, den Geist bewußt von der Alltagswirklichkeit freizuhalten, um das Leben in Begriffe zu fassen, mit Begriffen zu beherrschen. Nomothetische Aussagen berufen sich selten oder gar nicht auf bestimmte Objekte, Zeiten oder Orte. Dies ist die Art des Mannes, sich mit der Welt auseinanderzusetzen.

Der ideographische Ansatz ist eine Metapher für die psychische Haltung der Frau, so wie ich sie verstehe. Es ist der Versuch, konkrete menschliche Dinge zu verstehen, etwa durch das Studium der Geschichte – mehr eine Kunst als eine Wissenschaft. Die abstrakte Allgemeinheit des Nomothetischen kontrastiert scharf mit dem Ideographischen, in dem alle Aussagen Einzelaussagen sind; Eigennamen und nähere Kennzeichnung bestimmter Zeiten und Umstände sind hier sehr häufig.

Die Frau setzt sich selbst in Beziehung zu einzelnen Ereignissen und kümmert sich nicht um die Formulierung allgemeiner Regeln. Sie weiß, daß jede Interaktion zwischen Menschen nur einmal stattfindet und daß abstrakte Spekulation nur die Unmittelbarkeit des Ereignisses auslöscht und jedes intuitive Erfassen seiner Einmaligkeit unmöglich macht. Die männliche Begriffsbildung zielt auf Beherrschung, das weibliche Verstehen auf Kontakt.

Die wechselseitige Abhängigkeit des Männlichen und Weiblichen, Yin und Yang als der schwarze und der weiße Fisch in ewiger Liebesumschlingung, ist das Symbol des Tao, des großen Wassers der Natur, in dem wir Fische uns verlieren müssen, des naturgegebenen Lebens, dem wir uns zu fügen haben. Eleanor Bertine (noch eine Therapeutin Jungscher Ausrichtung) schreibt über die Beziehung von Yin und Yang:

In einer vollständigen Persönlichkeit müssen beide vorhanden sein: das männliche gibt die Form, das weibliche die Farbe. Das Prinzip des eigenen Geschlechts sollte jedoch stets im Vordergrund stehen, während die Gegenwart des anderen eine Ergänzung bildet.[13]

Die größte Gefahr scheint für uns alle darin zu bestehen, daß das Prinzip des anderen Geschlechts ganz ausgeschlossen wird.

Jeder muß das Prinzip des anderen Geschlechts in sich zulassen. Ein Mann muß auf die Stimme der Anima in sich hören, eine Frau auf ihren Animus, die Yang-Kraft in ihr, die ihr männlichen Rückhalt und Ausgleich bietet, wenn sie ihn braucht. Gewiß darf das Prinzip des eigenen Geschlechts seine Vorrangstellung nie verlieren, aber die größere Gefahr besteht darin, daß die Schattenseite ganz ausgeklammert wird.

In dieser Zeit, in der die Frauen um ihre Unabhängigkeit kämpfen, mag die Gefahr bestehen, daß die männlichen Kräfte in ihnen vorübergehend die Oberhand über ihre weibliche Identität gewinnen. So behaupten ja manche Vertreterinnen des lesbischen Feminismus, es werde keine echte politische Revolution geben, solange nicht alle Frauen lesbisch sind. Tatsächlich sind ja diese militanten lesbischen Feministinnen eine tragende Kraft in der Frauenbefreiungsbewegung. Eine verhältnismäßig kleine Gruppe dieser homosexuellen Frauen, die nicht durch die Abhängigkeit vom Mann behindert sind, haben der Bewegung Kraft und Entschlossenheit gegeben. Doch jenseits eines bestimmten Stadiums der Entwicklung scheinen sie wieder mehr dem Problem als seiner Lösung anzugehören. Natürlich müssen die Frauen ebenso zu ihrer Männlichkeit finden wie die Männer zu ihrer Weiblichkeit, doch während der Schatten aus dem Dunkel des Unbewußten hervortritt, müssen wir uns vor seinen dämonischen Kräften hüten, damit unsere Lösungen nicht schlimmer werden als das Problem war.

Vielleicht trifft diese Formel auf den augenblicklichen Entwicklungsstand zu: während die Männer Gefahr laufen, die Frau in ihnen ganz auszuschließen, müssen die Frauen sich davor hüten, von dem Männlichen in ihnen überrannt zu werden. In einer anderen Zeit mag es auch genau umgekehrt sein. Zur Illustration der männlichen Seite dieses Kampfes will ich aus einem persönlichen Brief von Donald Lathrop zitieren; Don hat durch seine lebenslange Auseinandersetzung mit seiner Anima auch einen klaren Blick für meinen Kampf bekommen:

Ich bin nach wie vor nicht in der Lage, einen klaren Trennungsstrich zwischen Passivität, Kastration, Lähmung und Paralyse auf der einen Seite und der süßen Nachgiebigkeit des Sich-Dreinfügens auf der anderen zu ziehen. Ich erlebe sie sogar als zusammengehörig. Wenn ich vollkommen stillhalten kann und keinen einzigen Protestschrei über meine Lippen lasse, während ich geschlagen und gefoltert werde, dann weiß ich, daß ich eine sanfte, liebevolle, tröstende Gefährtin habe, die nie von meiner Seite weicht, wenn ich sie auch nicht immer sehen oder fühlen kann.

Seit Dein Gehirntumor diagnostiziert ist, habe ich den Eindruck, daß diese Sanftheit auch bei Dir deutlicher hervortritt und einen immer größeren Teil Deines Ich einnimmt. Natürlich sehe ich den Tumor als Manifestation der negativen, verschlingenden Mutter und glaube, daß sich im Bewußtsein ein kompensatorisches Element ausbildet – bei Dir wie bei mir –, mit dem wir in Kontakt zu treten versuchen.

Wenn ich auf die Gefahren bei der Suche nach unserer anderen Seite hinweise, so meine ich durchaus nicht, daß wir diese Risiken nicht auf uns nehmen sollten. Ein Mann, der von seiner weiblichen Seite nichts weiß, eine Frau, die ihre männliche Seite nicht wahrhaben will, sind Karikaturen dessen, was eine vollständige Person sein kann. Solche »halben« Menschen werden den Personifikationen ihrer Anima und ihres Animus, also den Menschen, mit denen zusammen sie ihr Leben gestalten müssen, immer feindlich gegenüberstehen.

Noch einmal ein Traum, der sehr deutlich macht, wie notwendig es ist, alle Aspekte des Selbst zu verwirklichen:

Ich sah eine schlafende Frau. In ihrem Schlaf träumte sie, das Leben stehe vor ihr und halte in jeder Hand eine Gabe – in der einen Liebe, in der anderen Freiheit. Und es sagte zu der Frau: »Wähle!« Und die Frau wartete lange; und sie sagte: »Freiheit!« Und das Leben sagte: »Du hast gut gewählt. Hättest du gesagt ›Liebe‹, so hätte ich dir gegeben, was du begehrtest; und ich wäre von dir gegangen und niemals wiedergekommen. So aber wird der Tag kommen, an dem ich zurückkehre, und an diesem Tag werde ich beide Gaben in einer Hand halten.«
Ich hörte die Frau in ihrem Schlaf lachen.[14]

DER MOND

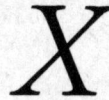

Träume
sind unsere Lehrer

Schon immer ist der Mensch von seinen Träumen fasziniert – und mit gutem Grund. Natürlich gibt es auch schon immer die phantasielosen, praktischen Super-Realisten, für die Träume nur Schäume und Mythen nur Geschichten sind. Heute haben es manche Wissenschaftler sogar so weit gebracht, Träume nur noch als Begleiterscheinungen physiologischer Prozesse zu betrachten, ganz nach dem Vorbild des Aristoteles, der ein Ungleichgewicht der Säfte als Ursache der Träume ansah. Ich leugne nicht ab, daß jede Erfahrung auch eine physiologische Seite hat, aber ich glaube, daß alle spekulativen Lösungsversuche des Geist-Körper-Problems sinnlos sind. Mir geht es darum, daß der physiologische Ansatz uns nicht den Blick für die reichhaltige Wirklichkeit der Träume verstellt. Und tatsächlich gibt es ja trotz aller nüchternen Erklärungsversuche immer Menschen, die sich ihrem Innern nicht verschließen, sondern sich der machtvollen Bilderwelt ihrer Träume aussetzen.

Schamanen aller Zeiten und Kulturen vermitteln ihre inspirative Macht durch Träume und Visionen. Die jungen Männer (oft auch die jungen Frauen) des Stammes müssen ihre Identität und Bestimmung durch eigene Träume und Visionen finden. Die Schamanen regten zu Träumen an, bis das Zeitalter der Priester anbrach, die individuelle innere Erfahrung zu Gruppendogmen zurechtbiegen; sie nehmen den Menschen damit den Mut zu uneingeschränktem eigenem Erleben und zwingen sie zur Konformität. Der eigenen Intuition und damit der Fähigkeit zur Selbstbestimmung beraubt, muß sich nun jeder an vorgegebenen »Wahrheiten« und vulgarisierenden Erklärungen orientieren.

Davon spricht Joseph Campbell, wenn er sagt:

Ich glaube, daß wir die Bildkraft und die poetischen Einsichten der Mythen (Visionen und Träume) dem Genius des Empfindsamen verdanken; den Dickhäutigen nur ihre Verflachung zu Religion.[1]

Der Ausdruck »empfindsam« ist etwas irreführend, denn es gehört eine besondere Art von Mut dazu, sich den eigenen Träumen zu überlassen.

Die frühesten uns überlieferten Traumdeutungen waren nicht psychologisch ausgerichtet, aber wir können sie heute unter psychologischen Gesichtspunkten neu betrachten. So sagt beispielsweise Joseph im Alten Testament zu seinen Brüdern:

Höret, was mir doch geträumet hat. Mich deuchte, wir banden Garben auf dem Felde und meine Garbe richtete sich auf und stand, und eure Garben umher neigten sich gegen meine Garbe.[2]

Die Brüder verstanden Josephs Traum als eine Prophezeiung seiner künftigen Königswürde und ließen sich von ihrem Neid dazu hinreißen, ihn in die Sklaverei zu verkaufen. Wie jeder Versuch, dem Schicksal zu entgehen, wurde auch dieses Unternehmen ein Fehlschlag, denn sie brachten Joseph letzten Endes selbst mit dem Pharao in Berührung und betrieben seinen Aufstieg zur Macht. Psychologisch betrachtet, ist ihr Haß leicht als Reaktion auf Josephs unbewußte Machtgelüste zu verstehen.

In Ägypten kam dann alles, wie es kommen mußte. Als niemand, nicht einmal die Hof-Magier, den Traum des Pharao von den sieben fetten und den sieben mageren Kühen, den sieben dicken und den sieben mageren Ähren deuten konnte, sprang Joseph in die Bresche und erklärte, dies sei (wegen der Verdoppelung) eine göttliche Offenbarung, die von bevorstehenden sieben fetten und sieben mageren Jahren künde. Der Pharao zeigte sich beeindruckt von dieser einleuchtenden Erklärung und Joseph nutzte den günstigen Augenblick für folgenden Vorschlag:

Nun sehe Pharao nach einem verständigen und weisen Manne, den
er über Ägyptenland setze, und schaffe, daß er Amtsleute verordne
im Lande und nehme den Fünften im Ägyptenlande in den sieben
reichen Jahren und sammle alle Speise der guten Jahre, die kommen
werden. Daß sie Getreide aufschütten in des Pharao Kornhäuser
zum Vorrat in den Städten und es verwahren. Auf daß man Speise
verordnet findet dem Lande in den sieben teuren Jahren, die über
Ägyptenland kommen werden, daß nicht das Land vor Hunger
verderbe.[3]

Wer bekam wohl den Auftrag? Richtig! Josephs scheinbar ruchlose
Brüder hatten nur allzu recht mit ihrem Unbehagen über seine
Machtgelüste. Träume besitzen Macht, und es empfiehlt sich, den
Sinn unserer nächtlichen Visionen verstehen zu lernen.
In einer Kultur, die Träumen keinen großen Wert beimißt, sind wir
auf die Hilfe besonderer Lehrer, etwa der Psychotherapeuten
angewiesen. In manchen anderen Kulturen besteht noch ein ur-
sprüngliches Vertrauen in die Weisheit der Träume. Diese zum
Schweigen gebrachte Mehrheit der Menschen nicht-industrialisier-
ter Gesellschaften, denen das Unbewußte näher liegt als der
Fortschritt, Mythen und Träume näher als Geschichte und Wissenschaft, haben wir längst als »primitiv« klassifiziert. Diese
Einstufung stellt allerdings nicht in erster Linie ein weltanschauli-
ches Urteil dar, sondern ist aus handfesten ökonomischen Wurzeln
erwachsen: die Missionare, die die Seelen der Heiden retten sollen,
sind nur die Vorhut; nach (oder mit) ihnen kommen die Soldaten
und anschließend die Handelsgesellschaften.
Wir haben fremden Völkern, die ein Recht darauf haben, so zu
leben, wie sie wollen, nicht nur Schreckliches angetan, sondern
zugleich auch noch all das als Hokuspokus abgetan, was sie uns
hätten lehren können. Denken wir zum Beispiel an das Traumvolk
der Senoi. 1935 stieß zum erstenmal eine wissenschaftliche Ex-
pedition im Zentralgebirge der malayischen Halbinsel auf dieses
analphabetische Volk von etwa 12 000 Seelen. Die Senoi lebten von
Jagd, Fischfang und Ackerbau, führten ein friedliches und harmo-
nisches Dasein und lebten sehr stark in Übereinstimmung mit
ihren Träumen.

Die Lenkung der Senoi-Gemeinschaften, die einst durch Erbfolge bestimmte Männer in Händen hatten, war inzwischen auf die *Halaks* übergegangen, die schamanischen Heiler und Erzieher des Volks. Diese Männer wirken jedoch nur richtungsweisend und inspirierend, während das Volk sich durch demokratischen Konsens selbst regiert, und dazu braucht es keinerlei Schutzmächte wie Polizei, Armee, Gefängnisse und psychiatrische Anstalten. Es scheint bei diesem Volk keine Gewaltverbrechen und keine destruktiven Konflikte zu geben. Körperliche und seelische Krankheiten sind äußerst selten. Und es gibt keine Kriege mit den Stämmen der Umgebung. Sie lassen die Nachbarvölker glauben, daß sie die schwarze Magie beherrschen, und verhindern allein dadurch jede Aggression von außen.

Wie aber schaffen es die Senoi, die innere Harmonie des Stammes zu wahren? Ihre Macht beruht auf ihrer Traum-Psychologie, die zwei Stoßrichtungen hat: Interpretation der Träume und Darstellung von Träumen in tranceartigen Zuständen.

Die Halaks besitzen zwar eine besondere Sensibilität für solche Dinge, aber der richtige Umgang mit Träumen ist allen Mitgliedern der Gemeinschaft geläufig und gehört zum täglichen Leben. Schon als kleine Kinder wachsen sie in die Praxis des Traumdeutens hinein, denn beim Frühstück erzählt man sich die Träume der vergangenen Nacht, und die Erwachsenen interpretieren sie. Nach dem Frühstück versammeln sich die Männer und die älteren Kinder und besprechen Träume, die von anderen Mitgliedern der Gemeinschaft mitgeteilt werden.

Der psychologische Hintergrund dieser alltäglichen Traumdeutung läßt sich so beschreiben:

Das Erschaffen von inneren Bildern der äußeren Welt ist ein Teil des Anpassungsprozesses. Manche dieser Bilder stehen im Widerstreit mit dem Menschen selbst oder miteinander. Sind diese feindseligen Bilder jedoch einmal internalisiert, so wenden sie den Menschen gegen sich selbst und gegen seine Mitmenschen. In Träumen kann der Mensch diese psychischen Tatsachen sehen, die mit äußeren Formen kaschiert werden, sich mit Angstgefühlen verbinden und gegen ihn selbst und die inneren Bilder anderer richten. Wenn in dieser Situation nicht Erziehung und Therapie zu

Hilfe kommen, so verbinden und verhärten sich die Bilder im Menschen so, daß er physisch, psychisch und in seinem sozialen Verhalten abnorm wird.[4]

Allein ist der Mensch den bestürzenden Inhalten seiner Träume hilflos ausgeliefert. Wendet er sich aber hilfesuchend an seinen Bruder, so können die erschreckenden Traumgestalten zu Verbündeten werden. Hat ein Senoi-Kind zum Beispiel einen Alptraum, in dem es in bodenlose Tiefen fällt, so zeigen sich alle anderen bei der Erzählung dieses Traums höchst erfreut. Man sagt dem Kind, dieser wunderbare Traum könne viele gute Dinge herbeiführen, wenn es ihn zu Ende träume, um festzustellen, wo es landen würde und was es da zu entdecken gäbe. Alle Traumbilder bergen für den erwachsenen Senoi einen Sinn und ein Versprechen, denn jeder hat in seiner Kindheit gelernt, sich mit den Traumwesen anzufreunden. Ein Fall-Traum wird so zu einem Traum, in dem man in das Land der Fallkräfte gezogen wird, denn sie lieben den Träumer und wollen ihn lehren. Schließlich wird die Traumerfahrung des Fallens ein Vergnügen.

Der junge Träumer lernt, sich immer tiefer auf seine Träume einzulassen. In bedrohlichen Träumen kann er Gestalten aus anderen Träumen als Verbündete herbeirufen und mit ihrer Hilfe allen Gefahren begegnen. Jeder Widersacher, den er auf diese Art besiegt, kommt als Verbündeter oder Diener zurück. Schöne Träume müssen immer bis zu einer Lösung weitergeträumt werden, damit man auch den anderen Mitgliedern der Gemeinschaft etwas Gutes mitbringen kann. Deshalb sollen auch sexuelle Träume stets bis zum Orgasmus fortgeführt werden. Von dem/der Traumgeliebten darf man ein Gedicht, ein Lied, einen Tanz erbitten, ein Zeichen der Begegnung, das man später der Gruppe mitteilt.

Für den Traum gibt es keine Tabus. Alles ist erlaubt, und alles kann nicht nur eine Freude für den Einzelnen sein, sondern auch nützlich für die Gemeinschaft. Die Senoi wissen, daß wir alles brauchen, was wir haben. Jede Seite des Unbewußten ist wertvoll, wenn man sie bejaht und sich an ihr freut. Jeder Senoi lernt schon als kleines Kind, sein Inneres nicht nur sich selbst, sondern auch anderen sichtbar zu machen. Damit wird allem Mißtrauen vorgebeugt, denn Konflikte, die sich in Träumen abzeichnen, werden am nächsten Tag besprochen und ausgeräumt. Nichts Menschliches ist fremd, und deshalb hat es jeder Senoi leicht, im anderen seinen Bruder zu erkennen.

Auch bei anderen, sogenannten primitiven Völkern finden wir einen ähnlich sensiblen Umgang mit Träumen. Die Literatur gibt Einblick in allerlei Varianten und Mischungen psychologischer und nichtpsychologischer Ansätze in verschiedenen Zeiten und an verschiedenen Orten. Die heutige psychologische Traumdeutung geht vor allem auf Freud und Jung zurück.

In der *Traumdeutung*, seinem 1900 erschienenen Meisterwerk, zeigt Freud uns den Traum als Abbild der Psyche, als symbolisch verbrämten Ausdruck verdrängter Wünsche. Dadurch ließ er den primitiven Glauben an nächtliche Visionen auf eine neue Art wiedererstehen. Freud sah in ihnen allerdings nur eine symbolische Darstellung von Konflikten, von versteckten psychischen Motiven, die für uns nur dann von Nutzen sein können, wenn wir die Angst überwinden, die uns diese Motive hat unterdrücken lassen. Freud verstand Träume ausschließlich als Funktion der persönlichen Geschichte (meist der frühen sexuellen Entwicklung); sie bilden das ausgleichende Element in der psychischen Ökonomie, indem sie Ängste symbolisch zum Ausdruck bringen, die zu stark sind, als daß wir sie bewußt erleben könnten.

Auch Jung maß den Träumen große Bedeutung bei, und zwar nicht nur als *via regia* zum persönlichen Unbewußten, sondern auch als unbewußte Kompensation für ein zerrissenes Bewußtsein. Jung geht insoweit über Freud hinaus, daß er den Inhalt der Träume nicht nur auf die persönliche Geschichte des Träumenden bezieht, sondern auf fundamentale Probleme des Menschseins überhaupt, die in der Geschichte immer wieder auftauchen.

Der prophetische und kompensatorische Charakter der Träume gibt ebensoviel Aufschluß über allgemein menschliche Belange wie ihre pathologischen Aspekte über persönliche Konflikte. Träume sind eine Art Herzensweisheit, die unserem verstandgeleiteten Leben nur allzu oft abhandenkommt. Würden wir nur mehr auf die Stimme unserer Träume hören, dann wären wir weniger allein und könnten uns eine viel zu wenig beachtete Kraft nutzbar machen: unsere tiefsten intuitiven Einsichten über eine Welt der Erfahrung, die uns zu sehr bestürmt, als daß wir sie mit intellektueller Analyse und wissenschaftlichem Verstand in den Griff bekommen könnten.

Jung sagt dazu:

In jedem von uns ist auch ein anderer, den wir nicht kennen. Er spricht zu uns durch den Traum und teilt uns mit, wie anders er uns sieht, als wir uns sehen. Wenn wir uns daher in einer unlösbar schwierigen Lage befinden, so kann der fremde Andere uns unter Umständen ein Licht aufstecken, welches wie nichts anderes geeignet ist, unsere Einstellung von Grund auf zu verändern, nämlich eben jene Einstellung, die uns in die schwierige Lage hineingeführt hat.[5]

Träume verhalten sich zu unserem Wachbewußtsein wie der Mond zur Sonne: sie werfen einen besonderen nächtlichen Lichtschein, in dem die Dinge deutlicher hervortreten. So kündigt auch die Tarotkarte *Der Mond* an, daß Imagination, Intuition und Träume in den Vordergrund treten werden. Erscheint sie umgedreht, so werden praktische Erwägungen die imaginativen Strebungen in den Hintergrund drängen – ein Frieden, der einen hohen Preis hat.

Manchmal vergesse ich, daß ich einen heimlichen Freund habe, einen weisen, aber verborgenen Berater, auf dessen Stimme ich öfter hören sollte. Dieser Berater ist mein Traum-Selbst, jener Teil von mir, der klarer sieht als mein waches Selbst und dessen Blick weniger durch Vernunft, Logik und Alltagswissen verstellt ist.

Ich erinnere mich an einen Mann, der kurz nach dem Zusammenbruch seiner Ehe zu mir gekommen war. Frau und Kinder waren im Mittelwesten geblieben, während er sich in Washington eine Wohnung gesucht hatte und Ordnung in seine konfusen und angstvollen Gefühle zu bringen versuchte. Anfangs wirkte er schrecklich intellektuell, abstrakt und innerlich unbeteiligt auf mich. Bald kam aber hinter dieser Fassade eine Menge Sensibilität und Schmerz zum Vorschein. Er begriff, daß nicht nur seine verrückte Frau, sondern auch er selbst mit seinem Verhalten die Ehekatastrophe herbeigeführt hatte.

Und ihm wurde auch klar, daß er sich im Grunde eine Wiederherstellung der Ehe wünschte. Er arbeitete an seinen Gefühlen und fuhr an mehreren Wochenenden heim zu seiner Frau, um sich mit ihr zu versöhnen. Zuerst blockte sie alle seine Ansätze mit ihrer Bitterkeit und Hoffnungslosigkeit ab. Schließlich rang aber auch sie sich dazu durch, den Dingen auf den Grund zu gehen.

Sie kamen gemeinsam nach Washington in meine Praxis, wo ich sie mit einem Ko-Therapeuten erwartete. Wir fanden nicht auf Anhieb eine Linie – als Paar waren sie schwierig, aber ich sah doch Ansätze und Möglichkeiten. Besonders schwierig war bei dieser Diskussion, daß die Frau, eine innerlich gequälte Person, sich nach außen hin als furchtbar impulsiv, sprunghaft, aggressiv, quecksilbrig und verführerisch zeigte. Wenn sie zum Beispiel meine Praxis betrat, hopste sie mit der unbefangenen Spontaneität einer Neunjährigen auf meine Couch und nahm dort eine görenhaft unschuldige Sitzstellung ein, die aber zugleich auch berechnet verführerisch wirkte; sie zog die Beine an, daß ihr Rock bis zum Hinterteil hochrutschte und saß dann in naiver Selbstentblößung da.

Der Umgang mit ihr glich meist einer Art Tanz: Sie wußte den Eindruck zu vermitteln, daß es ihr um Kooperation und zwischenmenschliche Nähe ging, doch immer wenn der Ehemann oder einer von uns Therapeuten darauf eingehen wollte, war sie plötzlich verschwunden. Was da verschwand, waren die Anmut, die Wärme, die Nachgiebigkeit, die eben noch von ihr ausgestrahlt waren. Dafür kam jetzt eine Neigung zum Vorschein, auf sehr rücksichtslose, bitterböse Art zurückzuschlagen. Am Ende der Sitzung kamen wir zu dem Schluß, daß es nicht ganz hoffnungslos war, aber für uns alle eine sehr schwierige Arbeit werden würde. Jetzt wollten wir alle erst mal etwas Abstand gewinnen, über alles nachdenken und dann wieder zusammenkommen, um zu sehen, was wir unternehmen konnten.

Die beiden machten Pläne für einen Umzug der Frau nach Washington und für eine gemeinsame Therapie. Lange Zeit konnten sie zu keiner Einigung kommen. Nach drei Monaten zog sie dann doch nach Washington; sie mieteten ein Haus und fingen an, ihre Ehe wieder in Ordnung zu bringen.

Sie rief mich an, wir verabredeten einen Termin, und dann kam sie zu einem Sondierungsgespräch, bei dem wir feststellen wollten, wie jetzt vorzugehen sei und ob wir überhaupt zusammenarbeiten wollten. Ich hatte gemischte Gefühle dazu, und meine Unsicherheit führte bei ihr natürlich zu der unerschütterlichen Überzeugung, daß sie unbedingt mich als Therapeuten brauchte.

Als wir endlich einen Termin für die erste therapeutische Sitzung vereinbart hatten, bemerkte ich, daß ich dem Ereignis mit einigem Unbehagen entgegensah. Das hatte sicher mit ihrer maskierten Aggressivität, ihren Versuchen, die Situation manipulativ zu kontrollieren und mit der Tatsache zu tun, daß sie einfach nicht sehen wollte, was sie selbst tat. Ich hatte ein vages Gefühl, daß der Schwerpunkt auf sexuellem Gebiet liegen würde.

In der Nacht vor der Sitzung hatte ich diesen Traum: Sie war allein gekommen, um mit mir ein Therapie-Abkommen zu schließen. Sie kam herein, und als ich die Tür schloß, warf sie ihren Mantel ab, hopste auf die Couch und saß dann in ihrer üblichen Haltung mit gekreuzten Beinen da. Ihre freundliche Gesprächsbereitschaft bildete einen scharfen Widerspruch zu der geradezu aufreizenden Haltung, in der sie saß. Ich dachte: »Wie zum Teufel soll ich mit dieser Frau umgehen, die so blind für ihre eigene sexuelle Aggressivität ist, daß ich nicht einmal mit ihr darüber reden kann? Wie kann ich das aus dem Weg räumen, damit wir endlich zu ihren Gefühlen über die Ehe und unsere Beziehung kommen können, zu der Frage, wer sie ist und wohin sie geht?« Und dann fiel mir die Antwort ein. Ich sagte: »Hören Sie, wir können zusammenarbeiten, aber nur unter einer Bedingung. Wenn Sie hier sind, müssen Sie Ihre Hose ausziehen.« Sie war völlig schockiert, aber da sie die Behandlung brauchte, willigte sie ein. Ich erinnere mich nicht, daß ich im Traum gesehen hätte, wie sie ihre Hose auszog, jedenfalls saß sie dann plötzlich in einem langen, bis zu den Füßen heruntergezogenen Rock mit geschlossenen Beinen in sehr sittsamer, geradezu prüder Haltung da. Zweifellos war sie völlig perplex über die Tatsache, daß ich ihr mit meiner Forderung allen Wind aus den Segeln genommen hatte.

Beim Aufwachen war mir klar, daß mein Traum-Selbst mir die Natur des Problems enthüllt hatte; ich kam mit der Aggressivität nicht zurecht, auf die ich zwar reagierte, die sie aber offenbar gar nicht bemerkte oder bemerken wollte. Und als ich ihr im Traum sagte: »Sie können meinetwegen aggressiv sein, aber ich sage hier, was zu geschehen hat, und Sie werden meinen Anweisungen folgen«, da war sie plötzlich nicht mehr aggressiv. Sie verwandelte sich in das verängstigte kleine Mädchen zurück, das sie hinter all ihren Posen war. Ich war erleichtert, denn jetzt konnte ich mit ihr arbeiten, ohne daß diese Sache ein Problem wurde. Als sie schließlich tatsächlich kommen wollte, hatte ich meine Zeit inzwischen anders verplant. Sie hatte immer wieder versucht, aus unseren Verabredungen auszubrechen, und ich dachte nicht daran, herumzusitzen und auf sie zu warten. Ich empfahl ihr einen anderen Therapeuten, dem ich die Arbeit zutraute, weil er sich von ihren aggressiven Abwehrmechanismen nicht beeindrucken lassen würde. Sie war enttäuscht und wollte unbedingt bei mir bleiben. Schließlich gab sie doch nach und kam zu der Einsicht, daß es für sie jetzt wichtigere Dinge gab, als ihren Kopf durchzusetzen.

In diesem Gespräch erzählte ich ihr auch von meinem Traum. Sie lachte peinlich berührt, aber auch in der Einsicht, daß ihre Neigung, die Menschen in ihrer Umgebung zu verunsichern, besiegt werden mußte, wenn sie irgend etwas von ihnen bekommen wollte. Ich gab ihr den Rat, dem anderen Therapeuten meinen Traum zu erzählen, damit er schon Anhaltspunkte gewann, bevor sein eigenes Traum-Selbst so weit war, daß es ihn beraten konnte.

Immer wieder stelle ich fest, daß mein innerer Berater nicht nur weise und hilfreich ist, sondern auch Sinn für Humor hat. Wenn ich schon von dieser freundlichen Dämonin besessen bin, dann kann ich froh sein, daß sie mir lachen hilft, wenn ich wieder mal in der Patsche sitze. Manchmal erschreckt es mich auch, von einem inneren Trickster besessen zu sein, der mir finstere Geschichten voller makabrem Humor erzählt. Mein Schatten-Selbst, meine Anima, unterrichtet mich gut, aber ich fühle mich diesem Teil meines Selbst auch ausgeliefert, dem ich vertrauen muß, ohne ihn recht zu kennen oder zu verstehen.

Sie sprach sehr deutlich zu mir, als ich das erstemal an die Eröffnung einer Privatpraxis dachte.

Vor vielen Jahren, als ich noch hauptsächlich in Kliniken arbeitete, machte ich meine ersten zaghaften Versuche. Der Gedanke, allein und für mich selbst zu arbeiten, war sehr verlockend. Ich hatte schon einige der Probleme durchdacht, war auf Teilzeitbasis in eine Privatpraxis eingestiegen und hatte einige Patienten. Ich fühlte mich bereit, all die Verantwortungen auf mich zu nehmen, die mit der Freiheit verbunden waren. Ich sah mich nach geeigneten Praxisräumen um und ließ einige Kollegen wissen, daß ich meine ersten Versuche auszuweiten gedachte. In der Klinik ließ ich meine Kündigungsabsicht ein wenig durchblicken und faßte bereits einen Termin ins Auge; ich arbeitete daran, die Entscheidung spruchreif zu machen. Aus der Zeit ist mir ein Traum in Erinnerung:

Ich war auf einem Flugplatz. Mein Fluglehrer klopfte mir auf die Schulter und sagte, ich würde jetzt meinen ersten Alleinflug machen. Ich bekam einen alten Doppeldecker aus dem Ersten Weltkrieg. Ich trug die traditionelle Kluft: Lederjacke, unter dem Kinn verknotete Ledermütze, Fliegerbrille und den flatternden weißen Schal. Mit weichen Knien kletterte ich ins Cockpit und startete. Ich ließ das Flugzeug einwandfrei abheben, stieg immer weiter auf und fing an, Manöver zu fliegen. Der Himmel war herrlich, und ich gewann immer mehr Vertrauen. Die Maschine ließ sich leicht handhaben.

Doch dann geriet sie plötzlich außer Kontrolle und stürzte trudelnd mit jenem unheilkündenden Heulton ab, den ich aus Kriegsfilmen kannte. Mein Flugzeug krachte zu Boden, aber irgendwie wurde ich so herausgeschleudert, daß mir nichts geschah.

Sofort versammelte sich eine Menschenmenge. Alle freuten sich, daß ich heil davongekommen war. Es war ein Wunder, zu dem mir alle gratulierten. Ich selbst war sehr beunruhigt. Zu jemandem, der neben mir stand, sagte ich: »Aber versteht ihr denn nicht? Ich selbst bin zwar davongekommen, aber das Flugzeug war nicht versichert und wird mich 13 000 Dollar kosten. Ich weiß nicht, wie ich das bezahlen soll.«

Beim Aufwachen fiel mir ein, daß 13 000 Dollar mein Jahresgehalt an der Klinik waren. Ich entschied, daß ich noch zu viel Angst hatte, um den Soloflug einer vollen Privatpraxis zu riskieren. Bis dahin hatte ich meiner Angst vor Geldangelegenheiten noch nicht allzuviel Aufmerksamkeit gewidmet; jetzt merkte ich, daß ich die

Gefahr noch scheute. Ich schob die Entscheidung für ein weiteres halbes Jahr auf.

Manchmal knufft mein Traum-Selbst mich auch dann in die Seite, wenn ich nicht gerade mitten in einem Problem stecke. Wie eine gute Mutter oder ältere Schwester will sie mir dann nur etwas über die Natur des Universums sagen, weil es ihr halt gerade in den Sinn kam. So war es, als ich mich in einem Traum einmal in einem großen, wie ein Amphitheater aufgebauten Raum befand, der von erwartungsvollem, erregtem und beunruhigtem Stimmengewirr erfüllt war. Viele Menschen in allen möglichen Landestrachten hatten sich da versammelt. Da wurde mir klar, daß ich in der UN-Vollversammlung war und eine Krisensitzung stattfinden sollte. Ein Atomkrieg, der den ganzen Planeten einäschern würde, stand unmittelbar bevor. Wir hatten uns als Repräsentanten unserer Länder versammelt, um fünf Minuten vor Zwölf noch eine Lösung zu finden, die den Holocaust verhindern konnte.

Der Generalsekretär sprach sehr gefühlsbetont, um bei jedem von uns auch die letzten Reserven von kreativer Energie zu mobilisieren, die vielleicht den rettenden Einfall bringen würden. Ich weiß nicht mehr, in welcher Sprache er sprach. Er war weit weg, doch wir alle hatten Kopfhörer auf und konnten seine Beschwörung in unserer Sprache hören. Er flehte uns an, alles zu tun, was wir konnten, unsere Einfälle aufzuschreiben und einzureichen. Keine Idee, so sagte er, konnte zu weit hergeholt sein; niemand sollte seine Einfälle zurückhalten.

Als er sich dem Ende seiner Ansprache näherte, machte er eine bedeutungsvolle Pause. Dann richtete er sich auf und sagte mit großer Bestimmtheit: »Ihr Männer, die ihr die Völker der Welt vertretet, vergeßt eines nicht, wenn ihr eure Vorschläge formuliert und einreicht: SCHREIBT SAUBER!«

Dieser Traum war eine ironische Anspielung auf meine eigene Sorge um äußere Erscheinung und Ordnung. Mein Traum-Selbst macht mich also nicht nur auf Dinge aufmerksam, die ich an unserer Gesellschaft kritisiere, sondern bildet auch das Schatten-Gegengewicht für mein nicht gar so freies Leben des freien Geistes.

Noch ein Traum-Witz über den Zustand unserer Kultur, den ich am Morgen nur mit grimmigem Lachen quittieren konnte.

Vor etlichen Jahren, meine Jungen waren noch ziemlich klein, brachte ein Besucher ihnen einmal ein Malbuch und Farben mit. In diesem Malbuch waren mit Nummern versehen Umrisse abgebildet, und die Farbtöpfe waren ebenfalls entsprechend numeriert. Jetzt mußte man nur noch die bezifferten Felder mit den Farben gleicher Nummern bemalen, und schon kam ein Bild zum Vorschein. Mir wollte dieses Geschenk nicht recht gefallen; mir schien, daß solche Geschenke die Kreativität der Kinder eher verkümmern lassen, indem sie ihnen das Gefühl geben, etwas geschaffen zu haben, ohne daß es die geringste Mühe gekostet hätte. Das fertige Produkt hat mit seinem »Schöpfer« eigentlich nichts zu tun.

Zu dem Zeitpunkt hatte ich mir noch nicht klargemacht, wie viele Dinge in unserer Kultur mir einen ähnlich faden Geschmack auf der Zunge hinterließen. In jener Nacht träumte ich, ich hätte mit der Post einen »Poesiebaukasten« bekommen. Es war ein großes Plakat mit Zahlen, die zeilenweise darüber verteilt waren. Dazu gehörte ein kleiner Karton mit Papierstreifen, die auf der Rückseite eine Zahl und auf der Vorderseite ein Wort trugen. Außerdem waren sie hinten gummiert. Ich mußte jetzt diese Streifen herausnehmen, anlecken und da aufkleben, wo auf dem Plakat die entsprechende Nummer stand. Ich klebte die Streifen auf, wie sie mir in die Hand kamen, und das Plakat füllte sich mit Zeilen. Schließlich war alles verklebt, und ich stellte fest, daß ich ein Gedicht »geschrieben« hatte. Als ich aufwachte, wurde mir klar, daß dieser Traum eine bittere Satire auf unsere vorfabrizierte Plastikkultur war. Aber er sagte auch etwas über meinen früheren Hang, mit Schere und Klebstofftube bewaffnet aus den Schriften anderer Menschen eigene »Schöpfungen« entstehen zu lassen.

Seit ich mir immer uneingeschränkter gestatte, fröhlich auf die Stimme meines Traum-Selbst einzugehen, stelle ich fest, daß ich auch andere Menschen zu dieser Aufmerksamkeit und Reaktionsbereitschaft inspirieren kann. In den letzten Jahren haben etliche meiner Patienten die für die Therapie ins Auge gefaßten Ziele erreicht und darüber hinaus für sich selbst noch ganz neue Dinge entdeckt. Sie leiden nicht mehr unter dem Gefühl, daß ihr ganzes Leben ein Problem ist. Es sind Menschen, die ihre Kämpfe bestanden haben und jetzt sehr viel mehr Selbstvertrauen, Freiheit und Ausdrucksfähigkeit besitzen als zu Beginn der Therapie. Solche Patienten bitten oft um eine Fortsetzung der Therapie, wo andere sich geheilt fühlen und sie beenden wollen.

Sie wollen die Therapie fortsetzen, um einfach ihre Träume noch weiter zu erforschen. Sie sehen ihre Träume nicht mehr als Symptome, die weganalysiert werden müssen, um irgendwelche Probleme zu lösen. Sie verstehen ihre Träume jetzt als Kraftreservoir und spirituelle Führer. Sie wollen die Verbindung zu ihrem Unbewußten festigen. Sie träumen einfach gern. Oft wollen sie jetzt sogar die Abstände zwischen den Sitzungen verkürzen. Wir erzählen uns Träume, finden neue Möglichkeiten zusammenzusein, wir selbst zu sein.

Eine junge Frau hatte einen Traum, der ihr seitdem auf ihrer abenteuerlichen Reise immer wieder als Führer dient. Ich habe sie manchmal scherzhaft gefragt, was sie sich von mir als Reisebegleiter erwartete, und sie gewann dadurch immer mehr Selbstsicherheit und ließ sich weniger von mir beeinflussen. Unser gemeinsames Lachen hat immer uns beiden geholfen.

Hier also ihr Traum:

Ich bin in einem schönen Hafen, stehe auf einer Pier, schaue in den sonnigen blauen Himmel und auf die weitgeschwungene Linie des Strandes. Auch ein herrlicher großer Vogel ist da; ich freue mich an seiner Ausdauer, seiner Anmut und Kraft. Ich habe gehört, daß die Segel der Schiffe, die in diesen Hafen gehören, den Schwingen dieses Vogels nachgebildet sind, und das große, wie eine neue Santa Maria gebaute Schiff, das gerade mit geblähtem Segel auslaufen will, bestätigt diese Aussage.

Der Vogel schwebt auf der Höhe des Segels, beide eine bewegungslose Quelle der Kraft, eine vollkommene Entsprechung. Der Vogel verschwindet, und ich spüre, daß ich an Bord dieses Schiffes kommen soll.

Wir lassen den Hafen hinter uns und befinden uns auf offener See. Als Neuling muß ich jetzt lernen, die steife Brise zu meinem Vorteil zu nutzen. Mein Lehrer hält das Ruder, und eine schattenhafte Frau, die sich vorher erfolglos am Umgang mit den Segeln versucht hat, setzt sich nahe am Bug hin. Ich finde mich leicht in die

Handhabung der großen, schweren Segel ein, empfinde Selbstver-
trauen in meinen Bewegungen, während ich die Segel mit einer
Geschicklichkeit in den Wind bringe, die ich an mir noch gar nicht
kenne. Ich fange gerade an, mich richtig darüber zu freuen, als
mein Lehrer sagt: »Jetzt wollen wir die Sache mal ein bißchen
schwieriger machen.« Ich soll eine zusammengelegte Persenning so
in den Wind halten, daß sie als Zusatz-Segel dienen kann. Ein
scheinbar absurder und undurchführbarer Auftrag. Ich werfe ihm
einen befremdeten und leicht feindlichen Blick zu, sehe aber, daß er
ganz in Gedanken versunken ist. Ich vermute, daß er sich gerade
fragt, ob es fair ist, mir solch eine Aufgabe zu stellen. Ich sage mir:
als Herausforderung zum Abenteuer ist es fair. Als ich aufwache,
segeln wir noch.

Ihr wachsendes Vertrauen zu ihrem Traum-Selbst gibt ihr Mut,
wenn sie ins Stocken kommt, läßt sie hoffen, daß sie Orte erreicht,
von denen sie nicht einmal geträumt hat: sie wagt es, den verborgenen Rest ihrer selbst zu suchen. Vor dieser Nacht, in der ihr
Traum-Selbst sie zwischen Fragmenten von Träumen und Phantasien immer wieder weckte, hatte sie noch nie ein Gedicht
geschrieben. Das Traum-Selbst flüsterte ihr Zeilen ins Ohr, die sie
zwar nicht verstand, aber aufschrieb. Am Morgen fand sie dies auf
dem Block neben ihrem Bett:

> *Nacht; ein Wesen*
> *schleicht sich an,*
> *liegt wartend;*
> *Laute verraten*
> *seine Nähe.*

> *Das Wesen ist eine kopflose Büste*
> *Kein Kopf*
> *Niemand*
> *Die Arme gekreuzt*
> *in feierlicher Ruhe.*

Steh, und bleib dahingestellt;
erst mal
kennenlernen
Später
vielleicht zähmen.

Zurück
ins Alleinsein;
Kosmischer Nebel
nimmt alle Furcht
und gibt Trost.

DER NARR

Werde der du bist

Der Unterschied zwischen der jüdisch-christlichen und der hindu-istisch-buddhistischen Tradition läßt sich durch eine Gerade und einen Kreis veranschaulichen. Die weltlichen Ideale des Westens, harte Arbeit, Leistung und Fortschritt, entsprechen sehr genau den religiösen Imperativen unserer Kultur: Versuchungen aus dem Weg gehen, ein gutes Leben leben, dem geraden und schmalen Pfad folgen und dem unerreichbaren Vorbild des Erlösers nacheifern. Die Gerade, an die wir uns halten müssen, wenn wir gerettet werden wollen, bezeichnet jene ehrfurchtgebietende Distanz zwischen unserer Schlechtigkeit und der Güte Christi.

Im zyklischen Weltbild des Ostens genügt es zu erkennen, daß jeder von uns bereits der Buddha *ist*. Wir müssen uns nur unserer wahren Natur ergeben. Das Leitprinzip des Westens ist eine höhere Intelligenz, die *Logos* genannt wird; wir können uns dieser höheren Intelligenz annähern, indem wir der geraden Linie folgen. Im Osten nimmt *Lila* (Sanskrit; wörtlich: Spiel) die Stelle des Logos ein; es ist der Ausdruck für die kosmische Verspieltheit Gottes, mit der Er die Illusion einer Welt erschafft, indem Er alles, was ist, in wechselnde Gewänder Seiner göttlichen Energie kleidet. *Maya*, die Illusion, ist alles, was uns von der Seligkeit des Nirvana trennt. Unsere wahre Natur ist das Zentrum des Kreises, der wir selbst sind; sie ist *Atman*, das kosmische Selbst, der Welt-Geist.

Wir müssen nur aufhören, uns verändern zu wollen, dann werden wir frei von dem Zwang, etwas zu sein, was wir nicht sind.

Was oft für den Fatalismus oder Pessimismus des Ostens gehalten wird, ist tatsächlich einfach der Glaube, daß das Leben ein Rad sei, ein ewiger Kreislauf von Geburt, Leiden und Tod, in dem die Menschen endlos wiedergeboren werden, solange sie glauben, daß sie ihre wahre Natur ändern können. Das *Karma* jedes Menschen ist das Leben, in das er hineingeboren wird. Das Karma dieses Lebens ist sowohl eine Folge früherer Inkarnationen als auch Ursache für das, was in späteren Leben an Leiden und Freuden auf uns wartet.

Ich glaube nicht an Reinkarnation. Ich glaube, daß wir nicht *für* unsere Sünden bestraft werden, sondern *durch* sie. Dennoch steckt in der Karma-Metapher auch für mich eine tiefe Einsicht. Mir scheint, daß wir geboren werden und uns entwickeln, um das zu werden, was wir sind – und unser Wollen hat darauf offenbar wenig Einfluß. Wir können unsere Entwicklung psychoanalytisch unter dem Gesichtspunkt der frühkindlichen Erfahrung deuten, doch letzten Endes finden wir damit für unser Unglück kaum eine andere Erklärung als die, daß wir im falschen Haus geboren wurden. Wäre ich nebenan aufgewachsen, dann hätte ich vielleicht mehr Liebe und Zustimmung erfahren, wer weiß?

Familie und Gesellschaft fordern uns auf, uns zu »bessern« und einen »guten Charakter« zu entwickeln. Was macht aber unsere *Persönlichkeit* zu dem, was *Charakter* genannt wird? Es ist eine Maske, die den Unterschied zwischen dem, was ich wirklich bin, und dem, was andere als meine Persönlichkeit wahrnehmen, gnädig überdeckt. Sie kann aber auch ein Panzer werden, der mich meinen eigenen Blicken verbirgt, so daß ich nicht mehr zwischen dem Idealbild meiner Vorstellung von mir und meiner wirklichen Engel-Tier-Seele unterscheiden kann.

Freude und Leid gehen beide aus meinem biologischen Erbe und späteren zufälligen Lebensumständen hervor. Aber wie glücklich oder unglücklich ich mit dieser Persönlichkeit und diesem Leben tatsächlich bin, hängt davon ab, wie gut ich mein Schicksal akzeptieren kann, und nicht davon, daß die Karten neu gemischt und ausgeteilt werden. Ich kann nicht immer gewinnen, aber ich muß weiterspielen. Ein anderes Spiel als dieses gibt es schließlich nicht. Gegen das Schicksal ankämpfen, wollen, wo der Wille nichts ausrichten kann, jemand anderes sein wollen, um eine andere Art von Leben zu bekommen – all das sind absurde Forderungen, mit denen ich mir nichts einhandle als weiteres Leiden. Das absolut notwendige Leiden genügt mir schon; weshalb sollte ich mir durch Jammern auch noch die Freuden verderben, die ich vielleicht haben kann?

Charakterbildung ist die Verleugnung der wahren Natur des Selbst. Ich bin nicht versessen auf die Bildung eines besseren Charakters, solange damit gemeint ist, daß meine Buddhaschaft noch nicht verwirklicht ist. Ich will mein Selbst nicht verbessern, nur besser kennenlernen, um alles, was ich bin, mit Freuden anzunehmen. Ich muß meine Persönlichkeit ebensowenig durch Charakterbildung ändern, wie ich es nötig habe, so gut zu sein, daß irgendwer mich erlöst. Wie oft haben Sie gesagt: »Bitte, lieber Gott, wenn ich nur dieses eine Mal noch in die nächste Klasse versetzt werde (meine Beförderung/meinen Schatz bekomme), dann will ich auch nie, nie wieder lügen (masturbieren/Widerworte geben).«

Die Unterscheidung von Charakter und Persönlichkeit entspricht dem Unterschied zwischen Schicksal und Bestimmung. Bin ich nicht bereit zu erkennen, was ich fühle, zu sagen, was ich denke, zu tun, was ich sage, dann bin ich ein passives Objekt des Schicksals. Kann ich aber all das annehmen und bejahen, was meine Persönlichkeit ist, dann mache ich aus meinem Schicksal eine Bestimmung. Nur dann kann ich mich bereitwillig dem Leben unterwerfen, das ich bekommen habe, und der werden, der ich bin.

Um aus meinem Schicksal eine Bestimmung zu machen, muß ich die Gewohnheit aufgeben, immer ein bißchen mehr als die Wahrheit zu erzählen. Ich muß bereit sein, mich den eigenen Augen so zu zeigen, wie ich bin, und wenn ich das ohne Blinzeln kann, dann auch den Blicken anderer. Es gibt keinen Grund, meine Stärke und meine Schönheit zu verbergen. Aber ich darf auch nicht versuchen, mich ohne meine Schwächen, Runzeln und Pickel darzustellen.

Ein Leben ohne Schmerz gibt es nicht. Viele Patienten kommen in der Hoffnung zur Therapie, daß sie ihre Persönlichkeit nur tüchtig verbessern müssen, um dann ein problemfreies Leben führen zu können. Es braucht eine Weile, bis man begreift, daß niemand zu versuchen braucht, jemand anderes zu sein, denn die Hoffnung auf den paradiesischen Zustand der Wiedervereinigung mit der Großen Mutter ist müßig. Es gibt keinen Frieden bis zum Tod und vielleicht nicht einmal dann. Wieviel Frieden ein Mensch bekommt, hängt davon ab, wie weit er seine gute/schlechte Natur und die glückliche/unglückliche Beschaffenheit seines Lebens akzeptieren kann.

Ob ein Mensch extrovertiert ist und sein Leben außen sucht oder ob er introvertiert ist und in sich den Sinn findet, spielt keine große Rolle; wichtig ist allein, daß jeder der wird, der er ist, und nicht ein anderer zu werden versucht. Lange vor Christus (oder Jung) sagte Laotse:

Ein Mann mit äußerem Mut wagt zu sterben,
Ein Mann mit innerem Mut wagt zu leben;
Doch jeder von ihnen
Hat eine bessere und eine schlechtere Seite als der andere.[1]

Vielleicht ist Neurose nichts anderes als der Versuch, unseren Kopf durchzusetzen: andere zu ändern, das Schicksal zu korrigieren oder, falls das nicht geht, uns unserem eigenen tiefsten Sein zu verschließen, damit wir wenigstens andere daran hindern können, *ihren* Weg zu gehen.

Ich habe eine Patientin, mit der ich schon seit einigen Jahren zusammenarbeite. Sie hat ihre Depressivität weitgehend überwunden, ist expressiver, selbstbewußter, kreativer geworden und hat (unterstützt durch die Therapie ihres Mannes) an ihrer einst unglücklichen Ehe vieles verbessern können. Sie kann sich nicht entschließen, die Therapie zu beenden, weil ein Problem nach wie vor besteht.

Anfangs sagte sie, dieses Problem bestehe darin, daß ihre Ehe nicht solide und befriedigend genug sei, um das Interesse ihres Mannes an Pornographie zu zerstreuen. Erst allmählich begriff sie, daß nicht *sein* Verhalten das Problem war, sondern *ihre* Reaktion darauf. Wenn er sich an pornographischen Büchern und Filmen interessiert zeigt, reagiert sie, als habe er sie betrogen.

Mit meiner Hilfe gelang es ihr, diese Reaktionen mit Ereignissen in Verbindung zu bringen, die stattgefunden hatten, als sie noch ein Teenager war. Ihr Vater hatte die Familie und seine unglückliche Ehe verlassen, um mit einem Dienstmädchen zusammenzuleben. Damals hatte die Patientin sich vor der Panik ihrer Hilflosigkeit dadurch geschützt, daß sie alle Versuche des Vaters, mit ihr in Kontakt zu bleiben, abblockte. Als sie den Zusammenhang erkannte, wandelte sich die diffuse Angst und der Groll der Patientin zu der bitteren Entschlossenheit, *nicht* nachzugeben. Nein, sie würde auf keinen Fall ihre Verluste und den Mangel, den sie empfand, akzeptieren, nur um von ihrem Mann und ihrem Vater das zu bekommen, was sie zu geben hatten.

Ich antwortete ihr mit einer Erzählung der ungarischen Scherengeschichte. In Ungarn, so heißt es, trafen sich einmal ein Mann und eine Frau, verliebten sich und heirateten. Anfangs schienen sie sehr glücklich zu sein, doch dann entstand ein scheinbar trivialer Streit. Sie packten nämlich zusammen ein Paket, und als es fertig war, blieb noch ein Schnurende abzuschneiden. »Ich gehe ein Messer holen, um die Schnur abzuschneiden«, sagte der Mann. Aber die Frau erwiderte, als sie klein gewesen sei, habe man solche Schnurenden nie mit einem Messer abgeschnitten, sondern mit einer Schere. Damit begann der Streit. In den folgenden Jahren gab es oft Mißstimmung und Reizbarkeit in der Ehe, weil sie immer wieder auf die Sache mit dem Messer und der Schere zurückkamen. Nach einer Weile war dieser Streit natürlich so eingefahren, daß es schon Herausforderung genug war, wenn der Mann nur »Messer« sagte und die Frau zornig »Schere!« erwiderte.

Schließlich glaubte der Mann, er könne es nicht länger aushalten. So eine sture Frau mußte man einfach beseitigen. Heimtückisch lud er sie an einem sonnigen Nachmittag zu einer Bootsfahrt auf dem See ein. Er ruderte in die Mitte des Sees, der ziemlich groß und tief war, und sagte dann: »So, jetzt werden wir die Sache ein für allemal klären. Entweder unterwirfst du dich und gibst zu, daß das Messer das richtige Instrument ist, um ein Schnurende abzuschneiden, oder ich schlage dich mit diesem Ruder ins Wasser, und du mußt ertrinken, weil du ja nicht schwimmen kannst.« Ihre Antwort war ein trotziges »Schere!« Da nahm er das Ruder und schlug seine

Frau mit Wucht vom Boot. Sie konnte tatsächlich nicht schwimmen und platschte hilflos herum, während ihr Mann wieder fragte: »Messer?« – »Schere«, gurgelte sie und ging das erstemal unter. Kurz darauf tauchte sie strampelnd wieder auf, und er fragte: »Messer?« Mit einer Wasserfontäne aus Mund und Nase sprudelte sie »Schere!« und ging wieder unter. Nach einer Weile kam sie halb ertrunken wieder hoch, und wenn sie jetzt noch einmal unterging, würde es gewiß das letztemal sein. »Also«, sagte er, »mein letztes Angebot, es geht um Leben und Tod. Ich sage: Messer!« Und als sie wieder versank, hob sie noch einmal mühsam die Hand und ließ Zeige- und Mittelfinger zusammenschnappen wie eine Schere.

Zwar half diese Geschichte meiner Patientin, über ihre selbstzerstörerische Verbissenheit zu lachen, aber sie konnte das Problem nicht abschütteln. Ich bot ihr als Analogie meinen eigenen Kampf gegen Schmerz und Tod an, denen ich wegen meines inoperablen Hirntumors tagtäglich ins Auge sehe. »Was soll ich also tun?« fragte ich sie. »Es ist das einzige Leben, das ich habe. Soll ich es verschwenden mit der Klage darüber, daß ausgerechnet mir so was passiert? Daß es unfair ist? Daß ich mein ganzes Leben nicht genießen kann, weil ein Teil davon nicht akzeptabel ist? Meine einzige Hoffnung liegt im Frieden des Sich-Dreinfügens. Füge ich mich dem, was ich nicht ändern kann, tue ich, was ich tun kann, ohne mich auf Ergebnisse zu versteifen, dann kann ich bekommen, was für mich da ist.« Sie mochte mich sehr gern und begriff jetzt unser gemeinsames menschliches Dilemma; sie verstand, daß wir in der gleichen absurden Lage waren. Doch bevor sie endlich ihre Freiheit fand, mußte sie noch eine Phantasiereise unternehmen, auf der sie erlebte, wie sie ihrem Vater (und ihrem Mann) verzieh, wie sie nicht mehr versuchte, das Unabänderliche zu ändern, wie sie mit der Trauer über ihre Hilflosigkeit leben konnte. Es genügt, daß wir Verlust, Enttäuschung und Verrat erdulden müssen. Wir müssen dieses Unglück, das das Leben uns auferlegt, nicht noch dadurch vergrößern, daß wir gegen unser Karma ankämpfen, gegen unser Los in dem einzigen Leben, das wir haben.

Und der Therapeut, der einem anderen helfen will, seinen Weg zu finden und sein Karma auf sich zu nehmen, was für ein Mensch muß er sein? Wieder gibt Laotse die Antwort:

Einer, der weiß, das sein Los aller Menschen Los ist,
Das ist der Rechte, sie zu führen ...[2]
Denn:
Bevor ein guter Mensch einem schlechten helfen kann,
Findet er in sich das, was den schlechten ausmacht.[3]
Es ist für den Therapeuten nicht anders als für den Patienten. Ein
Mensch, der ganz leben will, muß sich ohne zu blinzeln alles
ansehen, was aus seinem Unbewußten aufsteigt. Will er mehr als
ein Pappkamerad sein, dann muß er auch seinen Schatten leben.
Alles, was er *nicht* zu sein glaubt, ist er insgeheim doch. Jede
idealisierende Sozialphilosophie ist nichts weiter als ein Ableugnen
der dunklen Seite des wirklichen Menschen. Man kann das Böse
nicht fliehen, ohne ihm unwissentlich nachzugeben. Das Böse muß
nicht umgangen, sondern umgemünzt werden. Wer großzügig sein
will, ohne sich auch seine Eigennützigkeit einzugestehen, wird sich
gewiß irgendwann als ein Despot erweisen, der nur gibt, wo es
seinem Wunsch dient, als großzügig anerkannt zu werden. Gnade
Gott den Armen, wenn Wohltätigkeit anonym wäre. Unsere einzige Hoffnung besteht darin, unsere Aufmerksamkeit ganz bewußt
auf jene dunklen Seiten unserer selbst zu richten, an die wir nach
der herrschenden Moral nicht einmal denken dürfen.
Aber selbst das Streben nach der Erkenntnis unseres verborgenen
Selbst kann wieder abgleiten in den vergeblichen Versuch, das
Selbst zu vervollkommnen. Jeder Mensch muß zwar versuchen, die
Tiefen seiner dunklen Seele auszuloten, aber er wird nie ans Ende
kommen. Es liegt in der Natur des Tiers, immer teilweise unsicht-
bar zu bleiben.
Wer glaubt, sich der Erforschung des Herzens verschrieben zu
haben, wird wohl immer versucht sein anzunehmen, daß er nur
lange und hart genug arbeiten muß, um schließlich alles zu wissen.
Die Illusion, ein für allemal die Oberhand zu gewinnen, nicht mehr
der Hilflosigkeit und Einsamkeit dieser Pilgerschaft durch den
Wirrwarr der Kräfte des Dunkels ausgeliefert zu sein, wird ihn für
den Rest seines Lebens begleiten.
Deshalb sind solche Geschichten lehrreich, die uns die Grenzen
des Bewußtseins und der Vernunft in ihrer Begegnung mit den
Mächten des Dunkels aufzeigen. Von William James, einem Psy-

chologen, der alle Arten religiöser Erfahrung entdecken und verstehen wollte, wird erzählt, wie alle seine Reisen zu einem erfolgreichen Fehlschlag wurden. Einmal begegnete er einem indischen Weisen, von dem er sich einige endgültige Antworten erhoffte. Von den vielen Dingen, die er zwar gelesen, aber nicht recht durchdrungen hatte, beschäftigte ihn diese Aussage ganz besonders:

Brahma, der Schöpfer, beschwor acht himmlische Elefanten herauf, die er den vier Weltenden und den dazwischenliegenden Punkten zuwies, damit sie zu den Trägern des oberen Firmaments würden.[4]

Und so fragte er den Mahatma: »Wenn ich es recht verstehe, glaubt Ihr Volk, daß das Universum von großen weißen Elephanten getragen wird, stimmt das?«

»So ist es in der Tat«, antwortete der Mahatma.

»Gut, gut«, fuhr James fort. »Aber sagen Sie, was ist denn unter diesen großen weißen Elephanten?«

»Jedenfalls ein weiterer großer weißer Elephant«, sagte der Weise ohne zu zögern.

»Und was ist unter diesem großen weißen Elephant?«

»Nun, wieder ein großer weißer Elephant.«

Hastig forschte James weiter: »Und unter diesem großen . . .«

Aber da unterbrach ihn der Mahatma und sagte sanft: »Dr. James, Dr. James, bevor Sie weiterfragen, muß ich Ihnen etwas sagen. Es sind lauter große weiße Elephanten, *bis ganz unten.*«

Halten wir uns das vor Augen, wenn wir uns an die Aufgabe machen, unseren Schatten zu entdecken, den dunklen archaischen Bildern entgegenzutreten, unser verborgenes Selbst dem Bewußtsein zu öffnen: es sind große weiße Elephanten, *bis ganz unten.* Dennoch müssen wir von dem, was wir sind, so viel wie möglich kennenlernen, sonst projizieren wir nur auf andere, was wir an uns selbst nicht akzeptieren können, sehen wir den Feind außerhalb unserer selbst und sind zu einem Leben in der Isolation gezwungen. Das Unbewußte ist eine Gegenkraft für die Einseitigkeit bewußter Einstellungen, und die spontane Selbstenthüllung unserer Träume kann uns alles zeigen, was wir über die im Schatten verborgenen Seiten unseres Selbst wissen müssen. In diesem Sinne können Träume prophetisch sein und uns sagen, woher wir kommen, wo wir uns befinden und wohin es geht.

Hier sind drei Träume einer einzigen Nacht, berichtet von einer jungen Frau, die schon einige Monate in der Therapie war und mit einer seltsamen Mischung aus Panik und freudiger Erregung dem entgegensah, was auf sie zukam:

Traum eins. Ich bin auf einer Cocktail-Party und schwatze mit ein paar Leuten über irgendwas. Immer wieder sehe ich, wie mein Mann mit einem der weiblichen Gäste in einem Nebenraum verschwindet. Erstaunlicherweise empfinde ich keine Eifersucht, sondern werde nur immer neugieriger, was da los ist.

Traum zwei. Ich betrete einen üppig ausgestatteten Frisierraum und sehe mit Entsetzen, daß die wunderschöne Dekortapete an vielen Stellen abblättert. Ich stehe einfach da, schaue dem Abblättern zu, und weiß nicht, was tun.

Traum drei. Ich bin an einem aufregenden Ort. Mitten in einem Karneval, glaube ich. Ich stehe mitten im Getümmel mit ein paar Tanzbären auf einem Podium. Ich amüsiere mich königlich. Ein Mann fragt mich, was ich da mache. Ich staune, daß ich seine Frage ganz leicht beantworten kann. Ich sage: »Ich bin die Bärendame« (engl. *Bear Lady*, lautgleich mit *bare lady* = nackte Dame).

Sie lachte beim Erzählen des letzten Traums, denn im Wachzustand begriff sie natürlich, daß sie da ein Wortspiel geträumt hatte. Nachdem wir diese Träume zunächst anhand ihrer eigenen Assoziationen untersucht hatten, schlug ich vor, sie als ein Bild für Vergangenheit, Gegenwart und Zukunft zu interpretieren. Der erste Traum repräsentiert die Vergangenheit, also die Situation, die sie veranlaßt hatte, eine Therapie anzufangen. Das Geplauder bei der Cocktail-Party ist das oberflächliche, ego-zentrierte, leere gesellschaftliche Leben. Durch persönliche Assoziation vertritt ihr Mann im Traum den Vater, der sich mehr mit ihren jüngeren Schwestern abgibt. Er ist aber auch ihr Animus, der sich in eine komplexere und schwierigere Welt hinauswagt. Indem sie sich von der Eifersucht befreit, die ihr Ego bedroht, wird sie neugierig genug, um sich zu fragen, wie es wohl wäre, wenn sie ihr Cocktailpartyleben verließe und in einen anderen Raum ginge. So kam vielleicht der Entschluß zu einer Therapie zustande.

Der zweite Traum repräsentiert ihre gemischten Gefühle angesichts der Tatsache, daß sie nach mehreren Monaten Therapie ihren Schatten zu entdecken beginnt, all die Dinge in sich, die sie als »primitiv« bezeichnet. In einer späteren Sitzung gab sie zu, daß sie in diesem Traum nicht gestanden, sondern auf dem Klo gesessen hatte (ihre Metapher für das Ausgraben unbewußten Materials). Das ist eine peinliche Lage für eine Frau, die in einer Familie der Oberschicht aufgewachsen ist, unter Menschen, die sich über alles Gewöhnliche erhaben glauben. Deshalb nennt sie das Scheißhaus, auf dem sie sich befindet, beschönigend »Frisierraum«. Sie will nicht wahrhaben, daß ihr Körper genauso funktioniert wie jeder andere, aber schon Montaigne unterrichtet uns, daß auch »Könige und Philosophen austreten müssen, ja sogar die Damen«. So ist diese Toilette zwar geschmackvoll gestaltet, aber ach, es blättert. Sie erlebt die Therapie, den Blick unter die Oberfläche, jetzt mit einer Art Hilflosigkeit, denn sie sieht, wie ihre *persona* (lat. *per sona* = Maske; das, durch das hindurch das wahre Selbst tönt; abgeleitet von *personare* = hindurchtönen) abbröckelt, und fragt sich immer angstvoller, was sie darunter wohl finden wird.

Der dritte Traum repräsentiert ihre Hoffnung und die freudige Erwartung der Zukunft. Es ist Karneval, eine Zeit, in der alles erlaubt ist. Die Tanzbären sind die Freude, die sie an ihren eigenen Trieben und Instinkten gefunden hat, seit sie ihre gefährliche und aggressive Seite unter Kontrolle hat. Sie weiß, wer sie ist und was sie tut, und sie kann die Frage ihres Animus deshalb leicht beantworten. Sie ist die Bärendame. Sie hat die Mutter in sich selbst angenommen und dadurch ihren negativen Mutterkomplex überwunden. Sie hat ihre Instinkte freigesetzt, sie ist eine machtvolle Frau. Und sie ist entblößt *(bare)*, worüber sie vergnügt lachen kann, denn damit wird sie eine nackte, transparente, sinnliche Kreatur, die das, was sie ist, jedem zeigen kann.

Ihre Träume inspirierten mich zu weiterer Erforschung meines Wolftraums.

Jetzt verstand ich den Wolf als meine eigene raubtierhafte Natur, die aber noch ein zweites Gesicht hat, das mich zum Therapeuten macht. Dieses Gesicht ist die Wölfin, Mutter der Ausgestoßenen, die Romulus und Remus aufzog. Jetzt muß ich noch das ausgesetzte Kind werden, das lernen kann, auch mit der gezähmten Raubtiernatur zu leben.

Noch in derselben Woche bekam ich weitere Hilfe von einem Freund, der in einer Zeitschrift meinen Wolftraum gelesen hatte. Man bekommt nicht immer, was man will, aber man bekommt, was man braucht. Er schickte mir eine Arbeit über eine neue Technik eines deutschen Psychiaters, die »gelenktes affektives Bild-Erleben« genannt wird. Der Artikel meines Freundes hebt besonders die Technik des »Fütterns« hervor. Der Patient soll sich dabei vorstellen, daß er an einem Waldrand steht; wenn er genau hinschaut, so sagt man ihm, werde zwischen den Bäumen ein wildes Tier auftauchen. Während der Patient in seiner Phantasie dieses Tier sieht, erlebt er Gefühle wie Angst, Wut oder Abscheu. Jetzt erhält er die Anweisung, näher an das Tier heranzugehen und es zu streicheln und zu füttern. Ist er dazu bereit, so tritt eine Wandlung ein, und der gefährliche Feind wird ein Verbündeter oder Spielgefährte. Mein Freund fährt fort:

Das imaginäre Füttern ist ein freundliches, hilfreiches Verhalten angesichts einer Furcht, die aus einem Gefühl der Bedrohung entstand. Wenn es sich um projizierte Furcht handelt, also um Furcht, die im Grunde nicht aus der imaginativ erlebten Situation herrührt, hat der Patient eine gute Chance, sich von diesen Gefühlen und ihren Auswirkungen auf sein Verhalten zu befreien.

Der dritte Traum meiner Patientin und dieser Artikel meines Freundes halfen mir, meinen dunklen Bruder zurückzugewinnen. Meine typische Angstabwehr-Reaktion (als Therapeut und als Patient) besteht darin, daß ich gern den Platz mit der Bestie tausche, daß ich gern an die Stelle der Spinne trete, wenn ich mich als Fliege in ihrem Netz zappeln fühle.

Ich sagte, daß wir erst dem Verborgenen unsere Aufmerksamkeit zuwenden müssen, wenn wir uns selbst akzeptieren wollen. Es liegt auf der Hand, daß wir unser unzivilisiertes Selbst zum Teil hinter unserer *persona* verbergen. Diese Maske sagt mehr über die kulturellen Ansprüche, die unsere Interaktionen prägen, als über die störenden Instinktimpulse, welche die Kultur zähmen will. Und die Psychoanalyse macht uns seit vielen Jahren darauf aufmerksam, daß wir die verdrängten Inhalte des persönlichen

Unbewußten verstehen müssen, die von den rationalen, realitäts-
bezogenen Aspekten des Ego nur überdeckt werden. Jung vertiefte
unser Verständnis des Verborgenen weiter durch den Begriff des
Schattens, jede ausgesperrte oder noch nicht enttarnte Seite des
Selbst, die nicht nur das persönliche Unbewußte enthält, sondern
auch die archetypischen Motive des kollektiven Unbewußten und
die untergeordneten Funktionen der Persönlichkeitskonstellatio-
nen, die wir psychologische Typen nennen.

Mein eigener Kampf hat mich zu der Überzeugung geführt, daß
man in einer rauhen Welt selbst auch fähig sein muß, rauh zu sein.
Der Leser tut jedoch gut daran, meine Ratschläge mit Vorsicht zu
genießen, denn für Menschen unterschiedlicher psychischer Kon-
stitution kann, wie Erich Neumann sagt, nicht ein und dieselbe
Ethik gelten. Trotzdem, hören Sie an, was ich zu sagen habe,
nehmen Sie es an, wenn Sie wollen, und lassen Sie es beiseite, wenn
nicht. Ich möchte vor allem klarmachen, wie entscheidend es ist,
uns nicht selbst zum Narren zu halten. Wo es geht, müssen wir
liebevoll handeln, aber wenn die Situation Wut, Aggression und
Gewalt verlangt, müssen wir auch gekonnt, wirkungsvoll und mit
Gusto zuschlagen können. Ich versuche denen, die ich liebe, und
auch anderen, die nicht viel mit meinem Leben zu tun haben und
mich nicht bedrohen, ehrlich, offen, mitfühlend und sanft zu
begegnen. Stehe ich aber einem Feind gegenüber, dann muß ich
auch kämpfen können wie eine Kanalratte. Margaret Mead sagte
einmal, Manieren sind gut im Umgang mit Leuten, mit denen wir
nichts gemein haben; Ehrlichkeit ist für den Umgang mit Freunden; Diplomatie und Aggression sind für die Feinde.

All das wäre gewiß destruktiv und zynisch, wären die Menschen
gut oder wenigstens achtbar. Doch wie Machiavelli sagt, da die
Menschen nicht gut sind, ist es manchmal notwendig, die Kraft
eines Löwen und die List eines Fuchses aufzubieten. Und wenn
Ihnen dieser feine italienische Kopf zu zynisch und manipulativ ist,
dann werfen Sie einen Blick auf das antike Indien, den traditionellen Sitz der Ehrerbietung und des Friedens. Moderne westliche
Humanisten suchen in letzter Zeit immer häufiger im Osten nach
einem Modell für spirituelle Freiheit, inneren Frieden und gewalt-
lose Mittel zur Einigung der Gesellschaft. Doch dieses hochgelobte

gesellschaftliche Modell hat eine Schattenseite, die man dabei meist übersieht. *»Der nackte Pessimismus der indischen Staatsphilosophie kennt kein Fortschrittsideal und keine Hoffnung auf eine bessere Zukunft.«*[5] So werden im *Mahabharata*, jenem uralten indischen Epos, aus dem das Volk bis heute seine Sitten- und Sozialgesetze ableitet, vier Hauptmöglichkeiten vorgeführt, wie man einem Feind begegnen kann. *Saman* ist der Weg der Verhandlung und Schlichtung; *Danda* ist Strafe und Vergeltungsangriff; *Dana* ist das Mittel der Bestechung; *Bheta* bedeutet Spaltung: Zwietracht säen, um den Feind zu spalten und zu besiegen. Ironischerweise wird noch das Element *Maya* hinzugefügt. Während Maya sonst den illusorischen Charakter des täglichen Lebens meint, den man durchschauen, umwandeln und aufgeben muß, damit man zu spirituellem Erwachen und spiritueller Freiheit kommt, ist es in diesem Zusammenhang als Trick definiert, als Vorgaukeln einer Illusion, mit der man den Feind in die Falle lockt. Als weiteres Hilfsmittel gilt *Upeksa*, das geflissentliche Wegsehen, solange man sich noch nicht darüber klar ist, ob man sich auf eine bestimmte Sache einlassen will; oder *Indrajala* (Netz des Gottes Indra), worunter alle möglichen Strategien und Winkelzüge der Kriegs-führung verstanden werden. Das sind zusammen *»die sieben Arten, mit einem Nachbarn umzugehen; in einer Atmosphäre von Bedrohung herrscht der Matsya-nyaya, der Brauch der Fische. Er kommt in einem Sprichwort zum Ausdruck: ›Die Großen fressen die Kleinen‹.«*[6]

Wir dürfen Umgangsformen nicht mit Moral verwechseln. Das Leben kann gnadenlos und Schmerz unausweichlich sein. Stein-beck sagt irgendwo, man brauche nur in einen Hochwassertümpel zu schauen, um das Leben im Rohzustand zu sehen. Das Gesetz der Fische gehört auch zur Tiernatur des Menschen. Wir mögen Tempel bauen, Almosen geben, Bilder malen und Musik spielen. Zuvor aber müssen wir überleben! Und wenn einer von uns beiden dran glauben muß und ich es in der Hand habe, dann kannst du sicher sein, daß du es bist.

Deshalb muß das Verborgene enthüllt werden, damit sich hinter dem Anschein die wahre Gestalt und Substanz zeigt. Andererseits darf man aber nicht dem psychoanalytischen Trug verfallen, daß nur das Verborgene wirklich wahr ist. Ein Mann, der seine Frau liebevoll behandelt und liebevoll von ihr spricht, kann durchaus in Phantasien oder Träumen oder durch einen Versprecher einen bis dahin unbewußten Haß gegen eben diese Frau verraten. Das bedeutet aber noch längst nicht, daß er sie wirklich haßt. Es bedeutet nicht mehr, als daß alle Gefühle ambivalent sind, daß sie einen Schatten haben. *Unreinheit ist das einzig verläßliche Kriterium für die Wirklichkeit eines Gefühls.* Für mich würde die Liebe dieses Mannes glaubwürdiger, wenn sie angesichts ihres Schattens weiterbestünde, denn so weit ich weiß, habe ich noch nie in meinem Leben ein ganz reines Motiv gehabt.

Die Notwendigkeit, die Schattenseite zu akzeptieren, ist auch einer der Gründe für das »Nicht mitspielen« des Trickster-Heilers. Eine Patientin erlebte den Kampf mit mir und meinen Schatten-enthüllenden Tricks (in Wirklichkeit natürlich ein Kampf mit ihrem eigenen Schatten) als »Kampf gegen die Windmühle«, den sie so beschrieb:

Ich weiß, ich bin besser, denn ich fühle mich schlechter.
Je netter du bist, desto schlimmer wird es.
Je stärker ich werde, desto schwächer fühle ich mich.
Du kannst es mir nicht geben, denn ich habe es schon.
Ich kann nicht kleiner sein, denn du bist nicht größer

(Mist!).

Je verlorener ich mich fühle, desto klarer wird es.
Ich bin verwirrt, also bin ich am rechten Ort.
Ich komme am weitesten, wenn ich festsitze.
Das Schlimmste ist: ich weiß, daß ich es schaffen kann.
Die sichersten Orte sind die gefährlichsten.
Je mehr ich weine, desto mehr lache ich.
Je mehr ich versuche, desto mehr lachst du.
Je mehr ich liebe, desto mehr hasse ich.
Je mehr ich kämpfe, desto mehr Freunde habe ich.
Ich kann deine Liebe nicht gewinnen, ich habe sie schon.
Ich kann nicht besonders sein, jeder/keiner ist es.
Ist Ruhe mir erlaubt, arbeite ich härter.
Wenn ich ruhe, nennst du es Arbeit; wenn ich spiele, nennst

du es Arbeit; wenn ich arbeite, nennst du es Arbeit. Ich kann
gar keinen Murks machen (Mist!).
Da ich dich weder zufriedenstellen noch unzufrieden machen
kann, werde ich wohl einfach tun müssen, was ich will.
Ich werde nicht gewinnen, aber ich muß auch nicht verlieren.
Es gibt kein Gewinnen oder Verlieren: aber ich bekomme,
was ich habe.

Es ist unmöglich, das Licht richtig zu würdigen, ohne das Dunkel zu kennen, den Himmel ohne die Erde, das trockene Land ohne das Meer, die Wärme ohne die Kälte. *Mensch* hat keinen Sinn, wenn *Tier* unbekannt ist. *Mann* bekommt seine volle Bedeutung erst in der Gegenwart von *Frau*. Engel und Teufel sind die Gesichter eines Januskopfes. Kain ist ohne Abel nicht zu verstehen und Jesus nicht ohne Judas.

Das Erkennen und Akzeptieren der Schatten-Identität verwandelt einen Menschen nicht in einen anderen, sondern vervollständigt ihn. So verstehe ich die traditionelle Hindu-Geschichte vom Königssohn:

Es gab einmal einen Königssohn, der war unter einem unglücklichen Stern geboren. Als Knäblein wurde er bereits aus der Hauptstadt des Reiches verbannt und von einem Bergbewohner, dem Angehörigen eines primitiven Volksstamms, fern von aller brahmanischen Kultur (das heißt als Kastenloser, Ungebildeter, rituell Unreiner) aufgezogen. Er lebte deshalb viele Jahre lang unter der falschen Vorstellung: ›Ich bin ein Bergbewohner‹. Als aber seine Zeit gekommen war, starb der alte König, und da es niemanden gab, der den Thron hätte einnehmen können, brachte einer der Kronbeamten in Erfahrung, daß der vor Zeiten in der Wildnis ausgesetzte Knabe noch am Leben sei. Er ging hinaus, durchsuchte das Gebirge, fand die Spur des Jünglings, und als er ihn entdeckt hatte, eröffnete er ihm seine Herkunft: ›Du bist kein Bergbewohner, du bist der Sohn des Königs‹. Sogleich ließ der Jüngling die Vorstellung, er sei ein Kastenloser und Ausgestoßener, fahren und nahm königliches Wesen an. Er sagte sich: ›Ich bin ein König‹.[7]

Ich glaube, daß sich auf der Ebene der Tatsachen nichts verändert hatte, nur sein Bewußtsein war verwandelt worden. Ist er jetzt ein Prinz, der geglaubt hatte, er sei ein Bergbewohner oder ist er ein Bergbewohner, dem erst jetzt aufgeht, daß er auch der Sohn des Königs ist? Vielleicht ist er nur »*endlich mit der verborgenen Fülle seiner wahren Natur vereinigt.*«[8]

Mir geht es nicht um eine dauerhafte Aussöhnung der Gegensätze, um einen ewigen Frieden in Harmonie, sondern eher um einen lebendigen und lebensfähigen Zustand dynamischer Spannung. Ich suche einen Ausgleich von Kräften, die alle notwendig sind. Politisch gesehen bedeutet zum Beispiel ein Sieg der Linken, daß die Befreier bald die Unterdrücker werden, gegen die man vorgehen muß, damit der Strom des Menschlichen nicht ins Stocken gerät. Ich halte es mit Ebbe und Flut, dem rhythmischen, ewig sich wandelnden und immer gleichen Strom des Lebens.

Nachdem ich nun eingehend dargelegt habe, wie notwendig es ist, das Verborgene ans Licht zu holen, will ich jetzt beschreiben, wie wir dadurch *werden, was wir sind.* Dazu wende ich den Blick noch einmal nach Osten und orientiere meine Darstellung an der zweieinhalb Jahrtausende alten *Bhagavadgita.*

Das *Mahabharata,* in das die Bhagavadgita eingebettet ist, erzählt von einem Machtkampf zwischen den Kindern der Söhne von König Vichitravirya. Der älteste Sohn des Königs war blind geboren, und deshalb bestieg Pandu, der jüngere Sohn, den Thron, als der Vater starb. Der blinde Bruder erzog seine Söhne in der bitteren Entschlossenheit, sie eines Tages die Macht, die ihm zustand, zurückerobern zu lassen. So kommt es schließlich dazu, daß diese jungen Männer Pandus Söhne zur Schlacht herausfordern. Pandus Söhne, Arjuna und seine Brüder, hatten sich bereit gezeigt, die Macht zu teilen, aber die Gegenseite bestand auf einer Entscheidungsschlacht.

An dieser Stelle setzt die Bhagavadgita ein und erzählt einen Dialog zwischen dem Heerführer Arjuna und dem Gott Krishna, der als Arjunas Wagenlenker auf den Plan getreten ist. Vor der Schlacht lenkt Krishna Arjunas Streitwagen in die offene Fläche zwischen den Armeen, damit Arjuna die feindlichen Horden sehen kann. Arjuna erkennt viele Verwandte und treue Freunde unter ihnen, und voller Entsetzen über das, was er nun tun soll, sagt er: »Nein, ich werde nicht kämpfen!«

Krishna klärt ihn über seine Alternativen auf und hilft ihm verstehen, was er tun muß. Obgleich er sich schließlich davon überzeugen läßt, daß er kämpfen muß, sind Krishnas Lehren alles andere als kriegerisch. Um richtig zu würdigen, was er *uns* heute noch sagen kann, müssen wir das Schlachtfeld als Metapher für eine Seite des Lebens betrachten und Arjunas Kaste als ein Symbol für seine Identität. Zu jener Zeit waren die Menschen in Indien in vier Kategorien unterteilt: *Brahmanen* (Priester), *Ksatryas* (Krieger und Staatslenker wie Arjuna), *Vaisyas* (Kaufleute) und *Sudras* (die dienende Klasse).

Krishna sagt zu Arjuna, es gebe für sein Problem mehr als eine Lösung, wie es ja auch viele Wege zur Erfüllung gibt, zur Befreiung von spirituellen Fesseln, zur Erleuchtung. *Yoga* ist der Ausdruck für die Wege, die man beschreiten kann, um der Falle des endlosen Kummers zu entkommen. Krishna beschreibt den Yoga der Entsagung (den asketischen Weg), den Yoga der Meditation (das innere Suchen), den mystischen Yoga (gläubige Unterwerfung unter das Göttliche) und den Yoga der Hingabe (durch Anbetung und Liebe). Doch letztlich lenkt er Arjunas Blick auf den *Karma-Yoga*, und dahin möchte auch ich jetzt den Blick des Lesers lenken.

Karma Yoga ist die Lehre von der Erlösung *in* der Welt, im Leben, wie es ist, und zwar dadurch, daß man der wird, der man ist. Natürlich kann im Grunde kein Mensch jemand anderes als er selbst sein, aber die wahre Selbstverwirklichung und Erlösung besteht darin, sich ganz dem Augenblick hinzugeben und zu handeln, *ohne dabei an die Früchte des Handelns zu denken.* Niemals, so lautet die Lehre, im Hinblick auf das handeln, was man sein oder erreichen möchte, sondern immer nur in Übereinstimmung mit dem, was man hier und jetzt ist und fühlt.

In der Bhagavadgita ist die Natur eines bestimmten Menschenlebens durch den Begriff *Dharma* oder Pflicht definiert, die sich aus dem *Karma* des Lebens ergibt, in das dieser Mensch hineingeboren ist. Deshalb rät Krishna dem Arjuna:

Tu stets deine Pflicht, doch ohne an etwas zu haften. So erreicht ein

Mensch die letzte Wahrheit: indem er ohne Sorge um die Ergeb-
nisse handelt.[9]

Man muß nur erkennen, wer man ist, und dann in Übereinstimmung mit den Tendenzen der eigenen Natur handeln. Das
Wichtigste am Leben eines bestimmten Menschen ist, daß es eben
ausschließlich *sein* Leben ist. So sagt auch Krishna:

Besser du tust deine eigene Pflicht, und sei es noch so unvollkom-
men, als du nimmst die Pflichten eines anderen auf dich, und
erfülltest du sie noch so gut. Besser du stirbst in Erfüllung deiner
eigenen Pflicht; die Pflichten eines anderen werden dich in große
spirituelle Gefahr bringen.[10]

Besser das eigene Leben unvollkommen als das Leben eines anderen gut leben. In jedem Leben, in jedem besonderen Menschen,
ist *Brahman*, die heilige Kraft, gegenwärtig, und jeder Mensch hat
Gelegenheit zu seinem ureigenen Akt der Wahrheit:

Es wird zum Beispiel eine Geschichte aus der Zeit des gerechten
Königs Ashoka erzählt, des größten aus der großen nordindischen
Maurya-Dynastie. Der König »stand in der Stadt Pāṭaliputra,
umgeben von Stadt- und Landvolk, von seinen Ministern, seinem
Heer und seinen Ratgebern, während der Ganges durch Hochwas-
ser angeschwollen, aus den Ufern tretend und bis zum Rande voll
in fünfhundert Meilen Länge und eine Meile breit dahinfloß. Im
Anblick des Stromes sagte er zu seinen Ministern: ›Gibt es einen,
der diesen mächtigen Ganges wieder stromaufwärts fließen lassen
kann?‹ Darauf erwiderten die Minister: ›Das ist eine schwierige
Sache, Eure Majestät.‹
Nun stand aber an eben jenem Ufer eine alte Kurtisane namens
Bindumatī, und als sie des Königs Frage vernahm, sagte sie: ›Ich bin
eine Kurtisane in der Stadt Pāṭaliputra. Ich lebe von meiner
Schönheit; mein Gewerbe ist das niedrigste! Möge aber der König
meinen Akt der Wahrheit schauen‹. Und sie vollzog einen Akt der
Wahrheit. Im Augenblick, da sie ihren Akt der Wahrheit vollzog,
floß der gewaltige Ganges vor den Augen der vielköpfigen Menge
mit Brausen stromaufwärts.
Als der König das Brausen hörte, das die Strudel und Wogen des
mächtigen Ganges hervorriefen, war er überrascht und voll Ver-

wunderung und Staunen. Er sagte zu seinen Ministern: ›Wie kommt es, daß der mächtige Ganges stromaufwärts fließt?‹ ›Eure Majestät, die Kurtisane Bindumatī vernahm Eure Worte und vollzog einen Akt der Wahrheit. Wegen ihres Aktes der Wahrheit fließt der mächtige Ganges rückwärts.‹« [11]

Wir machen einen Fehler, wenn wir uns fragen »Bin ich gut genug?« oder »Lohnt es sich, ich zu sein?« Wer oder was wir auch sind, ist genau das, was wir sein sollen. Es ist unser Akt der Wahrheit. Psychologisch gesehen, begann das Problem damit, daß man uns in der Kindheit den Zweifel am Wert unserer Existenz und unseres Handelns eingeimpft hat. Hat jemand schon mal von einem unzulänglichen Säugling gehört, von einem Kind, das nicht weiß, wie man Kind ist? Weshalb sollte es nicht in Ordnung sein, daß ich *ich* bin? Was ist daran auszusetzen, daß irgendein Mensch eben der ist, der er ist?

Im Tarot ist es *Der Narr,* der weise genug ist zu fragen: »Wer bin ich?« Unbefangen und offen setzt er seinen Fuß ins Unbekannte, um der zu werden, der er ist. Aufrecht, trifft er die richtige Wahl. Umgedreht, verwechselt er seine Identität mit der eines anderen und lebt ein fremdes Leben.

Wir haben nur diese eine Hoffnung: zu lernen, uns jedem Augenblick zu überlassen, das Leben zu leben und uns so wenig wie möglich um Ergebnisse zu sorgen. Nur dann können wir unser Leben wirklich leben und selbstbestimmte Personen sein, wenn wir uns ausschließlich mit dem befassen, was wir in jedem Augenblick gerade tun, wenn wir es auf *unsere* Art tun und wenn jeder erklärt, daß sein Leben, sei es noch so unvollkommen, eben sein und keines anderen Leben ist.

Wenn ein Mensch nach dem Gesetz seiner Natur handelt, kann er nicht sündigen. Deshalb sollte niemand sein naturgegebenes Werk aufgeben, auch wenn er es unvollkommen verrichtet. Denn alles Handeln geht mit Unvollkommenheit einher wie Feuer mit Rauch. [12]

Anmerkungen

I. Mythen sind unsere Geschichte

1 C. G. Jung: »Die Bedeutung der Psychologie für die Gegenwart« in *Gesammelte Werke* Bd. 10 (Olten und Freiburg i. Br.) 1974, S. 169.
2 Aus der Einleitung C. G. Jungs in die englische Ausgabe des I Ging. Dt. Fassung in C. G. Jung: *Gesammelte Werke* Bd. 11 »Psychologie westlicher und östlicher Religion« (Zürich) 1963, S. 650.
3 Joseph Campbell: *Myth, Dreams and Religion* (1970) S. 138–175.
4 C. G. Jung: »Die Archetypen und das kollektive Unbewußte« in *Gesammelte Werke* Bd. 9/I (Olten und Freiburg i. Br.) 1976.
5 C. G. Jung: *Gesammelte Werke* Bd. 10, S. 213 f.

II. Ich will dir mit einer Geschichte die Zeit verkürzen

1 Heinrich Zimmer: *Abenteuer und Fahrten der Seele* (Düsseldorf/Köln) 1977, S. 220 f.
2 Ebenda S. 225.

III. Die Nüchternheit der Psychotherapie

1 Lewis Carroll: *Alice's Adventures in Wonderland and Through the Looking-Glass* (London usw.) 1968, S. 48.
2 Anna Freud und Dorothy T. Burlingham: *Heimatlose Kinder* (Frankfurt/M.) 1971.
3 Colin Turnbull: *The Mountain People* (New York) 1972.
4 Philip G. Zimbardo: »The Psychological Power and Pathology of Imprisonment« in *Selected Documents in Psychology*, Ms.

No. 347 (American Psychological Association Journal Supplement Abstract Service, Washington, D. C.) 1973.

5 Martin Buber: *Die Erzählungen der Chassidim* (Zürich) 1949, S. 439 f.

V. Nicht mitspielen

1 Joseph Campbell: *The Flight of the Wild Gander* (Chicago) 1972, S. 162.

2 C. G. Jung: Zur Psychologie der Tricksterfigur, in »Die Archetypen und das kollektive Unbewußte«, *Gesammelte Werke* Bd. 9/I (Olten und Freiburg i. Br.) 1976.

3 Paul Radin: *The Trickster* (New York) 1972.

4 Joseph Campbell: *The Masks of God* (New York) 1959.

5 Laotse: *Taoteking*, aus dem Chinesischen übertragen und erläutert von Richard Wilhelm (Düsseldorf/Köln) 1973, S. 76.

6 Wilhelm Reich: *Charakteranalyse* (Köln) 1971.

7 Sheldon B. Kopp: *Guru* (Palo Alto, Calif.) 1971, S. 96 f.

8 Augustus Y. Napier und Carl A. Whitaker: *Tatort Familie* (Düsseldorf/Köln) 1979.

9 Arthur Waley: *The Way and Its Power* (New York) 1958, S. 238.

10 C. G. Jung: *Gesammelte Werke* Bd. 9/I, S. 288.

11 Radin, a.a.O., S. 25–27.

12 Campbell (1959) S. 274.

VI. Der Tunnel am Ende des Lichts

1 »Bonze Schweig« in: Jizchok Lejb Perez, *Erzählungen aus dem Ghetto* (München) 1961, S. 101.

2 Heinrich Zimmer: *Philosophie und Religion Indiens* (Frankfurt/M.) 1973, S. 34.

VII. Das Karma der Persönlichkeit

1 C. G. Jung: »Psychologische Typen«, *Gesammelte Werke* Bd. 6 (Olten und Freiburg i. Br.) 1971.

2 C. G. Jung: *Der Mensch und seine Symbole* (Olten und Freiburg i. Br.) 1968, S. 59.
3 Jung: *Gesammelte Werke* Bd. 6, S. 599.
4 Ebenda, S. 427.

VIII. Die Kräfte des Dunkels

1 »Die Schöne und das Tier« in *Französische Märchen,* hrsg. und übertragen von Ré Soupault (Düsseldorf/Köln) 1963, S. 47–59.
2 C. G. Jung: *Gesammelte Werke* Bd. 11 (Olten und Freiburg i. Br.) 1971, S. 83.
3 C. G. Jung: *Gesammelte Werke* Bd. 7 (Olten und Freiburg i. Br.) 1971, S. 32.
4 C. G. Jung: *Gesammelte Werke* Bd. 9/II (Olten und Freiburg i. Br.) 1976, S. 19.
5 C. G. Jung: *Gesammelte Werke* Bd. 11 (Olten und Freiburg i. Br.) 1971, S. 85.
6 Die Gedichte des Konstantin Kavafis, herausgegeben und übersetzt von Helmut von den Steinen (Frankfurt am Main) 1953, S. 31 f. Mit freundlicher Genehmigung des Suhrkamp Verlages.
7 Dietrich Bonhoeffer: *Widerstand und Ergebung* (München) Neuauflage 1977, S. 16 ff. Mit freundlicher Genehmigung des Christian Kaiser Verlages.
8 Ebenda S. 18.
9 Martin Buber: *Die Erzählungen der Chassidim* (Zürich) 1949, S. 476.
10 Ebenda S. 208.

IX. Mutter des Kummers

1 Charles H. Long: *Alpha. The Myths of Creation* (New York) 1969, S. 38.
2 Sheldon B. Kopp: *Triffst du Buddha unterwegs . . .* (Düsseldorf/Köln) 1976, S. 92.

3 Erich Neumann: *Die Große Mutter* (Zürich) 1956.

4 Robert Graves: *Adam's Rib* (New York) 1958, S. 38.

5 Joseph Campbell: *Der Heros in 1000 Gestalten* (Frankfurt/M.) 1978.

6 Erich Neumann: *Amor und Psyche* (Olten und Freiburg i. Br.) 2. Aufl. 1979.

7 *Upanishaden*, übertragen und eingeleitet von Alfred Hillebrandt (Düsseldorf/Köln) 1958, S. 53 f.

8 Arthur Waley: *Three Ways of Thought in Ancient China* (New York) 1939, S. 16.

9 I Ching. *The Cinese Book of Changes,* Arranged from the work of James Legge by Clae Waltham (New York) 1969, S. 43 f.

10 Alfred Douglas: *How to Consult the I Ching* (New York) 1971, S. 25 f.

11 William McNaughton: *The Taoist Vision* (Michigan) 1971, S. 30.

12 Irene Claremont DeCastillejo: *Knowing Women* (New York) 1973, S. 77.

13 Eleanor Bertine: *Jung's Contribution to Our Time* (New York) 1967, S. 103.

14 Olive Schreiner: *Dreams* zitiert in Bertine a.a.O., S. 143.

X. Träume sind unsere Lehrer

1 Joseph Campbell: *The Flight of the Wild Gander* (Chicago) 1972, S. 75.

2 Genesis 37; 6, 7.

3 Genesis 41; 33–36.

4 Kilton Stewart: »Dream Theory in Malaya« in Charles Tart (Hg.): *Altered States of Consciousness* (New York) 1972, S. 163.

5 C. G. Jung: *Gesammelte Werke* Bd. 10 (Olten und Freiburg i. Br.) 1974, S. 177.

XII. Werde der du bist

1 *The Way of Life According to Lao Tzu*, übersetzt von Witter Bynner (New York) 1962, S. 71.

2 Ebenda, S. 31.

3 Ebenda, S. 41 f.

4 Heinrich Zimmer: *Philosophie und Religion Indiens* (Frankfurt a. M.) 1973, S. 118 f.

5 Ebenda, S. 124.

6 Ebenda, S. 117.

7 Ebenda, S. 279.

8 Ebenda, S. 280.

9 *The Song of God. Bhagavad-Gita*, übersetzt von Swami Prabhabanda und Christopher Isherwood (New York) 1956, S. 46 f.

10 Ebenda, S. 48.

11 Zimmer, a.a.O., S. 154 f.

12 *Bhagavad-Gita* S. 127.

SHELDON B. KOPP berichtet über seine Erfahrungen mit dem alt-chinesischen I GING in seinem früheren Buch ›Triffst du Buddha unterwegs . . .‹: Zunächst begegnet der Therapeut dem bis dahin selbst-zentrierten Patienten, der nur seine eigenen Probleme sehen kann, als ein weiteres, sich mühsam durchkämpfendes menschliches Wesen. Er kann interpretieren und beraten, er gibt die für das innere Wachstum notwendige emotionale Bejahung und vor allem, er kann zuhören. Er nimmt nicht einfach nur auf, sondern hört aktiv und zielbewußt zu und reagiert mit dem Instrument seines Handwerks, mit der Verletzlichkeit seines eigenen zitternden Ichs. Damit erleichtert er es dem Patienten, seine Geschichte zu erzählen und sich damit vielleicht zu befreien. Der Therapeut schafft eine »traumartige Atmosphäre . . . und in ihr hat . . . der Patient nichts, auf das er sich stützen kann, außer . . . seiner eigenen, so fehlbaren Urteilskraft«. Diese Beschreibung habe ich aus C. G. Jungs Einleitung zur englischen Fassung des I Ging entwendet; dort ist sie Teil einer Beschreibung, mit der Jung die Nützlichkeit dieses dreitausend Jahre alten ›Buches der Wandlungen‹ darstellt.

Zuerst versucht der Patient, den Therapeuten so zu benutzen, wie viele andere im Lauf der Jahrhunderte versucht haben, das I Ging, das älteste Buch der Weissagungen, zu benutzen. Das Buch der Wandlungen besteht aus Bildern der Mythologie und der sozialen und religiösen Institutionen seiner Entstehungszeit. Die Menschen des Ostens haben zu oft versucht, sich dieser Bilder als Orakel zu bedienen, genau so, wie manche Christen die Bibel öffneten und wahllos irgendeinen Vers herausgriffen, in der Hoffnung, gezielten Rat für ihre Probleme zu finden. Auch der Patient in der Psychotherapie mag zunächst versuchen, den Therapeuten dahin zu bringen, daß er ihm sagt, was er tun muß, um glücklich zu sein, und wie er leben kann, ohne für sein eigenes Leben voll verantwortlich sein zu müssen.

Aber das I Ging, die Bibel, der heutige Psychotherapet und andere Gurus sind recht armselige Orakel. Weit bedeutsamer sind sie als Quelle des Wissens über die Unklarheit, die Unlösbarkeit und die Unvermeidlichkeit der menschlichen Situation. Ihr Wert liegt darin, daß sie eine Bilderwelt anbieten, die zwar festgelegt ist, aber nicht stereotyp; Bilder, »über die man meditieren und in denen man seine Identität entdecken kann«. Zu diesen Quellen muß der Suchende gehen und dann dem Echo zuhören, das diese Bücher der Weisheit oder sein Guru zurückwerfen. Der Helfer gibt nur »eine einzige andauernde Ermahnung, den eigenen Charakter, Einstellungen und Motive genau zu prüfen«.

Der Sucher kommt in der Hoffnung, etwas Endgültiges, Dauerndes, keinem Wechsel Unterworfenes zu finden, auf das er sich verlassen kann. Statt dessen wird ihm der Gedanke angeboten, daß das Leben nichts weiter ist, als was es zu sein scheint, ein Sack voller Wechselhaftigkeit, Mehrdeutigkeit und Vergänglichkeit. Das mag oft entmutigend sein, lohnt aber letztlich doch die Mühe, denn es gibt sonst nichts. Der Pilger wünscht sich eine endgültige Lebensweise und erfährt statt dessen: »Der SINN, der sich aussprechen läßt, ist nicht der ewige SINN. Der Name, der sich nennen läßt, ist nicht der ewige Name« *(Laotse, Tao te king)*.

Er darf nur behalten, was er bereit ist loszulassen. Mit der offenen Hand kann man das kühle, strömende Wasser aus dem Fluß schöpfen; mit der geschlossenen Faust gelingt es nicht, wie groß der Durst auch sein mag, der dieses verzweifelte Zugreifen bewirkt. Am Anfang, unter dem großen Druck seiner Aufgabe, fällt es dem Pilger oft schwer, dieses geduldige Nachgeben zu lernen. Jedoch:

> »Die Anfangsschwierigkeit wirkt erhabenes Gelingen.
> Fördernd durch Beharrlichkeit.
> Man soll nichts unternehmen.
> Fördernd ist es, Gehilfen einzusetzen.«

I Ging

Die Bücher, auf die sich Sheldon B. Kopp hier beruft, sind im Eugen Diederichs Verlag erschienen:

I GING, DAS BUCH DER WANDLUNGEN. Hrsg. Richard Wilhelm. Große Ausgabe mit den vollständigen Kommentaren. 644 S., Leinen.

I GING-TEXTBUCH: 352 S., kart. (Gelbe Reihe Bd. 1).

LAOTSE, TAO TE KING. Hrsg. Richard Wilhelm. 232 S., kart. (Gelbe Reihe Bd. 19).